自序

U0912784

上下五千年，纵横千万里，有无数优秀的女性以其卓越的品质和优秀的特质扬名世界。我选择了书中的这些女性，毫无疑问是掺杂了私心的——我想与你说的是，半生以来，我注目她们，我欣赏她们。这30位女性是感动，打动甚至撼动我心灵，璀璨并丰富着我生命的维纳斯女神，从少年到中年。

是的，维纳斯。想着她们，就会想起维纳斯。当维纳斯从爱琴海中缓缓浮出，世人震撼了——多美啊！优雅、美丽、安祥、妩媚又纯洁，在广袤的天空下，散发着神性的熠熠光芒，从古罗马、古希腊一直至现代社会，将大地万物、将全世界璀璨照亮。

是的，这些杰出的女性一如维纳斯，以自己的智慧、才华、信仰、坚贞、温柔包括美貌等，推动着政权的更迭与社会发展的进程，在历史的长河中或激荡起滔天波浪或闪烁着晶莹剔透水花的不凡女子，若爱神、美神维纳斯，以璀璨夺目的光芒，闪烁在许多人的脑海，辉映着大家的心空，丰富着历史的长河。

为何，人们都仰望，赞美甚至崇敬维纳斯？哪怕是断了臂的维纳斯？

为何，世世代代都铭记着她们的名字？即使她们在不同的年代可能遭受褒贬不一的待遇？

花开花落，风霜雨雪，一直想通过自己的视角来深层次回望，感受与解读她们，想通过自己的笔触将她们的美丽、优雅、激情、坚毅、忠贞的品质甚至残缺与不足，传递给更多的心灵来知晓与感受。

于是，一个个星子晶亮的不眠之夜，一个个朝霞嫣红的初晓黎明，这些女子或坚毅、或华美，或深重、或轻灵，或豪放、或婉约，或睿智、或娴静，或近或远地来到我的眼前。我们若姐妹、好友一般倾心交谈，再跟随她们穿越经年尘埃，跋涉千山万水，因时因地去亲历去观看，感同身受。从巴黎卢浮宫到印度贫民窟，从雅典神庙到老北京的八大胡同，从西伯利亚荒原到重庆渣滓洞集中营。这些高贵不屈的灵魂，优雅聪慧的品性，为爱而生、为爱而死的深情，包括那些因制度、因环境而扭曲的贪欲……我与这些女子一起铭心刻骨地爱，一起撕心裂肺地痛，一起拍案而起愤怒问苍天，一起颔首回眸盈盈向人间……

怀抱情人头颅的玛戈尔王后；雪刃刎颈送霸王的虞姬；与陆游"错错错"泣血对吟"莫莫莫"的唐琬；令爱德华八世舍弃王位与江山的辛普森夫人；为爱不惜舍命相伴的十二月党人的妻子……我为这些深挚又凄美的爱情神伤落泪。

特洛伊战火的点燃者，美艳无双的海伦；将自己裹在地毯中送至罗马王帐篷的埃及艳后，克丽奥佩特拉；在断头台上显示出最后尊严的路易十六王后，玛丽·安托瓦内特；一生未婚嫁给英格兰的童贞女王——伊丽莎白一世；一半是天使一半是魔鬼的温妮·曼德拉……我为这些本拥有过人资质却因欲望与权势过分膨胀，而坠入人生深渊的女子惋惜甚而不屑。

从一名孤独无助的德国小女孩，到被誉为俄罗斯母亲的叶卡捷琳娜二世；从没正规受过教育的阿加莎·克里斯蒂，到打出人生好牌的世界文坛推理文学女王；从遭人嫌恶的私生女索菲亚·罗兰，到成长为红极影坛的意大利玫瑰；温柔、低调、内敛的西哈努克夫人莫尼克公主；还有那一直美丽到老的好莱坞巨星，人间天使奥黛丽·赫本……她们以非凡的智慧谱写出美丽永远的传奇与神话，女性的生命之花绽放出无尽的灿烂光华。

那以一束永恒的蔚蓝色镭之光，为世界作出杰出贡献的玛丽·居里；那以激情、奔放、自由的舞步，改变了20世纪舞坛的舞神伊莎多拉·邓肯；那享誉词坛却又坎坷一生的李清照；那梦想着在文学的天空中自由飞翔，却折了翅膀的飞鸟的作家萧红；那始终身处异乡，无所依傍的“大地”之女赛珍珠……她们卓绝的才华令世界瞩目，却又因时代与制度留下一曲曲遗憾的弦音。

在乱世中以真情与蔡锷将军奏响一曲高山流水的义妓小凤仙；与天才钢琴家萧邦共谱温柔、寂寞的人间《小夜曲》的乔治桑；与尼采、里尔克、弗洛伊德均擦出火花并征服了这些天才男人的露·莎乐美；以才华和特立独行与萨特演绎着忠于灵魂背叛肉体的女权主义理论家、哲学家、作家波伏娃；还有那为了共和决然抛却生命，却为莽红尘无知音而湿青衫的烈女子秋瑾……我为这些高山流水的相知相惜，却阴阳两隔而扼腕叹息。

海伦·凯勒于黑暗中寻找永恒的光明，照亮自己更照亮别人；特蕾莎修女在大爱中奉献一生，为无数穷困人点燃心灯更令世界温暖；那统治阶级、政治斗争牺牲品的少女贞德，成为塞纳河中冤屈的浪花；那美丽激情的贝隆夫人艾薇塔·贝隆，被阿根廷人视为永不凋谢的玫瑰；更有那对信仰、理想无比执著在黎明前将生命作着最后一掷，化为红岩上的傲雪红梅的江竹筠……我为这些女子面对黑暗面对惨烈的坚忍决绝，在火刑柱下、枪口前的大义凛然无比钦佩与欣赏。

这是世界上美好的极致。

这是生命中最为蓬勃的花朵。

这是历史长河滚滚波涛中绚烂至极的绽放。

这是人类发展史上不能忽略的瑰宝。

这些穿越时空的永恒美丽。

她们，若维纳斯女神，将永远华彩灼灼地辉映人世间。

张晓惠

于2011年春花绽放之时

目录

自古美人如名将，人生不得见白头。可当智慧与生命相依相偎，人生会向着无限的可能迈步，女性的生命之花终绽放出无尽的灿烂光华。

女子的才华是傲立人世的资本，潜质与修炼结伴前行，令生命散发出最为夺目的光华。

第五章 知音：琴瑟和畅 188

高山与流水的缠绵，灵魂与灵魂的相遇，奏响着人世间一阕清越悠扬又稀少珍贵的知音知己之歌。

第六章 信仰：寒梅怒放 234

信仰的光辉，璀璨着女性的天空，再黑暗的旅途也能走出生命的永恒，并照亮人类漫漫前行的脚步。

第一章　恋情：爱的华章

永恒的爱情，是女人生命得以华美精彩的不可或缺的条件。有爱，生存与生命就有了一万零一个理由。

▶十二月党人与妻子。

01 玛戈尔：怀抱情人头颅的女子

如果我甚至都不能够和你一起死，我还能为你做些什么呢?！我面对十字架发誓，不管你是死是活都将永远留在我的身边。

——玛戈尔（1553—1615）

一

巴黎，圣约翰广场。断头台。虎视眈眈的刽子手。约瑟夫·博尼法斯·德·拉莫尔，强撑着受尽酷刑的身躯，向着不远处的塔楼深情地作了最后一瞥，遥遥的视线中是一个白衣女子模糊的身影。他微笑着倒下，倒在断头台上，无怨无悔，心满意足。刽子手刀起斧落，血溅四方。惊呼声中，白衣女子裙衫飞扬着从塔楼迅即冲下，又直至断头台上。她伸展双臂紧紧地搂抱着鲜血淋漓的头颅泪水簌簌而下：拉莫尔，拉莫尔！拉莫尔——我来了！女子白色的衣裙早已是血迹斑斑，如衣裙一样惨白的是女子姣好秀丽的面容，嘴唇鲜红，那是亲吻头颅的深深印痕。女子不顾卫兵的阻挡和人群的惊诧惊呼，紧紧地搂抱着情人的头颅，用玫瑰色的面颊紧紧贴着那头颅，嘴角轻扬起一丝美丽的笑意，旁

▶《玛戈尔王后》剧照。

若无人甚至是骄傲张扬地跨上马车，绝尘而去……

二

那一阵子，决意去寻找这位叫做玛戈尔的白衣女子。我想问她，想访她，想近距离地感受她的这段荡气回肠甚至惊世骇俗的爱情。

穿越几百年的岁月尘埃、风霜雨雪，我随她在圣约翰的广场伫立，我随她在卢浮宫的台阶坐下。

远远地，眺望她美丽轻盈的身姿，长身玉立直发披肩白裙飘飘；近观她无尽的哀伤与忧郁，蔚蓝若大海的眸子深不可测，流不尽的泪水，那每一串泪珠都为情人拉莫尔而流。是何样的际遇使贵为王后的玛戈尔在断头台上这样地不管不顾？是怎样的机缘令玛戈尔与这英俊的男子相逢相爱直至与之头颅终生相望相守？这一问就扯出了200多年前法兰西王室与宗教的恩恩怨怨，问出了历代朝廷常有的阴谋与爱情的纠缠纷争。

· 法兰西玫瑰的出嫁

1752年，被誉为法兰西玫瑰的公主玛戈尔要出嫁了。她的国王哥哥为了平息天主教与新教的纷争及两大政治力量的对抗，将被誉为法兰西史上最为美丽的公主妹妹玛戈尔，嫁给了新教的首领，来自南部小国的国王纳瓦尔·亨利。没有爱情的婚姻历来在王室与宫廷中屡见不鲜，而这次又更蕴积着更大的阴谋。

王室子女的命运从来是政治的利用与抉择，充当国家政治交易的工具。任你再怎么美丽聪颖，再怎样的桀骜不驯，命运都由不得自己的掌控。玛戈尔很平静。她自己本身就是一桩政治婚姻的产物。政治婚姻是另一种形式的争权夺利，生为公主，责任大于一切。政治利益是一个阴毒的魔鬼。出嫁前，她向母后凯瑟琳请安。母亲毫无表情地看着她：法国的和平就要到了，你不觉得高兴吗？玛戈尔同样面无表情：如果和平真的会到来，没有人会指责你以牺牲一个人的利益去换取全部人的利益。凯瑟琳当然明白女儿的意思。为了政治利益，她牺牲了女儿的终生幸福。她直截了当地面对玛戈尔：我相信我不是第一个出卖女儿的母亲，而且也不会是最后一个。她的嘴角扬起一丝冷静的笑意。

面对着毫无爱情的婚姻和从未见过的19岁男孩，这个波旁王朝年轻的国王，玛戈尔有着心理准备。但没有料到的是，新婚之夜，竟得接受同龄新郎毫无顾忌的政治联盟：亲爱的，我不要你的爱情和身体，我只要你政治上的忠诚。风华绝代、多才多艺、追求者众多的玛戈尔何曾受过这样的冷漠和羞辱？但她已不是公主而是纳瓦尔的玛戈尔王后，千般痛苦与羞辱只能和着泪水苦苦吞咽。

· 阴谋在婚礼之中

从8月18日婚礼举行开始，全巴黎的人都似过狂欢节那般庆祝公主玛戈尔的婚礼。无论天主教徒还是新教徒，无论宫廷，贵族，还是老百姓，全城似盛大的派对持续狂欢。在那个年代，王室的婚礼向来是所有人的大事，而这一场极其隆重豪华的婚礼对巴黎人影响更是巨大的，天下第一美丽的公主玛戈尔要出嫁了！生性浪漫的巴黎人几乎陷入癫狂。新教徒们甚至这样想，新教首领纳瓦尔·亨利与信奉天主教的王室公主玛戈尔的结合，可能会使新教合法化，所以格外地兴奋，无数其他地区的新教徒都赶到巴黎参加这场举世瞩目的婚礼。却不知由王后凯瑟琳一手导演的、诱杀新教徒的阴谋正在悄悄地进行。

这里不能不提到王后凯瑟琳。虽然凯瑟琳是个相貌平庸的女人，却是一个精明和铁腕的政治家。当时的法国，家族间的矛盾很是激烈，而这矛盾又纯粹是政治上的较量所引起，其外在表现为天主教会和新教教会的冲突。凯瑟琳本人是个虔诚的天主教徒，她不想让任何一个贵族控制国家，影响到她及她儿子的王位，更不想要法国成为一个新教国家。于是经过一番斗争，凯瑟琳出手了。她决定帮助吉斯家族打击新教徒，她先是协助他们刺伤了海军上将柯里尼（重要的新教领袖之一），并且策划了以自己的女儿——天主教徒的玛戈尔同新教首领纳瓦尔·亨利的盛大婚礼，以此为诱饵来消灭前来参加婚礼的新教首领及各地的新教教众，这就是著名的圣巴托罗缪之夜屠杀。

圣巴托罗缪之夜。法兰西历史上血腥的圣巴托罗缪之夜。1572年8月23日，新教徒们欢快地庆祝自己的首领和法兰西王室的成功联姻，放松了对王室的一切敌意和戒备涌向巴黎城头载歌载舞，未曾想到利剑与刀刃的寒光已在头顶上闪耀。凌晨的钟声拖着长长的尾音在巴黎的街头不祥地敲响，手起刀落，骨胳折断，圣巴托罗缪节惨案啊，3000多新教徒的人头落地，尸骨成堆，血水潺潺，塞纳河水由红变黑变臭。

这一场由政治与权势操弄的大屠杀臭名昭著，法国多少政治家、学者都痛心疾首，深感耻辱。著名的法国启蒙思想家、哲学家伏尔泰于人生一直持大笑的态度，别人问他要笑到什么时候？他说：笑到死。一年之中他都在笑。但伏尔泰又痛心疾首地说：只有一天不笑，那就是圣巴托罗缪之夜。这一天他不仅不笑，还痛哭流涕。

· 血腥中绽放的爱情之花

当时的玛戈尔崩溃了，对王室再残忍的想象，她也想不到自己作了捕杀新教徒的诱饵，对政治再无耻的认识，她也料不到竟是自己的亲生母亲和哥哥将自己推向这罪恶的深渊。玛戈尔崩溃了，皇宫中娇嫩的花朵承受不了这样的打击！她冲出了卢浮宫，迎面撞见的竟是被卫兵逼到宫门口的一位血肉模糊的男子哀叫："救救我，救救我！"

女人天生的怜悯、善良和同情心使得玛戈尔收容了这位身负重伤的男子，玛戈尔的美丽、聪颖和侠义，征服了这位来自普罗旺斯的，如大理石雕像般的同为新教徒的美男子。厄运与不幸向来是落难友情与深挚爱情最好的催化剂，尤其是同为天涯沦落人的那份惺惺相惜。

约瑟夫·博尼法斯·德·拉莫尔将他对玛戈尔的感谢、热情与爱恋如烈火般，在动乱与虐杀中不管不顾地熊熊燃烧，日日相随，夜夜厮守。

还有什么生与死的承诺能超过拉莫尔的请求与玛戈尔的承诺？

“亲爱的玛格丽特，请你在这救过我的上帝面前发誓，向我保证：如果我为你而死了，不祥的预感已经告诉我这一点，请你将刽子手从我身上砍下来的头保存起来，偶尔，亲吻它一下！”

玛戈尔肝肠寸断，紧紧拥抱着心爱的男人，泪水肆横，哽咽低语：

“好吧，我亲爱的绅士！我面对这个十字架发誓，如果你凄惨的预言不幸真的成为事实，只要我活着，不论你是死还是活，都将永远在我的身边……即使我救不了你的性命，至少也要你的灵魂得到你要求的，这是你应得到的安慰。”

▶ 玛戈尔与拉莫尔的生死恋。

可是，在那自己名义上的丈夫已逃往南部的小国，动乱与纷争使自己朝不保夕的情势下，即使贵为公主，但这样的公主，爱又如何？爱又如何！她争取过。她对着母后吼道，你这个凶手！凯瑟琳抱着双肘无动于衷：我不能允许法国公主爱上一个新教徒。玛戈尔不屑：是因为父王从来没有爱过你吗？女儿狠狠地戳到了母后的痛处。因为你从来就没有快乐过，玛戈尔冷冷地。我比你快乐，因为拉莫尔和我相爱。你却没有。没有一个男人愿意爱你！你居然残忍到要女儿的情人来做你的陪葬！凯瑟琳一言不发铁青着脸拂袖而去。玛戈尔只能是看着爱人受尽酷刑，只能是看着拉莫尔作为这场罪恶挑起者的替罪羊被拖上断头台，只能是眼睁睁地看着自己的爱人血溅刀斧上，只能是心若刀绞，纵身一跃，用自己洁白的裙裾精心地抱起那自己相拥相依多次的面颊，拉莫尔那若大理石般的额头，那亲吻无数次的嘴唇，还温热着呢！

拉莫尔得到了最好的归宿，而没有了一丝利用价值的玛戈尔再也不能为王室所容，被自己的哥哥、弟弟和那名义上的丈夫先后囚禁终老。从如花的岁月到形销色毁，陪伴她的，只有拉莫尔的头颅，她把头颅精心用防腐剂处理过后，放置在一个精美无比的盒子里。

三

王宫中自由生长又集万千宠爱于一身的玛戈尔，美丽、聪颖、纯真又有才华。在玛格丽特的兄弟们包括王室中的所有人看来，以后也不可能有比她更美丽出色的公主。她的美令人窒息，像暗夜街角处突然蹿出一个杀手夺命般夺去男人的心。她身上流淌着瓦卢瓦王族和梅迪奇家族高贵的血液，秉承父王的固执、浪漫。有人评价：一朵在卢浮宫疯长的野玫瑰，无人敢采，即使斗胆采下也得付出满手鲜血的代价。没人愿意管她，连身为摄政王的母后也不愿，兄弟们宠她都来不及，哪会去约束她？玛戈尔是卢浮宫最无拘无束的人，多少男孩子聚集在宫外，痴心妄想一亲这朵美艳玫瑰的芳泽，或是宁愿被她致人死命的美貌吓呆。

而她，却为了仅仅是一介平民的新教徒拉莫尔付出全部身心的爱，再不顾其王后与公主的身份，搭上她的下半生？

她的父王天主教徒亨利二世宠爱这个宝贝女儿，却没来得及向女儿灌输一套王族偏狭的理论就受伤死去。一个 6 岁即失去父爱、从未获得母爱的女孩，实际上是从此活在无人管束的环境中，致使她的头脑里很难产生“守规矩”的概念。她对宗教派系上的新旧之争不以为然，倒不是因为见解超人，而是因为思想上从未树立起非此即彼、顽固不化的信仰操守；她肯定见过或听说过新教徒被迫害的事实，但幸运的是几乎不受影响。她的心底更有着尚未受权力污染，纯真热情的一面，有着一个女子凭直觉，审察真爱与逢场作戏的能力。

当目睹了政治的交易将几千人的性命操弄于股掌之上，当发觉自己置身于阴谋、猜忌、杀戮的冷酷宫殿里，当已陷入被利用被出卖甚至被抛弃的命运中，当与自己不爱、也不爱自己的男人同室共处却冷若冰霜形同路人，王室里长大的玛戈尔，心底则还保持着柔软的真情，这真情岂能不为自己的真爱完完全全地付出？即使是在血雨腥风之中，即使是在朝不保夕之际。何况，拉莫尔，这个完全不同于她在王宫中接触的那些工于心计的男人，这个阳刚帅气，完全倾心于她，对她诉说着“生命中最重要的是爱情，不仅是重要的，而且是唯一的，夫人！”的近乎完美的男子！还有温柔乡中拉莫尔绝望的请求：“你能……你能使我感到死亡的甜蜜，使死神面带笑容地向我走来吗？”玛戈尔紧紧抱住她生命中最亲爱的男人泪流满面。

▸ 在马车上怀抱着拉莫尔头颅的玛戈尔。

这就是答案。

于是，她在卢浮宫的那个窗户里远远眺望，她在那个塔楼里久久守候，就为的这一刻，实践自己对于拉莫尔决绝的爱的誓言：如果我甚至都不能够和你一起死，我还能为你做些什么呢？我面对十字架发誓，不管你是死是活都将永远留在我的身边。于是，她跃下塔楼，于是她不顾朝廷上下的惊诧与愤怒，她不顾一切地拥吻着爱人拉莫尔的头颅，抱在怀中，用自己玫瑰色的面颊紧贴着拉莫尔的面颊，跳上准备好的马车，绝尘而去。

这是怎样惨烈决绝的情人之告别与相逢？这是如何浪漫又无望的爱情之绝唱？这个年月，所体会所能想象的爱情，是阳光、沙滩的携手并肩，是月光、老柳树下的窃窃爱语，最多，也就是贫富不问、身份不管的相依相随。而断头台上这样怀抱情人头颅的惊世骇俗，这样的血花四溅中的拥抱与亲吻，令人久久震撼，哀伤无尽又爱意澎湃。

四

将一生的美丽与柔情，拼作一时的绚烂夺目，继而，毫不迟疑地决绝而去。

公主玛戈尔值吗？王后玛戈尔值吗？

为一段短暂、凄美又无望的爱情，为一介平民的男子拉莫尔？

我以为，值。

爱情，作用于一个女人，是生命中的空气与阳光。一生没有经历过真正爱情的女子是枉度一生。一个女子，贵为王族也罢，凡若平民也好，经历过这样的一次荡气回肠轰轰烈烈的爱情，足矣。君不见，古住今来，多少帝王将相身前身后褒贬不一，多少朝代战火纷迭人事纷离，记不得了。岁月不动声色地湮没和模糊着一切。玛戈尔，怀抱情人头颅的女子的爱情绝唱，却在岁月的深处一次次回响，哪怕哀伤低回也是百转悱恻，动人扣心。

只是，今日，还有人愿意若法兰西玫瑰——玛戈尔这样，为真爱，摒弃世俗的一切，去怀抱情人的头颅，并一直相守到生命终了吗？

万籁俱寂，清风明月，星子在苍穹中明明灭灭。

听到心海中浮出的一个声音，轻柔而坚决：

为真爱，我愿意！

02 唐琬：问世间情为何物

红酥手，黄藤酒，满城春色宫墙柳。东风恶，欢情薄，一怀愁绪，几年离索。错！错！错！

——陆游（1125—1210）

人成各，今非昨，病魂常似秋千索。角声寒，夜阑珊，怕人寻问，咽泪装欢。瞒！瞒！瞒！

——唐琬（1127—1156）

一

石山耸翠，亭台楼阁，曲径通幽，小桥流水。春日的沈园，是万紫千红的花草树木，是澄澈若碧的如鉴小湖，宛若画境，又恍如梦中。被贬还乡满腹诗情的才子陆游，信步走来，饱览美景。花映向水，水恋着花，在惠风的吹拂下，波光粼粼，摇曳生姿。丝丝古琴从远处传来，几分萧索又几分缠绵拨起了陆游的心绪：那个灵秀婉丽的女子呢？那个从少时就你唱我和的唐家女儿呢？轻盈的脚步声在前方，猛抬头，对面却真是那清婉女子：蕙仙？蕙仙！那女了抬起盈盈双眸，已是珠泪漫流，

▶唐琬画像

▶今日的沈园。

似嗔似怨一转身若惊恐的小鸟飞至那春波亭上。是的，就是她！那字为蕙仙小名琬儿的女子。自己日夜放不下的前妻唐琬正端坐亭中，与她后嫁的丈夫赵士程浅斟慢饮……还是那秀丽的面庞，还是那苗条的身姿，只是幽怨之情令她更加楚楚动人。痴看一阵，长叹一声。陆游的万般情愫瞬时漫溢在1115年的春风中，眼前这断壁残垣岂不就是自己这份不舍又伤心的感情写照？ 10年了啊！转身向壁，挥毫疾书，一曲《钗头凤》和着潸然而下的男儿泪奔涌而出流传千年……

二

· 恩爱缠绵终成镜月水花

当红红的花轿在张灯结彩的陆府门前停下，唐琬的心儿想必是溢满了幸福与憧憬。是的，自小就一起比肩而长的陆家公子才华横溢，他们一起嬉戏玩耍，一起背诵古今名人的诗词，一起愤恨金兵南侵造成的灾难，立志长大后抗击金兵保家卫国。才貌俱佳、风华秀丽的唐家小姐琬儿与陆游一样擅长诗词，花前月下，二人吟诗作对，互相唱和，宛如一双翩跹于花丛中的彩蝶。两家父母和众亲朋好友，也都认为他们是天造地设的一对，于是陆家将一只精美无比的家传之物一把凤钗送至了唐府，订下了这门当户对的姻事。唢呐声声鞭炮齐鸣的今日，有情人终成眷属，琬儿心中怎不甜蜜有加？岂料这般的门当户对，这样的恩爱缠绵，却也只能是水中月镜中花。

陆游科举考试落第，加上唐琬婚后三年未育，陆家围绕陆游夫妻的矛盾集中爆发，父母下了死令，休掉唐琬！这一棒打得陆游心如刀绞，一边是深爱的妻子，一边是威严的母亲。这高堂威严无法抗拒，这绵绵情丝又怎能割舍？只得另居别宅，时时和心上人唐琬相会。陆母发觉后，强行将唐琬送回了娘家。不久，陆游重娶，唐琬再嫁。从此，一对人人称羡的鸳鸯化作了啼血杜鹃，一场绵绵悲剧就此拉开了序幕。

· 摧肝裂腑的沈园相见

1155年的那一个春天，沈园的花事尤为热烈缠绵；那个明媚的春日，春风又是如许的清飏婉丽。仕途受排挤回到绍兴的陆游，随意漫步到禹迹寺的沈园，园林深处的幽径上迎面款步走来一位锦衣女子，低首信步的陆游猛一抬头，竟是阔别数年的前妻唐琬。在那一刹间，时光与目光都凝固了，两人的目光胶着在一起，都感觉恍惚迷茫，不知是梦是真。10年了，10年分手后的这一相见，于陆游是震憾万分。蕙仙，琬儿！陆游自然而然伸出双手欲扶住自己心中的妻子，猛然想到，她早是别人的妻子。他只能缩回手去。

此时的唐琬，已由家人做主嫁给了宽厚重情、皇族出身的读书人赵士程。他对曾遭受情感挫折的唐琬，表现出诚挚的同情与谅解，唐琬饱受创伤的心灵已渐趋平复。可这不期而遇，这眼前人，这心底痛，这不能忘怀的深情，积蓄已久的万般委屈一下子奔泄而出，柔弱的唐琬瞬时几乎无力承受。而陆游，几年来虽然借苦读和诗酒强抑着对唐琬的思念，但在这一刻，那埋在内心深处的旧日情思不由得涌出。四目相对，千般心事，万般情怀，却不知从何说起。这次唐琬是与夫君赵士程相偕游赏沈园的，那边赵士程正等候着她。一阵恍惚，已为他人之妻的唐琬终于提起沉重的脚步，留下深深的一瞥之后走远了，只留下了陆游在花丛中怔怔发呆。

和风袭来，吹醒了沉在旧梦中的陆游，他不由地循着唐琬的身影追寻而去，来到池塘边柳丛下，遥见唐琬与赵士程正在池中水榭上进食。隐隐看见唐琬低首蹙眉，玉手红袖，与赵士程浅斟慢饮。这一似曾相识的温柔场景，陆游的心碎了，而这一切，却是自己丢弃了的。昨日情梦、今日痴怨尽绕心头，感慨万端，提笔在粉壁上题了一阙《钗头凤》："红酥手，黄滕酒，满城春色宫墙柳。东风恶，欢情薄，一怀愁绪，几年离索。错！错！错！春如旧，人空瘦，泪痕红浥鲛绡透。桃花落，闲池阁。山盟虽在，锦书难托。莫！莫！莫！"

"从别后，忆相逢，几回魂梦与君同！人难舍，情难抛。"怀着难以排遣的思念，不久后，唐琬再一次来到沈园，徘徊在曲径回廊之间，忽然瞥见陆游的题词！看着陆游的心灵之词，想起曾经的缠绵悱恻，想起曾经的青梅竹马夫唱妇随，唐琬泪流满面，深情、怨情、才情喷涌而出："世情薄，人情恶，雨送黄昏花易落。晓风干，泪痕残，欲笺心事，独语斜阑。难！难！难！人成各，今非昨，病魂常似秋千索。角声寒，夜阑珊，怕人寻问，咽泪装欢。瞒！瞒！瞒！"追忆似水的往昔，叹惜无奈的世事，无望的思念、感情的煎熬终使唐琬日臻憔悴，悒郁成疾，终在秋意萧瑟的时节化作一片落叶悄悄随风逝去……

· 一生一世的伤情与怀念

1156年，30岁的唐琬突然去世，在道义上、感情上彻底击垮了陆游。陆游的愧疚、思念之情，唯有天知道，地知道，心知道。多少个思念之夜，多少个午夜梦回。即便在秦桧死后得到朝廷启用，先后出任福建、浙江、四川等地军政官职，戎马倥偬间抗金报国，陆游仍然忘不了唐琬。白昼悲哀地悼念她，夜晚在睡梦中真切地见到她。世人啊总是这样，得到的，往往不加珍惜；失去的，反复追悔不已。

浪迹天涯数十年，凄婉往事忘不了。离家越远，唐琬的影子就越萦绕在他的心头。陆游对唐琬的怀念与日俱增，无人处常常潸然落泪，有诗《城南》为证："城南亭树锁闲坊，孤鹤归来只自伤。尘渍苔侵数行墨，尔来谁为拂颓墙？"沈园是陆游永远的伤心之地。每次回了绍兴，沈园总是必去之地，即使唐琬早已香消玉殒，哪怕自己也至垂暮之年，对旧事、对沈园依然怀着深切的眷恋。他常常在沈园幽径上踽踽独行，追忆着深印在脑海中那惊鸿一瞥偶遇的那一幕。宋光宗绍熙三年（1192 年），陆游 68 岁了，在唐琬去世 36 年后，他又重游沈园。来到当年与唐琬会面的亭子前，但见园内亭台深闭，楼阁长扃。残垣断壁，鸿影不留。唯有那面故园墙壁，墨痕犹存。用手拂着唐琬那一阙与他作和的《钗头凤》，一字字摸过去，心中绞痛不已。琬儿琬儿……可他的琬儿九泉之下能听见吗？此情绵绵无绝期啊："城上斜阳画角哀，沈园非复旧池台，伤心桥下春波绿，曾是惊鸿照影来。""梦断香消四十年，沈园柳老不吹绵，此身行作稽山土，犹吊遗踪一泫然。"刻骨铭心的眷恋与相思，不堪回首的无奈与绝望，荡气回肠，震烁人心……

三

回顾中国古代经典的爱情故事，便不难发现，故事中讴歌的伟大爱情往往是因为女性的付出，不管是司马相如和卓文君，还是张生和崔莺莺，其实都是女性的下嫁；而《孔雀东南飞》和《梁山伯与祝英台》的悲剧，主导这些伟大爱情的也是刘兰芝和祝英台，而他们的爱人更像是一个被感动者和配合者。中国的男人都是如此的软弱与冷漠吗？也许。大部分人均如此。这种冷漠，也并不是他们的真性情，而是社会对他们的要求，主流文化中对男性追求爱情是极为排斥的。

陆游该算是一位重情男子，85 岁的生命，在悲伤怀念唐琬的漫长日子里，就整整苦熬了 58 年。他们的爱情，可以说是感天动地，他们的《钗头凤》，令世人感受着他们的无限之深情还有才情。多少年来，人们往往将他们的无奈分手归罪于陆游的父母，其实，与深爱着的妻子分手，固然有“孝道”思想的作用，也有陆游自身光宗耀祖的内在需求。重情的陆游在男权社会中不可避免地被烙上了这样的价值观，他的感情扛不动社会的压力，也争不过自己光宗耀祖的情结，陆游是不幸的，不幸在于他重情，不幸在于他所在的社会。不管他的价值观如何试图说服自己的感情，漫漫长夜终其一生，他终忘不了这份刻骨铭心的真爱，心中永远充满着无奈的伤情与挣扎。

相比而言，真该为女子击掌叫好。比如唐琬，是一个极重情义的女子，秀美且才华出众的琬儿与陆游的爱情本是十分完美的结合，却

▸ 沈园中留题的《钗头凤》。

毁于世俗的风雨中。赵士程虽然重新给了她感情的抚慰，但毕竟曾经沧海难为水。与陆游那份刻骨铭心的情缘始终留在她情感世界的最深处。自从看到了陆游的题词，她的心就再难以平静。追忆似水的往昔，叹惜无奈的世事，感情的烈火煎熬着她，使她日臻憔悴，悒郁成疾，只能在秋意萧瑟的时节化作一片落叶悄悄随风逝去。只留下一阙多情的《钗头凤》，令后人为之唏嘘叹息。

唐琬的《钗头凤》抒发了对在封建礼教支配下的世故人情的愤恨之情。"雨送黄昏花易落"，采用象征的手法，暗喻自己备受摧残的悲惨处境。阴雨黄昏时的花，原是陆游词中爱用的意象。唐琬把这一意象吸入己作，不仅有自悲自悼之意，也点明她与陆游心心相印，息息相通。"晓风干，泪痕残"，以雨水喻泪水，在古诗词中不乏其例，但以晓风吹得干雨水来反衬手帕擦不干泪水，借以表达出内心永无休止的悲痛，这无疑是唐琬的独创。"人成各，今非昨，病魂常似秋千索"，这三句从时空两个方面，设想自己在横遭离异之后固然感到孤独，而深深爱着自己的陆游不也感到形单影只吗？从昨日的美满婚烟到今天的被迫改嫁，梦魂夜驰，积劳成疾，终于成了"病魂"。更为不幸的是，改嫁以后，竟连悲哀和流泪的自由也丧失殆尽，只能在晚上暗自伤心。"角声寒，夜阑珊，怕人寻问，咽泪装欢"四句，具体倾诉出了这种苦境。结句以三个"瞒"字作结，再次与开头相呼应。既然可恶的封建礼教不允许纯洁高尚的爱情存在，那就把它珍藏在心底吧！因此愈瞒，愈能见出她对陆游的一往情深和矢志不渝的忠诚。在这世上一日，她的心就永难以平静。她只能怀着满腔的思念撒手而去。

一曲《钗头凤》，绵延千古情。但多少代人赞颂而不专注，欣赏而不学习，尤其为《红酥手》一击三叹、涕泪盈盈的往往是女人。翻开中国古典爱情的绵绵史册，不难发现，轰轰烈烈的爱情大抵是女子作了牺牲品，比如《孔雀东南飞》中的刘兰芝，比如《梁祝》中的祝英台，再比如这位被陆游休了的灵秀女子，30年华就郁郁而终的唐琬。天下，只有女人才会为"情"而死而亡，你看，就是史上那行最痴情决绝的爱情誓言“上邪，我欲与君相知，长命无绝衰。山无陵，江水为竭，冬雷震震，夏雨雪，天地合，乃敢与君绝！”也还是自女子的口中喊出。

四

又是春日，又见沈园。葫芦池边波光潋滟，春波亭畔曲径通幽。是冲着这千古之爱情冲着这曲凄婉的《钗头凤》，我从千里之外来至这十来亩地不算大的江南花园。小桥依旧。亭台依旧。沈园好静啊，徘徊其间，似听得陆游“错错错！莫莫莫！”之无望嗟叹；春风轻过，似听得唐琬“难难难！瞒瞒瞒！”的幽怨呜咽。风过耳，心恍惚，遥见那年轻的陆游，中年的陆游，老年的陆游，那个豪气万丈、忧国忧民的爱国诗人，那个情深义重、才华横溢的江南才子，始终伫立徘徊在那面斑驳破损的墙壁旁，“红酥手，黄藤酒，满园春色宫墙柳……”衣袂飘飞的唐琬立在春波亭边，清丽依旧。“蕙仙、琬儿！”唤着她的小名的陆才子急切地趋步上前却一下子落了个空，白发苍苍的陆游颤颤巍巍说“娘子啊，你请留步！”唐琬回眸凄然一笑：“那时，你到哪里去了?!”瞬间隐身没入了花丛之中。陆游向东追啊追，猛然，天地间一块石壁矗立：问世间情为何物，直教人生死相许！ 84岁的陆游手抚石壁，仰天长望，涕泪长流。

▸《陆游咏梅图》。

03 沃丽丝·辛普森：爱德华八世的灰姑娘

沃丽丝，与你单独相处，胜过这王冠和权杖，和这一切所有。我只知道幸福永远维系在你的身上……

——温莎公爵（爱德华八世）

一

1936年12月12日，被英国王室寄予厚望的、在位325天的爱德华八世通过广播宣告退位。朝野轩然大波，王室极力反对。责任呢？名誉呢？国家与百姓呢？然而，再三的动员、劝说无果，风度翩翩、36岁的爱德华只是说："我现在所知道的最高责任是考虑自己配

▶ 爱德华八世的"灰姑娘"——沃丽丝·辛普森。

▸ 爱德华八世与辛普森牵手共度一生。

不配当沃丽丝的丈夫，我所向往的幸福就是永远同她在一起。”为爱情理直气壮的爱德华终弃王冠而牵起了沃丽丝——这位离婚两次的美 国籍妇人的手，“执子之手，与子偕老”。爱德华——温莎公爵就是这样践行着自己对爱情的永远承诺。

二

· 火车上的邂逅

1931 年 6 月，爱德华王储换上便装，一身普通佣工打扮，登上一列便车，只身出外游玩。这是活力四射的王储搁置已久的老把戏，火车空空荡荡，车厢内另有一位女子。那女子金发蓝眼，体态丰盈，言谈间风情千种，移步时仪态万方。王储怦然心动，不禁打破在女人面前冷若冰霜、居高临下的习惯，主动与那秀色可餐的女子攀谈。从伦敦的雾天到大西洋的风，从法国的白兰地到西班牙的古城堡，两人天南海北闲扯，话越说越多，一发不可收拾。注视着对面这位谈锋甚健的女子，年届 37 岁的王储第一次彻底投入，感到全身心愉悦的快活。这位女子来自大西洋对岸的美国，她就是后来将与英王共同谱就爱情传奇的辛普森夫人。车厢的相谈甚欢，辛普森夫人却不知对面男人的真实身份，仍把这位与她主动攀谈的、穿着条纹灯笼裤、英俊儒雅的英国先生当做一个普通劳动者。那时，她和他更不知道这一次邂逅注定了两人的生命从此紧紧相连，注定了在世界历史留下“爱江山更爱美人”的动人篇章，且传为佳话与美谈流传千古。

金发碧眼的沃丽丝 · 沃菲尔德，1896 年 6 月出生在美国宾夕法尼亚州，她五个月时丧父，其母随后改嫁。小沃丽丝是靠有钱的叔父抚

▶仪态万方的辛普森。

养长大的。20 岁时，她与美国海军航空兵的一名中尉结婚，可惜这位年轻的军官爱海甚于爱妻子，性格刚强而又有教养的沃丽丝不堪忍受，于 1927 年结束了第一次婚姻。翌年，她嫁给了一位入了英国籍的美国富商辛普森，移居伦敦。列车邂逅以后，王储和辛普森夫人一见钟情，成为知交。两人频频约会，形影不离，双双出没于上流舞场、下等酒吧。泰晤士河游艇上，维也纳多瑙河岸，意大利比萨斜塔，到处留下王储的开怀笑声和辛普森夫人的莺啼软语。1930 年 11 月她才在伦敦上流社会的交际场合正式见到了当时的威尔士亲王，即英国王太子。

· 感动了世界的罗曼蒂克

爱德华生于 1894 年 6 月 23 日，是乔治五世的长子。这位受人欢

▶ 初登王位的爱德华八世。

迎的威尔士亲王在皇家海军学院就读，第一次世界大战中在掷弹兵卫队服役。1936年，英王乔治五世驾崩。王储按王位继承法，继承王位，封号爱德华八世。年轻的国王文武兼资，精力过人，确实是君临天下的合适人选，英国人为自己国家有这样一个贤明的新国王额手称庆。朝政国事忙啊，但国家大事的重任丝毫没有减低他对沃丽丝的爱，“亲爱的，你等着我！”登基不到一年，他就提出要与辛普森夫人互结秦晋。英国王室、政府、议会两院大惊，按照王室遴选后妃的惯例，这万万不可！英国首相鲍德温代表政府、王室、议会提出：英国不能接受一个美国人为王后，国王只能在王位和辛普森夫人之间作选择，如一定要与辛普森夫人结婚，就必须辞去王位！爱德华八世的身边谋士曾劝他以王职为重，了结与辛普森夫人的来往，他的回答却是：“我现在所知道的最高责任是考虑自己配不配当沃丽丝的丈夫，我所向往的幸福就是永远同她在一起。”首相说，立一个两度离婚的美国平民女子为王后“太荒唐”，国王建议再加审度。国王退一步，提出要实行“贵庶联姻”，只与沃丽丝结为配偶而不立她为王后，不要子嗣。而与沃丽丝情爱甚笃的爱德华八世说，婚事不成情愿放弃王位。

1936年11月，英国各大报纸，忽然一齐在头版头条位置，用通栏标题刊登出一条爆炸性新闻，新闻正标题大书：不爱江山爱美人，副标题是：英王爱德华八世为辛普森夫人辞去王位！欧美各国读者最初认为又是新闻记者们无端生事，进行 4 月愚人节式的骗人报道。一些爱德华八世的崇拜者，甚至打电话给报社，指斥他们侮辱至尊无比的国王陛下。堂堂大英帝国几亿臣民的国王，兼领大不列颠、印度、澳大利亚、新西兰、南非、加拿大各国王位，何患无靓女？岂能为区区一个辛普森夫人大动真情，辞去王位？没有人相信报上的桃色绯闻。不幸的是，新闻报道却是事实。几天以后，英国政府新闻发布官郑重宣布：英王爱德华八世已签署退位文件，议会已批准国王的退位要求！这真是天下奇闻：大英国王果真为一个女人辞去了王位！

爱德华八世为忠诚于自己选择的伴侣，于 1936 年由国君降为公爵，偕同爱妻住在温莎堡终老，缔造了有史以来最为世人瞩目的“不爱江山爱美人”的浪漫故事，令全世界的人都知晓与感受这份罗曼蒂克的感动。对于失去王位以及永远不能回到自己的国家，温莎公爵对沃丽丝说：“你可别后悔，我丝毫也不。我只知道幸福永远维系在你的身上……”

· 本世纪最时髦的夫妻

沃丽丝无疑是美丽的，她的美丽不仅仅是来源于她的相貌，四十来岁从心智到相貌都如花绽放的女子，更以她独特的气质征服着爱德华且越走越近。出身于王室又对服饰有着要求的温莎公爵风度翩翩，走到哪都是焦点。温莎公爵是一个充满神秘魅力的名字，这个曾经是威尔士王子并短暂担任过英王的温莎公爵，除了以 " 不爱江山爱美人 " 之举轰动 20 世纪初，他给世人的另一项馈赠，就是他的服装品味。英式男装给人的印象，大概就是大多数人想到的“校园风”的装扮，在一袭正式西装外套内，搭配衬衫、V 领针织背心和卡其长裤，看起来有些沉稳，有些雅痞，又有些传统。这种融合摩登与古典、不盲目追求流行的英伦风，引领者正是温莎公爵。苏富比公司服装部主任泰勒非常推崇温莎公爵和夫人，是“本世纪最时髦的夫妻”。

▶ 人到老年，夫妇二人的服饰仍然领先时代前沿。

回顾20世纪初，尚未登基的威尔士王子，就将条纹、格子和灯笼裤穿成时尚。现在，从运动衣、西装、洋装、睡衣，甚至家具用品，直条纹可以说无所不在。直条纹的出现可以追溯到15世纪，但是，时尚业者公认，1910年威尔士王子身着直条纹西装，出席一场访美公开活动时，所展现出的优雅形象，才是直条纹在美国时尚界蹿红的主因。结束访美之行后，威尔士王子也将美国东岸的直条纹流行带回欧陆，无形中推动了美欧两洲的时尚交流。

温莎公爵夫人沃丽丝提到，当年，威尔士王子穿着条纹灯笼裤朝她走来的轻松模样，在她的心中留下不可磨灭的印象。威尔士王子旋风，给时尚界带来意想不到的惊人影响。还有灰色法兰绒套装与咖啡色衬衫搭配的特殊配色法，正统中不拘小节，细微处刻意留下破绽，让外观神韵自然流露出俏皮幽默的英式男装，也是因为温莎公爵永恒的时尚品味，才在20世纪30年代的美国东部造成轰动。天性浪漫的温莎公爵，从小就对艺术活动情有独钟。温莎公爵认为，服装代表着个人形象，“身为威尔士王子，在每个场合，我都应该要穿着合宜，表现得体。”他说。直到1972年去世之前，温莎公爵都被美国时装基金会列为年度最佳男性时装“国际社交”类的领袖。而这一切，都是在沃丽丝——温莎公爵夫人深情且有品味的目光的注视与指导下。

付出了如此巨大代价的爱情是无比甜蜜的。婚后，两人双宿双飞，恩爱无比。公爵被任为英国驻法军事代表团成员，参与军机。法国败亡后，公爵携夫人转往西班牙。后来被任为大英帝国巴哈马总督，沃丽丝总是伴随在身边。我见过爱德华与沃丽丝许多的合影照片，时间不同，地点各异，唯有无比恩爱的神情在不同的岁月里始终如一。

公爵夫人所拥有的刺绣、字徽，也有不少出自多才多艺的温莎公爵手笔。他在《温莎公爵自传》中坦言："刺绣是我私爱且难以戒除的癖好。"幼年时期，温莎公爵的生活深受苏格兰传统影响，他经常协助母亲玛丽皇后编织格子布，将一捆捆的细线缠绕在纺锤上，"我的速度往往比妹妹还要快"，他自豪地说。身为时尚先驱的温莎公爵，也将他对艺术的品味展现在珠宝上，为了表达对温莎公爵夫人的爱意，逊位后，温莎公爵授意法国卡地亚珠宝钟表公司为温莎公爵夫人设计了四款首饰。

三

这一份绝世之爱，令全世界为之动容，不爱江山爱美人的浪漫更成为千古传颂的佳话。

贵为王子的爱德华身高体壮，天庭饱满，生性浪漫又多情，不拘宫廷礼仪，崇尚自由、时尚。一战爆发后，他主动服役参战，任为陆军参谋，在法国战壕里摸爬滚打，出生入死，屡立军功。战后，王储代表英王遍访欧美各国，深得各国政界领袖好评。王储还体恤下情，常常便装简从，出巡街头厂矿，关照劳工生活，体会无家可归者的痛苦，由此而深得人心。王储成年以后，王室依照宫廷礼仪，开始物色王妃。无数窈窕淑女，仰慕王储位尊，风流倜傥，竞相争宠献媚，争夺王妃之位。未料年华正盛的王储冷若冰霜，全然不睬。年届 30 以后，王储仍然孑然一身，直至遇见辛普森夫人。

沃丽丝此时已人到中年，依然窈窕如少女，然而称她为“美人”却并不够确切，论长相，她不及当时追逐王储的一些美人儿。但沃丽丝有她独特的魅力：美国人的独立精神，意志坚强，幽默乐观，见解独特，同时也很有女人味。她不漂亮，但体态轻盈，优雅高贵，有教养。她布置的家舒适得令人叫绝；她张罗的美式晚宴会赢得赞赏；她能让这个疲惫孤独的男人，说出不能对任何人说的心里话。就像懂自己的心思一样，她懂得这个男人的每一个用词和字……王储什么样的漂亮女人没见过？脸蛋儿早晚都会衰老的。他欣赏的是她整个的人和这个人所创立的一整套有情趣的生活方式。据说沃丽丝住宅中那张喝鸡尾酒的小桌，爱德华亲王就非常感兴趣。桌子和酒——我们看到的仅仅是一种富足的生活方式，而爱德华亲王体验的却是同样属于生活本质的、同样需要珍视的温馨、舒缓、诚挚、从容，一个可以让流浪的心灵停下来落落脚的地方。受“现代派”思潮影响的王太子，与沃丽丝情投意合，相见恨晚。对于很多人对这两个人走近的想不通，沃丽丝是这样认为的：“唯一能说明他对我感兴趣的原因也许在于我那美国人的独立精神，我那直率，我那自以为具有的幽默感，以及我对他和与他有关的每件事的乐观或好奇……他是孤独的，也许我是第一个洞察他内心深处孤独感的人。”温莎公爵夫人在回忆录这样说道。而丘吉尔对亲王与沃丽丝的恋情也评价道：“他喜欢同她在一起，并且从她的品质中获得他要的幸福，就像他需要呼吸新鲜空气一样。”

应该说，温莎公爵虽然贵为王子，但骨子里的高贵与丰厚的人文情怀，使他更像一个有血有肉的人；沃丽丝善解人意又直率独立。外型上一个风流倜傥，一个气质高雅，这样的两人一时成为新闻焦点和人们街头巷议的对象。有人大谈辛普森夫人被立为英国王妃的可能性，但这一猜测立即被洞悉英国王室继位惯例的人们否定。辛普森夫人虽有沉鱼落雁之色，浑身上下确实透露出雍荣华贵之气，但她年长王储好几岁，有过婚史，出身于贫贱人家。不仅如此，辛普森夫人还是美国公民。一向高傲无比的英国人绝不会接受一个已婚的美国妇女为自己国家未来的王后。这有损于大英帝国的赫赫威名！王储钟情于辛普森夫人大概是逢场作戏，一场闹剧而已。

▶携手一生。

然而，相遇就是相遇了，相知就是相知了，相爱就是爱得死去活来一时一刻也不愿分离地相伴了：“我只知道幸福维系在你的身上”，“与你单独相处，胜过这王冠和权杖”，直至，为这份情感放弃了英国的王位。温莎公爵为爱情这份决绝的执著使历史上多少情爱黯然失色，更令多少君王在女人与情感问题上相形见绌。从来，历代君王们身边美女如云，而更多的时候，情长也罢，短也好，女人只是他们的附属或只是他们利用的工具而已，比如在《长恨歌》中那样“在天愿作比翼鸟，在地愿为连理枝”深情的李隆基，在安禄山率兵而至之时，也只能赐一条白绫子令杨玉环命丧马嵬坡。这不能不说是温莎公爵的伟大。

四

古老的温莎城堡镌刻着千年风霜，更镌刻着爱德华与沃丽丝似海深比天高的爱情。

温莎公爵去世后，沃丽丝痛不欲生，“爱德华，爱德华”——温莎公爵夫人常在她和他共住的房间中徘徊，一遍又一遍地在心中呼喊，每一处摆设、每一件家具、每一件衣物都引起她无尽的思念与怀想。“爱德华——爱德华”，她的呼唤没有回音，那个她深爱着的男人，只是在墙壁上的相框里对着她一如既往深情地微笑着，这么多年了，看着他的微笑，她还是心动不已。是的，对于一颗爱着的心，她的呼唤又有着回应——眼前的这桩桩件件，哪一处不是他俩爱的见证？哪一件不留下两人共同岁月的风雨沧桑？偌大的城堡，这两人常用的餐具、这围墙、这壁炉……处处是他风流倜傥的影子。令她爱不释手的是眼前这串手链——这个由 11 颗心串成的钻石手链，每一颗钻石心，都是当年温莎公爵爱德华与沃丽丝两个人恩爱岁月所累积出来爱的见证，每一颗心都是他和她亲手挑选，每一颗心都凝结着深厚真挚的爱情。因为只要打开每颗爱心，就能看到两个人当下的心情写照。有的写着“心有所归”有的写着“赤子之心”，分别写于 1951 和 1956 年，如果把这两个日期和他们的生平串起来，1951 年是温莎公爵自传问世的那一年，而留下“赤子之心”字句的当下，就是温莎公爵夫人 60 岁生日。

是的，对真心相爱的人来说，“心有所归”比什么都重要。深爱着人，都是以“赤子之心”去爱着对方，即使已白发苍苍。真正的爱情，永远是 18 岁的新鲜与美好。

▶ 历史悠远的温莎城堡。

04 虞姬：垓下之千古绝唱

我心中你最重，悲欢共生死同。

——《霸王别姬》歌词

一

垓下，四面楚歌，楚歌四面。帐帏中，一灯如豆，暗夜中摇曳出无数不祥的光影，斑斑驳驳。精心梳妆后的美女子虞姬盈盈起身，满斟一斛酒：大王，请喝一杯吧！婉声柔语中将酒捧到了她的霸王面前。项羽搂着心爱女子的腰，一仰首斛底朝天，再一把攥住虞姬的手："力拔山兮气盖世，时不利兮骓不逝。骓不逝兮可奈何？虞兮虞兮奈若何！"楚霸王的男儿泪潸然而下，将自己的女人拥入怀中。虞姬紧紧贴着她深爱男人的面颊，笑靥如花：让我为大王舞一剑吧！"汉兵已略地，四方楚歌声。大王意气尽，贱妾何聊生！"且歌且舞的美女子眼波流转盈盈转身，向项羽投去最后一眸的深情，忽地剑花轻挑，横刀自刎。项羽大惊失色，疾步上前抱住的是血花四溅却依旧柔软的身体，啊——痛彻心肺的楚霸王仰首长啸……

▶虞姬画像。

二

· 只是在河边多看了你一眼

在那个战乱平息的年代，有一少年从家中去外祖母家，这是件高兴的事，少年最喜欢去的地方就是外婆家，一路上撵狗赶鸡，蹦蹦跳跳。外婆家的村外是一条清冽冽的河，走在桥上，少年无意间向河边望去，在风景如画的河边，在清澈澈的河面上，倒映着正在河边洗衣的一美丽少女。少年像被施了定身法伫立小木桥上，呆呆地望着。这一望不要紧，就望出了历史上千古绝唱的爱情故事。这个少年就是后来威震天下的楚霸王项羽。“此女只应天上有，莫非天仙下凡来。”少女也发现了望着自己的少年，定睛一看，“莫非天神下凡？”竟有如此英武少年。少女忽然脸红，害羞地端起衣服跑进了村庄。少年项羽到外婆家后，无心游玩，悄悄地打听在河边见过的少女，当听到她是外婆本村虞家女儿，并听外婆夸讲此女美丽能干时，少年喜不自禁。少年回家后立即对母亲说了他看上虞家姑娘一事，母亲疼儿，即与其叔叔项梁相商，大将军项梁听侄儿一说，当然同意，立即派媒人前去提亲，虞家当然应允，虞姬更是喜在心里。过后，少年项羽经常以探望外婆为由，去到虞家村与美女虞姬相会，说是两人就此立下了山盟海誓，永结同心。

· 刀光剑影中的相依相随

“人世间有百媚千种，我独爱你那一种”，这句歌词，足可以见项羽对虞姬的爱恋与坚贞之情。兵荒马乱烽火硝烟，当虞姬带着换洗之衣物，背着家人，只身跑到百里外项羽大营的篷帐中，可以想见项羽的喜出望外。她，一个还未过门的女子，在那时的岁月，毅然，用万般柔情、一身担当去陪伴、辅佐这个战场上生死攸忽的铮铮铁汉。

公元前 210 年，项梁叔侄在会稽观看秦始皇巡游，看到如此宏大的场面，项羽不禁对叔叔项梁说“彼可取而代之”，雄霸天下之心可见一斑。公元前209年，陈胜、吴广在大泽乡起义，这时24岁的项羽和叔叔也在江南起兵，叔侄二人带兵向北横扫秦军，破釜沉舟，直捣秦都咸阳，分封各路义军领袖共24侯王，自称“西楚霸王”，定都彭城（现徐州），正式迎娶虞姬为妻子，王室且不纳一妃，英雄、美女过着你恩我爱的生活。不料各路反王心怀不满，尤以汉王刘邦为甚，打出了反旗。

▶ 项羽画像。

前世之约定今生之相逢，项羽在感情上和生活上都已经离不开虞姬，就带着虞美人东西征战、鞍马劳顿。战争前期，在虞姬的陪伴与鼓舞下，项羽打得刘邦丢下父亲和妻子儿女，只身逃亡，才得以保全性命。随着形势的发展，局势对项羽越来越不利，但这对恩爱情人从战争开始就两不分离，虞姬一直相依在项王身边。死尸遍地，霸王在战场上是横扫千军，无人能挡，刀枪相见，人头落地。每到夜晚，总有虞姬陪伴在旁，端茶更衣，温言软语，劝慰交谈，英雄美女恩爱有加。军中士兵和亚父范曾对这样战场上的相依相随，风言风语，冷嘲热讽，项羽不为所动，虞姬更是不理，她一定要留在霸王身边，受多少苦累都不在乎，只求时时刻刻、生生世世做他的女人……

· 悲欢共，生死同

野风四起，秋凉惊石，这里注定成为英雄美人的宿命之地。垓下，楚歌漫漫四起，悲音凄凉瞬间铺天盖地。帐帏中，一灯如豆，摇曳出暗夜中无数斑驳的光影。冰雪聪明的虞姬自然知道，这一次项羽是在劫难逃，汉军四处宣称：提得项羽首级的，“金千斤，封万户侯”。他们是那样的相爱，是那种“你中有我，我中有你”再也不能分开的爱。生死与共的战场相处，她更懂得项羽此时的心，他希望她能走，骑上那跟随他多年的稀世珍马乌骓，在茫茫夜间，脱逃的机会还是很大的。但她不走，她怎会走？！我相信，从她爱上项羽且追随爱人的踪影来到营帐的那一刻起，她就许下了生死相依的心愿，没有了心爱的人相伴，活着还有什么意思呢，此时，项羽的败局已定，她不能再让他分心。于是，她为他斟上最后一斛醇酒，拔出佩剑，随着项羽的歌声起舞，一个高歌一个酣舞。男人歌得壮烈悲凉，女子舞得柔曼凄怆。他的歌只唱给她一个人听，她的舞只让他一个人看，从今生到来世。歌住了，舞毕了，虞姬觉得该走了。深深地，她看了她的项王最后一眼，她用剑往自己的脖子上一抹，锋利的吴越薄钢锻剑，就那么轻轻一飘，便带走了虞姬的万千柔情，永世的不舍。

流血不流泪的盖世英雄，抱着虞姬的尸体，涕泪滂沱，悲声大放……战争是残酷的，虞姬去了，但首级不能落到汉军手里，让他们邀功请赏，那对虞姬是种侮辱。虞姬是项羽的至爱，以项羽的性格，别人他是不让碰的。只有他自己动手了。那又是一种怎样的心情啊。普通人的爱是也许有血泪，而英雄的爱，多了刀和剑，用自己的锋利的刀，割下已经死去的最心爱的人的头颅，这比砍自己的头还要艰难百倍啊！他将心爱的女人的头颅，轻轻地怕碰疼了似地，揣进了怀中。带着心爱的虞姬的头颅，他突围了，他宁可战死也不能让心爱的女子的首级落入敌手。由于一个农人的诳骗，残存的队伍，又陷入了沼泽。到达东城时，只剩下二十八骑，他知道，再带着爱人的首级，就很有可能会落入敌手了。在战斗的空隙，他用剑挖了一个坑，把带有自己体温的虞姬的头埋了下去。最后的一次泣别，然后带着仅有的二十八勇士来到乌江。

遥望七年前的江东山川，他立刻可以渡江，这里有船等着他，马上就可以摆脱追兵了。但过去又怎样呢？心爱的女子已融入了大地，没有她的日子无所傍依，没有她的日子战场太冷！起义时的八千子弟兵也化为了泥土。乌骓、乌骓，你走吧！他把心爱的乌骓送上船，然后又冲入敌阵最后一博，敌人对他仍无可奈何，他觉得他也该走了，对着迎面而来的汉将吕马童说，看在同乡份上，这功劳给你吧。拔剑自刎。这一年他刚31岁。忠诚的乌骓马已经被船带到了江心，也许它感觉到了什么，纵身跳入江里，再也没露出水面。

▶今日的乌江。

他忍住锥心的疼痛，割下了最心爱的女人的头，把她埋在了地下。保住了她，一个为爱殉情的女人的尊严，他把自己的头颅给了敌人，他依然是那么顶天立地！他得到了天下，又失去了天下；他得到了爱，却又不得不让自己心爱的人身首分离。人生之悲，人生之情，天地之大，江水之涛涛，荡不尽英雄之血，英雄之泪，英雄之爱……项羽被奉为了人杰，可霸王也好人杰也罢，却在四面楚歌时，无法保护自己心爱的女人。

“力拔山兮气盖世，时不利兮骓不逝。骓不逝兮可奈何？虞兮虞兮奈若何！”酒入愁肠唏嘘彷徨，英雄末路的挽歌，透出无比的凝重，霸王为江山为美人的悲彻，字字滴血。

“汉兵已略地，四方楚歌声。大王意气尽，贱妾何聊生！”坚贞的爱情，驱逐了死亡的恐惧，人生的千般烦恼，万重愁绪都一剑消弥。虞姬为霸王、为这份爱情的咏叹，声声溅泪。

三

在中国的传统文化中，“重情讲义”是非常高的评价，也是上至朝廷下至老百姓衡量人的重要标尺。而项羽，堪称重情讲义的代表人物。项羽在危急之时，惦记的是他心爱的虞姬和乌骓，没有关心自己的生死和成败，从这看出，他是何等的豪情壮志！何等的重情重义！是一个真正的大丈夫！当之无愧的英雄！“生当做人杰，死亦为鬼雄。”

中国几千年的历史，稍有成就的男人，哪一个不拥有成群结队的女人？而项羽是例外。他曾经拥有过整个天下的辉煌，可是他只有虞姬且不纳妃。一位铁骨铮铮的汉子和一位柔弱美丽的女子，他们感情深挚，战争中形影不离的伴侣，谱写了世上绝无仅有痴情忠贞的凄美、壮美之爱情……

项羽死后，刘邦亲自拜祭，“为发哀，泣之而去”。什么是英雄？死后还要震撼敌人的。让敌人为之诚服的英雄并不多见，无论敌人出于什么原因和目的。其实，弄懂一个历史人物是很难的，项羽，有很多缺憾，作为一个政治家或是军事家，他缺乏战略预见和事关全局的战役决策能力等等。但作为一名千古英雄，是他充分展露了一个男人的辉煌和悲壮与阳刚之美。两千多年的传颂，足以说明他身上有许多他过去的人和他后来的人所难以具备的、而恰恰为人们所永远崇尚与尊敬的品质——英武之气，宁折不弯，侠肝义胆，万千柔情。

在这个缤纷而多元的世界里，每个人都有自己的情感历程，平凡或不平凡，平常或不平常。特别是在这个物欲横流，连感情也可以成为筹码的物质至上的社会里，真正能从心底唱出“我心中你最重”的人恐怕为数并不多。现在，有多少夫妻同床异梦，貌合神离，有多少朋友为了名利，尔虞我诈，又有多少恋人奢望浮华，反目成仇，所有这些使本该纯洁无暇的挚爱亲情变得扑朔迷离、难辨真伪。而“我心中，你最重”却融进了百般恩爱、千般理解、万般真情。这不是不负责任的、苍白的许诺，不是缥缈如云烟的海誓山盟，而是来自灵魂深处的

▶ 艳丽似血的虞美人。

情感独白。醉过方知酒浓，爱过方晓情重，只有深深爱着，有强烈责任感，敢于为爱付出的人才会有这样的独白。其实真爱，无需太多的言语承诺，无需太多的物质满足，爱在于真诚、无私、持久；在于危难的时候能挺身而出，主动承受，相互担当。人生路漫漫，坎坎坷坷，风风雨雨谁都会遇到，如果所爱的人能与自己患难与共，相濡以沫，就没有躲不过的风雨，没有走不过的坎坷。这样的爱人和朋友，我们就该好好地去珍惜，用心地去呵护，不让这份情感受到任何的伤害。唯有如此，我们才能发自内心地唱出：我心中，你最重。

据说虞姬血花飞溅之处，第二年，蓬勃盛开着一种红殷殷的花，如血般的艳丽，但每朵花的寿命却只有两三天，一朵那么艳丽的花一下子就凋谢了。春风中花瓣一片片落在地上，落在地上了却依然艳红……人们叫她：虞美人。虞美人真的漂亮，大家都说，那是虞姬为爱无怨无悔的灿烂笑容。我以为，也是人世间对忠贞情爱的由衷褒奖与赞叹。

四

21 世纪，第一个年头的早春，我伫立在江苏宿迁项王故里。没有红绿鲜活，没有富丽堂皇。细细密密的青砖汉瓦，低低矮矮的一伏围墙。没有阳光，没有游人。有风吹过，静谧处似有丝竹管弦悲怆低回，是楚歌四面？继而有铿锵音乐响起，琵琶一阵急一阵，铮铮淙淙如金戈铁马，是《十面埋伏》？

我看见，垓下。后是数千追兵，前是滔滔乌江。乌骓马声声长嘶，项王盔甲依旧，战袍依旧，横刀而立，双目凛凛岿然不动。“望苍天四方云动，剑在手，问天下谁是英雄！”英雄的自尊本比锋刃还利，挥剑自刎处立着不败的英雄。满腔热血化做千古虹霓，远胜过王侯将相一世浮云。生当作人杰啊死亦为鬼雄！

我看见，虞姬。柔情万种又刚烈无比，美轮美奂的好女子虞姬。

▶ 被清代皇帝乾隆盛赞的江苏省宿迁市。

剑舞若飒飒轻风，婉喉似莺语鸟啼。“人世间有百媚千红，我独爱你那一种！”为成全英雄大业，为割舍缠绵之情，“让妾为大王舞一次剑吧”！舞之极美，仰颈拔剑，万般柔情付与一腔热血！刚烈汉子柔情女儿，悲欢共，生死同。

英雄千万，如项羽这样至死不肯过江东的末路英雄世上有何人？

美女万千，似虞姬这样以剑斩断万缕牵挂，古往今来又有几例？

“你用柔情刻骨换我豪情天纵”，有如此红颜知已，项王大幸“我心中，你最重，烈烈风中荡不尽绵绵心痛”，被这样的男子所爱，刀溅血花时，虞姬无憾了！

于是啊，霸王别姬垓下之千古绝唱，回肠荡气绝唱千古；于是啊，西楚霸王盖世英雄，千年万年永立世人心中……远古的苇丛在项王故里在晚风中瑟瑟摇动。

如若，如若有转世轮回，如我是男儿，项羽，让我做你的兄弟，剑戟交错中共护一腔豪情，再创一番大业；若我是女子，我愿是虞姬，为你舞为你歌，与乌骓马一起追随左右。

乌江边，寻你。有星光照耀。

05 十二月党人的妻子：风雪与牢狱中的炽爱之路

纵然我会死去，但并没有什么遗憾！我要去！我要去！我要死在丈夫的身边。

——特鲁别茨卡娅

一

▶ 描绘一位十二月党人与妻子在冰雪中相会的油画。

皑皑白雪，白雪皑皑。冰天雪地的西伯利亚荒原上，寒风刺骨透彻心腑。一名衣着华贵的美妇人，叶尤杰琳娜·伊万诺夫娜·特鲁别茨卡娅从马车上匆匆而下，匆匆而下的她疾行至一队手镣脚铐的囚徒面前，揪心地寻找深情地凝望。谢尔盖、谢尔盖我的亲人啊！美妇人忽地在一衣衫褴褛、蓬头垢面的长须囚徒面前缓缓跪下，缓缓在雪地上跪下，柔润火热的双唇向着囚徒——她的爱人，她爱人的镣铐深情地吻去！刹那间啊，西伯利亚的荒原为之颤抖，凛冽呼啸的寒风为之噤声，押送囚徒的俄罗斯军人咽下了即将冲出喉管的斥骂——天与地之间，回响着无声之歌，为眼前的这位美妇人特鲁别茨卡娅公爵夫人，鸣奏出一曲属于俄罗斯更是属于人世间最荡气回肠的爱之千古绝唱。

二

· 血流成河的彼得堡广场

1825 年 12 月 14 日，彼得堡参议院广场，数百名俄罗斯贵族革命家，背叛了他们曾经捍卫的制度抛弃了自己的家庭，放弃富裕的生活、特权与地位，为推翻极权的君主制度、在国内建立民主立宪、解放没有人身自由的数千万农奴的伟大事业，将自己与国家民族的命运捆绑至一起，向沙皇专制制度发起了第一次冲击。沙皇岂容得了这些贵族子弟的反叛？这是一场悲壮而惨烈的贵族革命，激昂而过于理想

▸ 十二月党人广场。

主义的政治理想在集权统治的铁腕下，终是以卵击石，沙皇一声令下：杀！血流成河，革命者被杀，起义领导人被沙皇尼古拉一世处以绞刑，121 名起义者被押送到风雪交加生存条件极为恶劣的西伯利亚服苦役，漫漫无期。

这些十二月党人大多数出身于贵族家庭并且在沙皇统治机构中担任一定的官职，他们从爱国主义和人道主义的立场出发，努力探寻俄国社会的出路。他们从少年时代起大多接触过西方的文化和教育。十二月党人起义是俄国历史上对沙皇专制制度的一次巨大的冲击，尽管失败，他们的壮举却在广袤的俄罗斯大地，在俄罗斯人的心中播下了民主与自由的种子。

· 让我们随爱而去吧！

而更令世人震撼并千古传颂的，是她们的妻子、情人、女友们为爱而去的美丽与惨烈。

起义失败，亲人、情人被杀被流放，养尊处优、美丽娇柔的十二月党人的妻子、情人们吓呆了，惊慌了，痛苦了！19 世纪的宫廷妇人、名门闺秀是以纤纤十指拈花弄盏的，是在沙龙悠闲中歌舞升平的，是看闲书啜饮香甜的下午茶的。兄弟沥血，丈夫被捕，家室被抄，风花雪月温柔乡刹那间风刀霜剑严相逼！

而令人所料不及的是这些公爵夫人、将军妻子、近卫军的情人们竟然义无反顾地作出了令俄罗斯震惊的抉择：追随丈夫与情人踏上漫漫流放之途，甘苦与共生死相依。一封由几十位女士、小姐们签字署名的请求送到了沙皇尼古拉一世的案头：亲爱的主，让我们随心而去随爱而去啊！沙皇为之大怒，不准！不到一个月，同样的一封信，还是那密密麻麻娟秀的签名：让我们随爱而去吧！沙皇忍无可忍，这些他的伯爵、公爵、骠骑兵，都是贵族子弟，他们背叛了他，现在，这些人的妻子、女儿又要走上继续背叛的路子，他拍了桌子下了诏书：愿意跟随丈夫流放西伯利亚的妻子不得携带子女，不得再返回家乡城市，并取消享有的一切贵族特权。这一法令，将要把这些往日风姿楚楚、活跃在舞会和其他社交场合的俄罗斯贵族女子，永远打入“流放苦役犯”的行列。

· 风雪中的坚强又美丽的守望

叶尤杰琳娜·伊万诺夫娜·特鲁别茨卡娅是第一个赶到西伯利亚的。她是十二月党人特鲁别茨基公爵的妻子，当她的马车在寒风冻雪中奔驰了五个星期，来到贝加尔湖畔的伊尔库茨克省时，省长大人奉沙皇的旨意，规劝她回到彼得堡去，她却坚定地说：“纵然我会死去，但并没有什么遗憾！我要去！我要去！我要死在丈夫的身边。”

亚历山大拉·格利戈里耶芙娜·穆拉维约娃是在整整斗争了一个月，才争取到流放机会的。当尼基塔·穆拉维约夫在监狱里会见从莫斯科赶来的妻子时，他惊诧地发现，经历了千辛万苦的妻子特意略施粉黛，一朵象征纯洁爱情的白色星形小花别在她的头发上，美丽娇艳，又飘逸温柔。此情此景，令尼基塔眼中的泪水夺眶而出：“我对不起你。你还是回莫斯科吧。我不愿你与我一同身受饥寒之苦。”“为了我们的爱情，我要永远跟随你。让我失去一切吧：名誉、地位、富贵甚至生命！”

法国姑娘唐狄在巴黎听说昔日的情人伊瓦谢夫被流放到西伯利亚的消息，立刻以最快的速度赶到俄国，并向当局要求批准她到西伯利亚去与情人结婚。她得到了许可，他们结了婚，几年后，在冰雪和疾病的折磨下，一对异国情侣终于倒在了西伯利亚的千古荒原。

法国女时装师波利娜·盖勃里的婚礼是在贝加尔地区的监狱里举行的。她的情人伊万·安宁科夫被捕之前曾是一名前途辉煌的贵族军官。当伊万·安宁科夫入狱后，波利娜上呈沙皇尼古拉一世，要赴西伯利亚完婚。也许是当时沙皇尼古拉一世心绪很好，也许考虑到她是法国公民，很快就批准了她的请求。

严酷的环境，窒息的生活一度让青年军官瓦西里·伊凡绍夫万分忧郁，于是他打算逃跑，因为他再也待不下去了。他说："与其这样活下去，毋宁死去。"正当他悲观绝望的时候，他收到了家庭女教师、年轻贫穷的法国姑娘尤米拉·列丹久的求婚信。他对这位性格温和、聪明美丽的姑娘记忆犹新。当时他们情趣一致，相互尊重，然而两人不同的社会地位，阻碍了他们爱情的萌生。瓦西里·伊凡绍夫不愿连累这位纯洁的法国姑娘，但是尤米拉·列丹久却不顾一切地来到他的身边……

是的，万里迢迢，风雪与苦役，身份与地位，未可知的明日，这与铭心刻骨的相思和爱情相比，算得了什么？！

西伯利亚阴冷无比的监狱因爱人的居住成了这些名媛贵妇魂牵梦萦之所在。公爵夫人第一个在西伯利亚监狱里与丈夫——前公爵、上校相会了。渥尔康斯尤娅来了，格利戈里耶芙娜她整整斗争了一个月时间，才幸运地得到流放的权力，忍痛丢下了三个年幼的孩子也来了……绝大部分十二月党人的妻子和未婚妻陆续抵达了。这些美丽坚强的俄罗斯女子用生命和爱情为流放地的囚犯们带来了生的希望，阳光，空气，鲜花，慰藉着俄罗斯英雄的灵魂。

但冰天雪地、荒无人烟的流放地，终究不是这些娇嫩的花朵绽放的花圃，一位又一位贵妇与名媛倒在了西伯利亚，再也回不了家乡，心甘情愿地长眠在爱人的身边与怀抱中。

让人永远不能忘怀且令世人为之感动的是特鲁别茨卡娅与丈夫相会的场面，诗人涅克诺索夫这样地描绘：

我在他的面前不禁双膝跪倒，
在拥抱我的丈夫之前，
我首先把镣铐贴近我的唇边，
四周围站着的人们，
是那么苍白严肃与激动……

苦痛与忧伤被特鲁别茨卡娅的深情一吻，吻成了绵绵不绝的幸福与爱恋，吻成了无可比拟的庄严与神圣。从此，亲吻镣铐的女子成为俄罗斯坚贞爱情的永久象征。

三

不止一次有人提出，为何这些名媛贵妇敢于这样不顾一切地去爱？她们的爱情之花为何在冰天雪地间绽放得如此鲜艳？

十二月党人起义失败后，沙皇尼古拉一世命令他们的妻子与“罪犯丈夫”断绝关系，为此他还专门修改了沙皇法律中不准贵族离婚的条文：只要哪一位贵妇提出离婚，法院立即给予批准。出人意料的是，绝大多数十二月党人的妻子坚决要求随同丈夫一起流放西伯利亚！迫于情势，尼古拉一世不得不答应了她们的要求。但政府紧接着又颁布了一项紧急法令，对她们作出了限制：凡愿意跟随丈夫流放西伯利亚的妻子，将不得携带子女，不得再返回家乡城市，并永久取消贵族特权。这一法令的颁行，无异于釜底抽薪，这就意味着：这些端庄、雍容、高贵的女性将永远离开金碧辉煌的宫殿，离开襁褓中的孩子和亲人，告别昔日的富足与优裕！

十二月党人的妻子们能够完全理解丈夫与情人理想上的追求和为之献身事业的伟大历史意义吗？我不这样认为。

但是她们一定能够完全理解什么是爱情，什么是爱情的真谛。许多十二月党人曾经有过在法国留学的经历，在这些流放在西伯利亚的十二月党人的妻子中，有许多同样在法国接受过教育或本身就是法国女性。不是说法兰西的文化或是法国的女性就对爱情特别的忠贞，但毫无疑问地，法兰西民族的浪漫、热情与细腻对这些女子爱情观与价值观的影响起到了非常大的作用。

而同时，19 世纪初期，世界文艺复兴浪潮的多种元素，冲击着这个时期的所有人，对自由、民主、个性解放的追求对这批有较高人文素养女子的影响显而易见是强烈的。在这个层面上，她们所追索的不只是爱情，还有自由和解放。正是这样一个她们可以放弃，亲友规劝她们放弃，沙皇命令她们放弃，而她们没有放弃的苦难爱情，才把她们的形象彰显得美丽而高洁。

容我在此荡开几句，提到不能不说的一个词：贵族。贵族的气质。真正的贵族所崇尚的精神不是暴发户的精神，真正的贵族更不意味养尊处优与奢侈享受的生活方式。在西方，贵族意味着以荣誉、责任、勇气、尊严以及勇于牺牲等一系列价值为核心的精神。现在很多人以钱来认定贵族与平民，实在令人匪夷所思。人们常说的是“三代出不了一个贵族”，这至少也是对真正贵族精神一个浅显的认知吧。十二月党人与他们的妻子都是贵族，贵族的气质与精神决定了他们、她们作出这样爱的抉择和为爱情心甘情愿的牺牲。

没有这群女子的生死不离，被流放的十二月党人也许就不能够在冰天雪地里坚持下去。

没有这群女子的相依相伴，他们中的许多人也许就活不到30年

▶ 十二月党人的妻子们的雕像。她们为了爱情，正决绝地走向命运之门。

后大赦的那一天。

世界越世俗化、物欲化，十二月党人妻子的精神就越发显得超凡而脱俗，越发显得高贵而圣洁。她们义薄云天的壮举、浩若瀚海的深情，浇开了荒蛮寒冷的西伯利亚冰原上绚烂的爱情之花。

十二月党人是自觉地献身于自己的政治信仰的，正所谓“杀身成仁，舍生取义”。十二月党人的妻子，则是在把爱情献给自己丈夫的同时，又把青春、富贵、本应是幸福的一生，无怨无悔地献给了丈夫的苦难事业。也就是说，虽然她们没有直接参加十二月党人革命，但是由于她们对于丈夫事业的支持，也就间接地为俄罗斯民族的解放事业作出了不可磨灭的贡献。这些血统高贵、风流倜傥的贵族，因为理想而抗争，因为理想而流放，却因为坚贞不渝的爱情而使生命得到了升华！十二月党人的妻子们，是一群冰清玉洁、超凡脱俗、道德高尚的巾帼英雄。她们早已成为一座雕像，永远屹立在苍凉的西伯利亚大地。她们身上所折射的人性之美，将穿越时空，亘古长青！

四

岁月斑驳着历史，许多许多远去了，只是历史。但冰天雪地中美丽的坚守，浪漫气质与英雄情结的完美结合，十二月党人妻子用生命与鲜血谱就的爱情神话，令世上所有的甜言蜜语、世俗情爱黯然无光。

“死生契阔，与子成说。执子之手，与子偕老。”真挚情感从来就是那样的质朴。十二月党人妻子中最后辞世的亚历山大拉·伊万诺芙娜·达夫多娃说的话直击我的心房：“诗人们把我们赞颂成女英雄。我们哪是什么女英雄，我们只是去找我们的丈夫罢了。”

“只是去找我们的丈夫罢了”。是的，可天下又有多少人能做到这样地去寻，去找？！

是16岁知晓的十二月党人与他们的妻子，这么多的岁月了，从少女到中年，我是这样地对她们念念不忘，是如此地满心敬仰，更愿意如她们这样为了真理，为了爱，去寻去找，且九死而不悔。

敲下这些文字时我在想啊——

如果有可能，我想去彼得堡，去彼得堡的参议院广场，徜徉于涅瓦河，去聆听近两百年前十二月党人的正义呼声，去感受十二月党人妻子的彻骨疼痛。

▶ 热情讴歌十二月党人的诗人普希金。

如果有可能，我要去赤塔。穿过呼伦贝尔大草原，行过满洲里，进入俄罗斯，去赤塔，那儿是当年十二月党人流放的地方，有一座十二月党人的纪念馆，有关于十二月党人的妻子感天动地爱情故事的记载。

如果有可能，我要去看那座电灯泡闪亮了若干个日日夜夜，为安葬穆拉维约娃和她两个孩子的墓碑与电灯祭坛，说是风霜雨雪花开花落，墓碑前永远是苍松翠枝，祭坛至今仍保存完好。

我更想去拜谒那座雕像——那座以特鲁别茨卡娅与丈夫相会的场面，那捧起镣铐深情一吻的雕像，说是已成了俄罗斯人纯洁忠贞爱情象征的雕像，俄罗斯青年人结婚都要去献上一束玫瑰，我也要为这些女子，这些拥有的真纯爱情的地老天荒，献上一束红得深沉热烈的玫瑰花……

第二章　欲望：倾国之殇

富有而美丽，聪明又愚蠢。爱慕虚荣、追逐权势、欲望无度的女性，注定使自己成为悲剧的主角，不堪、不幸与骂名追随她的生前死后。

▲1945年，费雯丽诠释的“埃及艳后”。

06 海伦：特洛伊战火的点燃者

你们这是为什么呀？真的是为了我吗？

——海伦

一

▶ 电影《特洛伊》中的海伦。

她优雅而妩媚地笑着，纤纤十指轻提着长长、洁白的裙裾，步履急促又盈逸地向着城头飘然而至。当白裙曳地、风情万种的金发海伦款款登上城头的塔楼时，将军和长老们惊呆了，目不转睛之下有人惊叹：这样的美丽！不愧是世界上最美丽的女神！为这样的女人，特洛伊人与希腊人九年的刀枪相见、血流尸野，值了！海伦回眸一笑，特洛伊城头上的将士瞬间忘却了城下的千驾战车、万名虎视眈眈的希腊军士……

二

· 神庙中的邂逅

锡西拉岛，阿尔忒密斯神庙。美丽又孤独的王后海伦在女仆的陪伴下走上了台阶。头一抬，一位英武帅气的少年正在高举着双手向天祈祷，两人注目的那一刻，都屏住了声息：这样美丽绝伦、端庄又妩媚的女子啊，是爱神阿芙洛狄忒降临了吗？是天神赐我的礼物吗？特洛伊王子帕里斯那高举着祈祷的手不禁落了下来。而海伦也惊呆了：帕里斯王子一头长发，穿着东方闪亮的金色长袍，挺拔而俊美，温文尔雅的气质，更有那如海水般湛蓝流露着无比钦羡的双眼啊！

这是一次正值斯巴达国王墨涅拉俄斯外出访问时的有意无意的邂逅。王后海伦孤独地住在豪华的宫殿里，单调、乏味、寂寞。她听说一位外国王子——爱琴海彼岸特洛伊国王普利阿姆的儿子——帕里斯，即将率领强大的战船来到锡西拉岛，便怀着女性的好奇心，想看一眼这位王子和他的武装随从。殊不知这一眼就注定点燃了的不仅仅是男欢女爱，还有战争和苦难。少年王子自此开始了一往情深对海伦的苦苦追求。晨曦中，夕阳下，花园里，星光中，帕里斯王子温雅的举止、美妙的琴声、甜美的谈吐，令已是两个孩子母亲的海伦，无可抵挡且心甘情愿深陷其无比热烈的爱情之中。是的，爱情之神水将海伦滋润得更加美丽与年轻。最终，海伦禁不住英俊帅气王子的迷惑，竟然不顾王后的身份和可爱的

▶ 阿尔忒密斯神庙遗址。

小女儿，半推半就地跟着帕里斯的船队，离开了自己的王宫穿过爱琴海，来到了达达尼海峡边的特洛伊。帕里斯王子用始终如一的忠诚，织就了美女在特洛伊的温柔之乡，海伦安静又幸福地依偎在帕里斯的宽阔的胸膛。偶尔地，夜深人静浪拍海岸之时，海伦的脑际会闪过前夫和女儿的身影。十年了，可较之于亲爱的帕里斯的深情与温柔，十年算什么呢？十年的岁月在爱情的瀚海中只是一朵小小、小小的浪花……当海伦走向城堡的塔楼时，她优雅而妩媚地笑着，纤纤十指轻提着长长的洁白的裙裾，步履轻快又盈逸。

▶ 帕里斯王子与风华绝代的海伦（电影《特洛伊》剧照）。

· 为了美貌与名誉

当斯巴达国王墨涅拉俄斯出访归来，宫殿中已是人去楼空。妻子被人抢走或是跟人家跑了，是男人的奇耻大辱，从东方到西方皆如此，一顶绿色的帽子成了众人的笑料。堂堂斯巴达国，墨涅拉俄斯国王的王后海伦竟然跑到了邻国特洛伊，成了那个黄毛小子帕里斯的女人！那就不是一个人的耻辱而是斯巴达国家的耻辱了。是可忍孰不可忍！宫殿被劫、妻子被掳，连一介平民也忍受不了的奇耻大辱，斯巴达国王情何以堪？！墨涅拉俄斯大为震怒！浩瀚的爱琴海上瞬时千帆竞渡，全希腊的王室大臣和英雄将士们组成的十万希腊联军浩浩荡荡地向特洛伊进发！

漫长而艰苦的十年啊，希腊和特洛伊多少将士而亡，多少平民妻离子散。特洛伊王子帕里斯决不会交出海伦，交出海伦就是失败，男人的失败国家的失败；多少为海伦美貌所倾倒的希腊大臣和将领不言放弃，放弃也就意味着忍耐与耻辱。两个国家由此而展开的一场以爱情为导火索的大战被载入史册，成千上万人卷入这场无情战争，一个国家就此烧为灰烬，战火连天，烽烟四起。特洛伊城笼罩在无尽的黑暗中。

· 一颗心裂为两半

当海伦被请往特洛伊城头观战之时，这位头脑简单又美丽绝伦的女子，正在金碧辉煌的宫殿中，精心绣织着一幅反映希腊人和特洛伊人打仗情景的地毯，深紫色的，华贵又精致，这雍容温暖的色彩甚至使地毯画面上的战争场面也少了几份肃杀的气息。当白裙曳地风情万种的海伦款款登上城头的塔楼时，有着古典骑士气质的将军和长老们惊呆了，目不转睛之下有人惊叹：这样的美丽！不愧是世界上最美丽的女神！为这样的女人，特洛伊人与希腊人十年的刀枪相见血流尸野，值了。海伦回眸一笑，特洛伊城头上的将士，瞬间忘却了城下的千驾战车、万名虎视眈眈的希腊军士。是的，这场打了近十年的战争今天就要见最后的分晓了。

鼓号齐鸣，刀戟相见。当前夫墨涅拉俄斯举着长矛驾着战车急驰而来，海伦还是紧张地抓紧了座椅的把手：十年未见了，他还是那个样子，威武又豪气逼人。特洛伊城头重兵齐候，你这又是何苦？城门下，帕里斯手执长矛迎了出去，决斗开始！海伦情不自禁地站了起来，眼看这两个先后爱着的男人刀戎相见、以死相拼，海伦的心开始颤抖：天神啊！让谁也不要赢，谁也不要输，谁也不要伤了谁啊！帕里斯的长矛被墨涅拉俄斯的盾牌撞歪，墨涅拉俄斯的长矛却刺穿了帕里斯的盾牌。帕里斯头盔的颈带被墨涅拉俄斯牢牢抓住，向希腊大军的阵地上拖去。一颗软弱的心裂为两半，海伦纤细的十指在胸前不停地绞着，气都喘不过来了。当帕里斯最终逃回之时，海伦极度紧张之

▶ 特洛伊人把木马拉进城里。

余又是深深的失望与鄙视：你年轻啊！你好看不中用啊！你怎么能逃回呢？！

第二天的早晨非常奇怪。希腊联军的战舰突然扬帆离开了。平时喧闹的战场变得寂静无声。特洛伊人以为希腊人撤军回国了，他们跑到城外，却发现海滩上留下一只巨大的木马。深夜，一片寂静。劝说特洛伊人把木马拉进城的希腊人其实是个间谍。他走到木马边，轻轻地敲了三下，这是约好的暗号。藏在木马中的全副武装的希腊战士一个又一个地跳了出来。他们悄悄地摸向城门，杀死了睡梦中的守军，迅速打开了城门，并在城里到处点火。隐蔽在附近的大批希腊军队如潮水般涌入特洛伊城。十年的战争终于结束了。希腊人把特洛伊城掠夺而空后，又燃起熊熊大火，城池烧成一片灰烬。男人大多被杀死了，妇女和儿童被卖为奴隶，特洛伊的财宝都装进了希腊人的战舰。

海伦，孤单地立在海岸边。她的白裙与金色的长发在海风中绝望地飘舞，墨涅拉俄斯拂一拂盔甲上的烟尘似拂去十年的仇怨与隔阂：

亲爱的，跟我回家！海伦竟然又顺从地跟随大度的前夫，越过爱琴海峡消失在遥远的西方。特洛伊战争就此结束。说到底，海伦似乎是有幸的。

三

· 海伦有幸吗？

总是说海伦是“点燃特洛伊战火的女人”。海伦呢？她不知道自己被指责，也不知道“臭名昭著的女人”“妖后”之说铺天盖地再次向着自己而来。在战争中挣扎了多年的希腊人、城毁家破的特洛伊人都在诅咒这个该千刀万剐的女人。更有人说海伦是希腊国王墨涅拉俄斯的同谋与共犯，为了特洛伊的财富与宝贝，去特洛伊是潜伏，是内外应和，更是创造战争的借口与缘由。

海伦却只是转动着她那美丽的大眼睛无辜、可爱地不解：你们这是为什么呀？这场战争真的是为了我吗？

我相信海伦与帕里斯的真情。王子帕里斯对海伦的一见钟情，我以为是真实的。以帕里斯当时的年龄，正是一个寻找浪漫、刺激和新鲜感的年龄，一个相信一见钟情、信奉爱情至上的年龄，一个可以为爱抛弃一切、为爱不顾一切的年龄。而海伦被少年帕里斯吸引而爱上他，同样是真情。彼时海伦是一个成熟女人最好的年华，单纯的她没有野心没有计谋，她只知道自己美丽也欣赏别人的美丽，帕里斯的缠绵爱情令她新鲜，更感到生命的勃勃生机。爱与被爱的感觉，在孤单寂寞的王后来说，一如空气、水之于生命。于是，总说是她挑起了特洛伊的战火，也对的。倾国倾城的海伦是十年战争的导火索，她的美以及她的轻率导致了一千艘战船和七万五千名勇士的灰飞烟灭。而为爱情而战，历史上从来都有，一如我国历史上吴三桂的“冲冠一怒为红颜”。统治者发起战争的理由千万种，为了女子似乎是一个极好的，人类或是天下男人可以理解的缘由。何况是自己的妻子，是孩子的母亲，是如海伦那样倾国倾城的女人。但一如海伦的不解：真的是为了我吗？

▶ 传说中，美神维纳斯也卷入了特洛伊的战争漩涡，不知道当她面对海伦的时候，神与人之间，哪个更美艳。

战争啊战争，总是先有利益之争再轰然开战的。就说这场持续了十年的史诗般的特洛伊之战，不也是有希腊人早就心怀叵测地说：那儿（特洛伊）有我们要的黄金珠宝，要想得到，只有渡过爱琴海海峡……说到底，海伦不过是集团统治者为利益而争而战的堂皇的幌子罢了。在统治者的心里，女人，往往是通向权力顶峰的工具，有时也是障碍；而武力和战争，则是实现梦想、达到巅峰的利器。于是，在这样的历史时刻，女人的美丽和美人的眼泪，便筑就了男人的战壕，成了潘多拉魔盒，一旦打开，便无法收住。

有时也想，如若海伦不是那种将爱情看得太重，而是自重地记着王后的身份或是为了国家，抑制住自己的情感欲望，不随俊美的王子帕里斯去特洛伊，那么，《荷马史诗》中关于希腊与特洛伊之战的这一部分会不会重写？

如果斯巴达国王墨涅拉俄斯不将海伦看得太重，就随这个水性杨花的妇人而去，只是采用两国断交、中止一切往来，希腊人不会整整十年生活在穷兵黩武的水深火热之中。

如果帕里斯想：算了算了！在享用了海伦的美色之后，就将佳人还于希腊，自己也不至于在战火烽烟中命丧毒箭，特洛伊城也不至于化为灰烬……

太多的假设，太多的如果，假如毕竟只是假如。而即便这些真的如此，特洛伊人灭亡的命运也绝不会有所改变。爆发特洛伊战争的原因是特洛伊重要的战略地位。特洛伊王国位于达达尼尔海峡，处于亚欧陆路联系的中心，又扼着爱琴海到富饶的黑海的海峡，控制欧亚通商捷径上的咽喉要道。特洛伊利用这个优越的地理位置获取了巨大的商业利益，它依靠得天独厚的条件，以主宰自居，把持这一带的海运业和商业，成为一霸。希腊半岛上的迈锡尼人早就愤愤不平，眼红之余就企图消灭特洛伊，自己取而代之，并在爱琴海东岸地区扩张自己的势力，只是苦于没有适当的借口和机会发动战争。特洛伊王子拐走斯巴达王后海伦，正好为迈锡尼国王阿伽门农发动战争提供了绝妙的借口。即便没有海伦王后，也一定会有其他人的出现。海伦也好，其他人也罢，其实都不过是一枚棋子，宇宙中的棋子，历史进程中的棋子。有的时候摆弄了别人，有的时候任别人摆弄。

在战争中，国王的野心、王后的美丽、英雄的虎胆和大将的长矛一样，都是致命的武器。这也许就是历史的命运，人性的可悲。战争一旦有了理由，就会变得神圣。血肉之躯高喊着“为祖国而战，为自由而战”，统治者得到了自己的所要，倒下去的是年轻的生命还有痛不欲生的亲人。战争从来就是如此。此时，眼前突然闪过了麻栗坡，那远在广西的麻栗坡。那密密麻麻在自卫反击战中牺牲了的年轻战士的坟墓前，那一束束枯萎了的花，还有那同样密密麻麻、供奉在坟墓前那一根根插在泥土里的香烟……当然，战争有正义与非正义之分，但牺牲的，都是只有一次的鲜活的生命。永不再来。

四

三千年的风风雨雨，特洛伊城堡早在岁月流逝中化做一片废墟。现在的特洛伊遗址坐落在平缓的城堡脚下，西面是宽阔的平地，北面

▶ 特洛伊遗址。

便是波涛汹涌的达达尼尔海峡。这里，山峦青翠，流水淙淙，柑橘树和橄榄树漫山遍野，红瓦白墙的农舍点缀其间，一幅美丽的画，一首悠然的土耳其爱琴海地区的田园诗。

这块土地，还记得那个年代那场轰轰烈烈又凄烈惨绝的战争吗？波涛汹涌的达达尼尔海峡，浪花闪烁中会不会回响着千艘战舰的轰鸣？这漫山遍野的鲜花野草、晨曦微露间，月色星空下，还隐约闪现着那绝代美女海伦的身影与笑容吗？……

公正地想想，海伦其实也只是一个平凡、单纯、软弱又多情的女人而已，一个易被美色与权力诱惑的爱慕虚荣的女人而已，一个因美丽而易被利用的可怜女子。

只不过是，她风华绝代，艳冠群芳。

07 克丽奥佩特拉：埃及艳后的一生之谜

我的戒指上将刻下：克丽奥佩特拉七世——埃及女王！

——克丽奥佩特拉

一

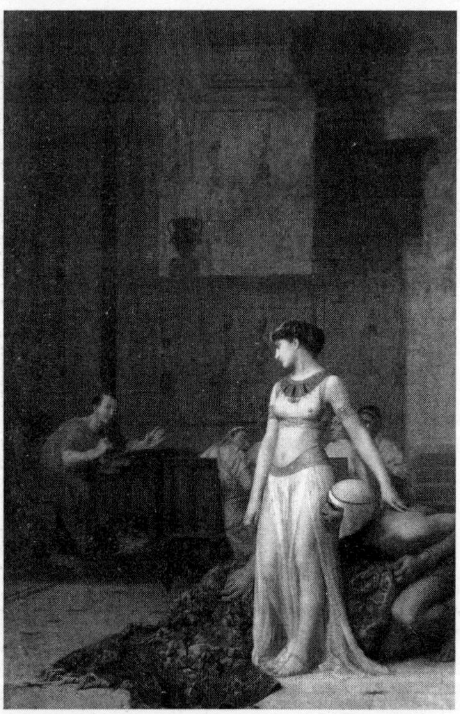

▶ 凯撒惊艳于克里奥佩特拉。

夜色重重，星华灿烂。豪华的亚历山大宫中的躺椅上，对着作战图苦思冥想的凯撒大将军抬起头来——房门开了，随从扛着一卷地毯向凯撒示意说是埃及国王托勒密送来了礼物。地毯在他眼前徐徐打开，仅身披薄纱的裸体丽人盈盈站起。揉了揉眼睛，凯撒终于认出就是那埃及国被废黜的女王。21 岁的克丽奥佩特拉，薄纱轻褪亭亭玉立将自己裸呈而上。凯撒眼直了，自己朝思暮想的，多日在心中旋转不已的美女竟然站在了自己眼前。克丽奥佩特拉缓步上前，眼波流转双手搭在了这英武强壮的男人、罗马大元帅的肩上。嫣然一笑送上了柔软的腰肢与散发着玫瑰香温润的面颊……就此，留在了年愈半百的凯撒大将军的帐篷里。

二

羸弱又活泼的埃及小公主——满头棕色卷发披一袭金色绸衣的克丽奥佩特拉站在地图面前，常常，一站就是半天。你看，她又站到了这儿，用手指在巨幅的地中海地图上划来划去。她抿紧双唇，伸出坚定的、从不颤抖的手，用指甲从尼罗河三角洲向西划出一道线，这道线穿过叙利亚、卡帕多西亚、庇鲁斯，一直到布林迪西，然后又斜向上划过意大利，并迅速折回南下，直奔她的老家，好像要把整个地中海东部地区都吞并进来，好像要把地中海所有海岸线都并入埃及的版图。这是她平日里最喜欢做的事。

王宫里的人对小公主这样的爱好并不奇怪。这是个多可爱的小姑娘啊！动如脱兔又静若处子，什么都想知道，对知识的渴求与领悟远远超过了她的姐姐和弟妹，真的可以用孜孜不倦来形容她学习的劲头。从哲学到文学，甚至对机械图解、船舶设计、人体和骨骼以及硬币等绘画和陈设的含意，她都能立即领悟并记在心中。她掌握了地中海地区的六种语言。通过观摩大量的硬币图像，聪明伶俐若她甚至还学会了相面。这就是被一些史学家们称为“埃及妖后”的克丽奥佩特拉的童年。

当凯撒扶克丽奥佩特拉重新登基，那羞愤的小弟气极败坏、沮丧激怒将王冠摔在地上愤然而去，可想而知。只见王座上的姐姐克丽奥佩特拉巧笑嫣然，背后是赫赫有名威风四面的大凯撒。15 岁的小国王怒又何如？愤又能怎样?！年轻的女王就这样统领埃及了，作为威慑地中海地区罗马最高将领的情人，谁还敢说三道四？如同罗马元帅拜倒在克丽奥佩特拉的石榴裙下，叛乱者也好，不服的王族也罢，统统地拜倒在凯撒的军刀和指挥棒下。

12 艘战舰与一艘金碧辉煌的画舫，缓缓地溯流而上，向小亚细亚塔尔苏斯城驶去，这战舰上无兵器与士兵，只是大量的黄金、珠宝、饰品、奴隶，还有她——克丽奥佩特拉，美艳的埃及女王，她别具匠心地装扮成维纳斯女神，华服霓裳、娇媚可人又风情万种地斜躺在金雕玉缕的躺椅上，向新的罗马执政者安东尼，慵懒妩媚又无可无不可地伸出了纤纤玉手。这是克丽奥佩特拉在继罗马王凯撒被刺而亡后，为了埃及，为了重保自己王位，在罗马执政官安东尼的邀请与召唤下，设计的一次愉快的重逢。是的，凯撒遇刺之后，从罗马回到了埃及亚历山大城宫殿中的克丽奥佩特拉，一直在思忖着如何再与罗马修好，重保王位。其实，见安东尼，就克丽奥佩特拉来说，找靠山不容置疑，但对这俩人而言的确是一次愉快的重逢。多年前埃及王宫一次庄重的皇家宴会上，英俊的 27 岁的骑兵队长安东尼，就曾经吸引了 14 岁的小公主的眼球。漂亮而又紧张的克丽奥佩特拉引起了他的注意。但英俊的骑兵队长却留在了她的心底。一如那首流行的《传奇》歌词：只是在人群中多看了你一眼，再也不能忘掉你的容颜……而今日，当安东尼面临女神般的埃及女王，是重金异宝还是女王自身的魅力令安东尼伸开了双臂？也许，两者兼而有之吧。甚至，罗马

▸ 安东尼与克里奥佩特拉两情相悦。

的现任执政官安东尼不顾朝政与臣民们的非议，跟随美丽的女王去了埃及，住进了亚历山大王宫。这一住也为自己在罗马的失却人心、大权旁落埋下了祸根。

▸埃及艳后之死。

一名农夫为被囚禁在石头陵墓里的埃及女王，送来了一篮新鲜的无花果，鲜嫩欲滴、饱满丰硕、红绿相间的无花果。这是罗马新的统领屋大维率罗马大军攻陷亚历山大城的第三天了，安东尼带伤自杀，而后如愿在克里奥佩特拉的身旁闭上了眼睛。而被俘的克丽奥佩特拉，四面楚歌之际，微笑地面对着这篮无花果，伸出纤纤细指，那曾经指挥无数艘战舰，那曾经指点地中海诸国的纤纤细指，活泼甚至顽皮地，从无花果中拈出一条毒蛇，与那扭动不已的毒物相视片刻，将它缓缓地放在了自己洁白若玉、柔润酥软的胸膛上任其吞噬……克里奥佩特拉终在38岁之际，走了。那个喜欢巨幅地图的女孩永远地走了。

三

历史上对克丽奥佩特拉从来是褒贬有加，而且是贬多于褒。有说是“女色乱世”“红颜祸水”，也有说是她“足智多谋”“王者之风”。英国作家特威兹穆尔说：“她用一个妖冶女人的全部魅力，捆住了男子汉的顽强意志和勇气。”而埃及博物馆馆长艾哈穆德说的我很以为然：克丽奥佩特拉统治埃及，凭的是聪慧和文化底蕴。她与罗马将领们相处的三件武器是：泼辣、聪慧和温柔。

晨风轻拂，12 岁的埃及小公主克丽奥佩特拉喜欢在宫廷的廊柱下，倚着窗棂静静地凝视着窗外蓝色的大海；夕阳西下之时，她喜欢攀上王宫平坦的屋顶，眼光越过法罗斯灯塔，遥遥地投向罗马还有塞浦路斯；她更喜欢的是站在王宫那幅巨大的地图面前，用目光用手指坚定地在地图上划来划去。这是她平日里最喜欢做的事：总有一天，这个巨大海湾里的所有岛屿都将属于我！我的戒指上将刻下：克丽奥佩特拉七世——埃及女王！到那时，就剩下埃及和我统领天下！克丽奥佩特拉自幼好学。王宫里的人都对小公主孜孜不倦的爱好并不奇怪。这个小姑娘什么都想知道，对知识有着强烈的渴求。儿时的专注与爱好昭示着一个人的未来，本就属于王室，自幼汲取大量希腊文化精髓的克丽奥佩特拉，18 岁时与其 15 岁的幼弟托勒密十三世一同登基为王。而那不学无术整日里又指望着独自掌权的弟弟，还听信谗言将克丽奥佩特拉的王位废黜，那他只能是自寻死路。何况，由于她的学识，她的聪慧，她的才性，她的教养、气质、谈吐等等实在是完美无缺，这些都形成她独有的魅力，为她无边无际的欲望添翼助飞。

自幼就看惯了王宫中的尔虞我诈、仇恨与血腥杀戮的小公主，当被姐姐打入冷宫，后与幼弟一起登上王位，不多久又被废黜并遭驱逐。一心想施展才华、心高气盛的克丽奥佩特拉，自幼就在地图面前令思绪信马由缰的小公主如何吞咽这奇耻大辱？又如何看得了埃及王室，在无能孱弱的幼弟手中衰亡？于是，被驱逐出王宫的克丽奥佩特拉招兵买马，与其弟托勒密十三世形成对峙之势，但终究是势单力薄。她将眼光投向了罗马大将军凯撒，她将自己当做礼物裹在地毯中送给了凯撒！要夺回王位，必得争取罗马独裁者凯撒的支持。尽管，这是世人所不齿的争取方式。平心而论，克丽奥佩特拉有胆有识有气魄更有王者之风，认准目标矢志不移，冷静镇定又野心勃勃。而在凯撒遇刺而亡后，她又略施计谋，将凯撒的继任安东尼拉入了温柔乡里，并先后与这两位罗马执政官生下了三个孩子！纯粹是利用？为了自己的情欲？这样的评价对克丽奥佩特拉是不公正的。

我以为，这里面有利用也有感情。为了权力为了事业，为了自己的王位和埃及国的安宁，她作出了这样的抉择。如若是凡人，哪里承受得住这些意想得到的辱骂和口水。可，克丽奥佩特拉，是公主是女王，她只能这样。在凡人看来的狡诈与寡廉鲜耻，只不过是外交上的策略和计谋而已。纵观古今，有多少政治家不都是这样地殚精竭虑、用尽谋略才能使权力与王位稳固？权力与位置之争本身就是如此地不择手段，算计、利用甚至无耻与血腥。能利用一个女子先天所独具的天赋，来实现自己远大的政治目标——保全埃及独立、重现亚历山大大帝的辉煌，这是一个心机很重、目的性很强的女人，她利用女性特有的魅力和聪明才智获得了对男性的特权统治，从公元前52年到公元前30年，克里奥佩特拉在王位上21年。

▸ 饱受争议的女王（《埃及艳后》剧照）。

克里奥佩特拉先后与两个杰出的罗马男人，且又是影响了意大利历史进程的罗马先后两任执政官的风花雪月，引起了世间很多人的兴趣也遭到了口水与唾骂。这就是后来但丁、莎士比亚笔下所描写的“旷世的肉感妖妇”，萧伯纳称之“一个任性而不专情的女性”的依据和由来了。在好莱坞巨片《埃及艳后》中，克丽奥佩特拉更是被描绘成凭着色相诱使凯撒、安东尼拜倒在她的石榴裙下，“一个用她的性别把所有的对立面统一在一起的女人”的又一条证据，确之凿凿。不免对大师们有点疑惑了，上述种种之说是否还是“女色乱世”“红颜祸水”的的遗毒和翻版？我以为，埃及女王先后与凯撒、安东尼这两个在她生命中占有重要位置男人的风花雪月，带有强烈的功利主义但也不乏浪漫的色彩。当然，这样的利用与情感，不管在当时还是在今日看来都是惊世骇俗的。

她爱凯撒吗？这亦父亦师的大将军，这亦夫亦兄的老男人。凯撒有远大的抱负更富有激情。其实，最初将自己裹在地毯中献身，毫无疑问是利用，但当老将军将她揽在了怀中，并利用自己的权势为她坐稳王位，在维纳斯神殿将维纳斯雕刻成克丽奥佩特拉的面相，甚至，在罗马的钱币上铸上她怀抱与凯撒所生幼子的画面，她在情感上除了依赖更有感激的了。凯撒喜欢她更不仅仅是她的美丽，而是由于俩人在烽火岁月中的相伴——在战场上一起奋战一起谋划一起浴血那种既是战友又是谋士，晚上脱下战袍又是情人的感情。这样的男人和女人，产生情感是正常的。查经据典，知道真正收复凯撒的岂止是美貌？聪慧过人的克丽奥佩特拉在生命之火若隐若现之时，她从小受到的良好教育，她渊博而丰富的知识架构，令她的智慧之光比任何时候都迸发得更加璀璨夺目。她勇敢而富于创造，强悍机敏而不失狡猾。在生死系于一线间的战场上，临危不乱，处变不惊。月华若辉的夜晚，帐篷里她卸去盔甲，柔情似水。从那晚裸身入帐开始，不过几周，她俨然成了凯撒的大臣、副将、法官、间谍，甚至于高参。克丽奥佩特拉与凯撒的结合，是战争与命运当然也有利益令他们紧紧相缠。但早已超出了英雄美人的俗本。一个是那个时代里最伟大的将军，一个是那个时代最非凡的女人，是男人与女人的拥抱，更是英雄与英雄的激赏。必将在人类史上留下浓墨重彩的一章。

她爱安东尼吗？有着酒神之称的安东尼英武过人、放浪不羁又风流倜傥。曾在亚历山大宫相见一面，温婉的希腊少女与英俊的罗马军官再次相逢，我想即使不是为了权益，也是可能擦出爱情的火花的。所以，当克丽奥佩特拉将自己刻意妆扮成女神，丰姿绰约地驶过尼罗河去小亚细亚见安东尼的时候，心中除了有再次利用的计策——她的王国需要盟军，她的孩子需要父亲，更肯定有男女之间的旖旎之想。而作为一个男人的安东尼，自然是满足了欲望很强的克丽奥佩特拉的，缱绻缠绵多日她甚至为他生下了一双儿女。但作为女王的克丽奥佩特拉，她需要一个心地高贵、计谋富足的人与她一起来治理这乱世，野性未除的酒神安东尼显然勇猛有余而计谋不足，凯撒那样的罗马英雄再现根本是不可能的。但率性而为的安东尼对克丽奥佩特拉，自有罗马勇士的忠诚——在他的舰队和陆军彻底兵败之时，他以挥剑自尽的方式，拖着将亡的躯体挣扎到克里奥佩特拉所在的陵墓，死在了情人的身边，有着四个妻子的他完成了自己留在密诏里的愿望：死在他的终身情人身边。而当克里奥佩特拉将手从无花果篮中掏出毒蛇之前，向占领者屋大维也留下了一封信：死后将自己与安东尼葬在一起的请求。当拥有了可以用生命来追随的爱时，爱就显示出了它的神圣与高洁，面对这样的死亡与请求，我肃然起敬。

四

喜欢巨幅地图的小公主，裹在地毯里的美丽女人，将自己装扮成女神的克里奥佩特拉，还有，在江山遭劫、情人已亡时，沐浴净身，戴上自己出席国宴时的珠宝，再戴上埃及的双重王冠，然后，伸出手去，任毒蛇在胸口吞噬……她走了。为了她极度的统治欲望，她将一个女人的美貌和智慧在男权社会里发挥到了极致，她征服了历史上那些伟大的英雄，自己也在历史上留下浓墨重彩的一笔。我不赞成将克丽奥佩特拉仅仅简单地归之于以色相坐稳王位；但也同样不喜欢，为了王位这样地用尽心机、不择手段，哪怕这其中有爱有情。

我若是男子，这样的女人是断断不敢爱也不愿意要的；我是女子，这样的女人也是不愿意交往的。所以，凡人只能是凡人。

08 玛丽 · 安托瓦内特：断头皇后的最后尊严

对不起啊先生，我不是故意的！

——玛丽 · 安托瓦内特（1755—1793）

一

一级台阶一级台阶又一级台阶，从死牢中蹒跚而出，路易十六的王后玛丽·安托瓦内特有些许恍惚，她将手举到额头上遮掩着刺目又久违的阳光。是的，自囚禁在巴黎裁判所附属监狱中，在这散发着死亡气息的活坟墓里，有多少日不见这金色阳光了。刚才在那阴暗的牢房内，她抚平白色长裙上的每一个褶折，穿上一双黑色的高跟鞋，选一块长长的棉布作为围巾，慢慢地围上了长长的脖颈。囚车发出刺耳的吱吱呀呀声，缓缓地驶过又骤然停在了断头台前，她面无表情，双手轻提裙边下得车来，环顾四周，优雅、镇定，长裙曳地甚至是仪态万方地走上了行刑台。万人围观，一片寂静，巴黎的天空似乎也凝结成瓦灰一片。安托

▶ 玛丽王后画像。

瓦内特不小心踩到了刽子手的脚，她抬起蓝色的眸子最后望了一次天空，轻声地道歉：对不起啊先生，我不是故意的！刽子手向她深深、深深地致意。寒光一闪刀起头落，39岁的王后玛丽·安托瓦内特香消玉殒。在狂乱的法国大革命中，一而再、再而三的血腥场面早已使狂热的民众麻木了，只是习惯地看着王后汩汩的鲜血慢慢地渗入土地……

▶ 玛丽王后的尸首被抬下断头台。

二

她曾经是任性、骄傲、不学无术的小公主；当她被作为政治联姻的工具，14岁从奥地利嫁到法兰西，她只是一个长着鹅蛋脸、扁平额、厚嘴唇的小姑娘，又是一个在母亲的严令下，自幼受着严格的宫廷礼仪训练的小公主。人人都说她真正的魅力在于她的优美举止：她迈上楼梯的轻盈灵动，她与人相交的热情优雅，她伸出手来让人亲吻，还常伸展柔软的双臂欢喜地环绕着朋友的腰。良好的训练与女性的直觉，让她无时不展现出与自己周围乃至身份和谐的美。从这点上再次证实了女人因优雅而美丽，我们的生活中这样的女性并不少见。而当她戴上王冠真正坐上王后的宝座时，面对着臣民们的欢呼她觉得无比的兴奋：上帝赐予我的实在让人惊异，他既让我有高贵的血统，又安排我成为全欧洲最美丽国家的王后！

她也曾经是汇集了美丽、柔弱、优雅等赞美女性一切的代名词，作为王妃和王后，她更引领着18世纪法国的宫廷时尚。你看，紧身胸衣勾勒出女子柔媚的线条，高耸的发型令女人端丽雅致，手套、斗篷、披肩、裙子……玛丽·安托瓦内特穿什么用什么，什么就是路易十六时期宫廷及社会时尚中的时尚，就是所有女性效仿追逐的榜样。自那颗名叫“希望”的蔚蓝色大钻石，在她的酥胸前熠熠闪光后，全巴黎的珠宝商欣喜若狂：王后如此，这样巴黎所有的女人都将渴望有漂亮的钻石！“我就是时尚！”玛丽·安托瓦内特不无骄傲。是的，无论时代变迁与身份贵贱，从三寸金莲到高跟鞋，从旗袍到连衣裙，从东方到西方，一旦所谓的时尚风潮袭来，少有人能抵御得住。想想好笑，现今的女人也是如此，流行款式、流行色彩、流行发型，一旦流行，那么，从白领到村姑，从半老徐娘到18岁的小姑娘，大抵都芳心摇曳，跃跃欲试。

17年的王后生涯，安托内瓦特享受着人间多少的奢华：从凡尔赛宫的日日笙歌到舞会赌场的风流快活，从巴黎街头的前呼后拥到剧场茶座的繁华雍容，还有那完全根据自己的喜好和意愿设计建造的、英伦风格与东方风味相依相融的小特里亚农！噢，那荷兰的郁金香，那南国的木兰，那东方风格的亭台楼阁，那湖泊山川，每一株树木每一座庙宇都留下自己的亲密注视，都是自己的精心设计。好日子真是快啊，逝水如斯！她也是太年轻太幼稚了，全然不顾母亲奥地利女王泰利莎一封又一封的家书的苦口婆心，将朝政国是完全不放在心上，对所有应该由一个王后所担负的职责漫不经心。跳舞，狩猎，赌博，每日里凌晨四五点才上床，几个小时后，再在服装师、发型师的装扮下精神抖擞地再入舞场、赌场。……可是，这又怎能全怪她呢？从一个养尊处优的女孩子，一下子坐到了权力的最高端，一个

▸ 玛丽王后的奢靡生活。

天真的女子，有几人抵挡得住凡尔赛宫的美丽、虚华、甜言蜜语甚至阿谀奉承、溜须拍马呢？ 记不得是哪位史学家说过：宫廷里的拿手好戏就是把姑娘们引入歧途。现在，回首想来，以其卓越的资质，安托内瓦特真是有些可惜、遗憾的。

三

其实，世界上所有的结果都是可以溯追到原因的。

· 耽于享乐不学无术

一直忙于政务的奥地利王后母亲泰莉莎一天忽然惊恐地发现，她那长到 13 岁的宝贝女儿小公主不学无术，法文、德文一塌糊涂，而且缺乏最基本的历史知识和其它任何课程的知识，这离一个知书达理的未来法国王后所要求具备的素质相差太大了，懒于学习耽于享乐。但也正如她的老师韦蒙神父所说：她非常聪明，可是却没有养成专心致志的好习惯……她虽然完全有能力积极钻研问题，她却从不会主动这么做。我发现，她只有自己有兴趣时，才有可能学习。即使在她嫁到法国后，做母亲的也不厌其烦地与她通信，对她的得意洋洋不可一世泼上一盆冷水："我不想对你的荣誉作出任何祝贺，因为她也许需要你付出高昂的代价。除非你今后坚持安祥平淡的生活，除非你持续得到人民的赞许和拥护，除非你学会为了国家和大局利用你的权力。否则，你将发现自己陷入泥沼和混乱之中。"做母亲的用心良苦，不但为小公主派出随身老师，指导她的学习和待人接物，还指示大臣监督报告她的言行。但她拒不接受母亲的劝诫与指导，当她说出"人民没有面包吃，他们为什么不去吃蛋糕？"此类的话语，将这世界上唯一对她寄予极大期望的母亲陷于深深的绝望之中：我想她的好日子结束了！

· 浮华与奢侈是女子的美丽陷阱

▶ 玛丽王后的寝宫极尽奢华。

前呼后拥，赞美阿谀，锦衣玉食，充满色情肉欲的宫廷极尽其能事不知道将多少纯真的女子拉下陷阱与污水，法兰西这片欧洲最富庶的土地和巴黎周围最著名的玩乐之都，更给她提供了挥金如土和糜烂奢侈的舞台。当作为王妃的她第一次正式入城，从凡尔赛宫到巴黎的路上，数以万计欢迎的市民给了安托内特尔极大的震动：上帝！这么多人。而巴黎卫戍总司令则殷勤应答：全巴黎20万人都爱上了您！当她刚登上王后的宝座，就成了全王宫中溜须拍马、阿谀奉承的中心，欢呼和赞颂声中，没有知识根基又安于享乐的女人彻底自由得找不着北了，心中哪能还有国家、责任、职责、尊严这样的字眼。一如奥地利作家斯蒂芬·茨威格对她的评价：她是所有奢侈浪费中最奢侈浪费的，她是所有风流轻浮的人里最为风流轻浮的，她是所有漫不经心的人里头最漫不经心的。但也正如她在39岁生命的最后一刻对刽子手所说：对不起啊先生，我不是故意的！一如任何事情都有其成因，她的这些奢侈浪费、风流轻浮、漫不经心都不是故意的，从小公主到王后，不负责任的宫廷给了她这样放纵的土壤与自由度。我想，她该对法兰西人民说这句“对不起”的，但是此境此时，又有谁能原谅她呢？……

· 一枚戒指作证的生死之恋

费森、费森，这个令她在千人簇拥荣华富贵之间，这个令她在身陷囹圄囚禁牢狱之时，这个令她在无数个星星闪月儿柔的不眠夜晚中千转百回的名字，她一生的爱人啊！丈夫路易十六的性无能曾在较长的时期使年轻貌美的妻子无法享受正常的夫妻生活。国王性格上的懦弱与无能更使看似漫不经心、贪图享受但骨子里精干强悍的奥地利公主心生鄙意。美丽若花的王后怎能没有爱情的滋润？年轻的瑞典贵族阿克赛尔德·费森在一次化装舞会上被一活泼大方、婀娜多姿的女子所吸引。倾心的交谈、亲密的共舞。1774年7月30日，安托内瓦特的生命之泉第一次与异性相引相融。出身名门、挺拔帅气的费森却在取下面具前并不知道她就是法兰西的王后，更没想到两人在将来的漫长岁月中，经历了旷日持久又鲜为人知的生死爱情，还有，血与火的考验。鲜为人知，要归功于虽浪漫多情但又理智冷静的费森，就这次舞会相聚之后，四年内，费森都强制着自己不与王后见面，却一直拒绝着众多的追求者，独身一人；生死之恋，则要“归功”于安托内瓦特的王后身份，在法国大革命的浪潮中，在王室锒铛入狱之后，玛丽·安托内瓦特买通狱卒向费森送上一枚精美的戒指，上面有着意大利文的誓言：一切都让我想起你！如果说，路易十六王后的一生都是错误和悲剧，我倒以为，就这一点，与费森的爱情，是她人生唯一值得的选择，而且，在这场生死之恋的前前后后，她的表现可谓是爱得死去活来，又深沉理智。

当玛丽·安托内瓦特的头颅被刽子手揪着头发高高拎起，全世界只有费森，情感上生死相依的恋人费森悲痛欲绝：除了回忆，我一无所有！可即使去巴黎想方设法购买了玛丽·安托内瓦特所有的遗物，只能加深他不可遏止的爱恋。漫漫岁月，作为外交使节的费森，从一个国家漂泊到另一个国家，心如死灰，感情上没有任何归宿，一次一次地问自己：为什么，为什么不能在6月20日替她而死！而命运的因缘却又是如此巧合，1810年的6月20日，已是瑞士高官的费森猝然而亡，也算了了他多年的愿望。

几百年后的我，在对这位资质并不愚钝的小公主反复观察之时，不免思忖：如果，她早就认真地学习，她应该有足够的智慧去应对宫廷的风霜刀剑，毕竟，她有着至高无上的权力；如果，她早就听从母亲的劝说，安静从容地担任起王后的职责哪怕不处理任何政务，却以良好慈善的形象母仪天下，也不会担负起毁灭路易十六朝代的骂名；再退一万步，如果安托内瓦特只是一个普通的贵族女子，化装舞会与费森伯爵的一见钟情倾心交谈也许会成就乱世中一段美好的姻缘。高山流水，伯牙子期。……只是，这个世界上没有如果的。

还听说过一则小故事：音乐神童莫扎特孩提时，在维也纳皇宫表演钢琴时，与美丽的小公主邂逅，顿时惊为天人。身着黑色燕尾服的小神童稚气却一字一板地宣布：将来，我会娶你的。有时也想，若真是莫扎特娶了安托内瓦特，一个弹琴作曲，一个能歌善舞，也是一份琴瑟和谐。小公主的命运定不会是在断头台上结束自己年轻的一生。39岁，对于女人来说，是如花绽放的岁月呢。当然，这是闲话了，若真如此，法国路易十六时代的历史又该重写了。

现在剧终了，帷幕即将拉下。

然而，如同一场风雪会虐杀许多娇弱的生命，同时也会令一些生命更加顽强地挺立，玛丽·安托瓦内特，奥地利公主，法兰西王后，却在王室被公社推翻，丈夫路易十六的头颅被士兵挑在刺刀上欢欣鼓舞，当自己的儿女被强行扯离自己的怀抱，在经历了这些人生半辈子的严酷打击下，她却焕发出作为一位公主、王后、君主全部的尊严与巍然的风采。

在阴暗潮湿的监狱的严密囚禁中，美丽、娇媚的38岁的安托内瓦特已成了满头飘雪羸弱不堪走路颤颤巍巍的老妇。但面对自己生命中最重要的一次审讯，她不能让任何人贬损王室的尊严。她面对小小的破损的梳妆镜，一根一根地抚平凌乱的白发；翻来找去，寻出一顶洁净的白亚麻布帽子，再罩上服丧的黑纱，好了，这样可以了。于是，她迈着镇定的步子凝重又袅娜地走进了审判大厅。面对法官与庞大的陪审团，这个庞大不仅仅是指40多人的数字，它是社会各阶层的代表：侯爵、医生、水果摊贩、音乐师、工人、神甫和木匠等等。这些昔日的臣民啊，这些曾经的官员啊，为在街头一睹她的芳容，通宵达旦地守候在凡尔赛宫外和她金碧辉煌的马车有可能经过的地方。面对这些曾热泪盈眶地高呼“王后万岁”，现在虎视眈眈仇恨满腔怒目相向的人们，安托内瓦特怎能不浮想联翩怎能不慨叹人心不古世态苍凉?!

如果是在和平年代，一个花钱若水、追求享受、风流轻浮的王

▶ 玛丽与路易十六新婚之日。

后最多受一些微词和指摘，不幸的是她生活在风起云涌的大革命时代，她忽略了历史对她的要求，她的经历烙下了强烈的时代印记。暴力革命催生出恐怖主义政治。在法国大革命民众的自由已走向无节制的恐怖，雅各宾派用上断头台的方法解决所有的问题，法律与陪审团失去了一切的意义，剧本最后的一幕早已写就。在路易十六被斩首的九个月之后，玛丽·安托内瓦特追随丈夫走上了断头台。如果说，安托内瓦特 30 多年的生命都是在骄宠奢华中度过，好似一位不负责任的演员，这生命中最后的一幕，却以尊严的方式承受死亡，一句轻轻的“对不起”，将一位贵族、公主、王后的巍巍尊严彰显得淋漓尽致。因为没有任何政绩而被历史忽略的法国王后，因为骄奢放任而臭名昭著，却以其告别世界的独特方式，被称为“断头王后”在岁月的隧道中隐约闪光。

与一年轻作家交谈，那大男孩诡谲一笑：你现在让任何一名 18 岁的女孩选择，是做 100 岁的平民老祖母，还是做只有 39 岁年轮的公主、王后，我打赌，100% 的女孩选择风光无限的 39 岁。是这样吗？

话说回来，由于出身、环境的不同，每个人都有自己的价值取向与生命选择，这个尘世本多元。但爱慕虚荣、追逐权势、欲望无度、不学无术的女性，不管是在什么时代与国家，注定使自己成为生命悲剧的主角，不堪、不幸与骂名追随玛丽·安托内瓦特的生前死后。但她令我深深感怀的，是她在断头台上，夕阳挽歌中，挺直脊梁、高昂头颅的巍然尊严，还有那声“对不起啊先生，我不是故意的”，那可不是每个人都能做到的。

09 伊丽莎白一世：英格兰的童贞女王

加冕典礼也就是我的结婚典礼。今天，我嫁给了英格兰。

——伊丽莎白（1533—1603）

一

▶ 伊丽沙白一世画像。

1558年，伦敦，金碧辉煌的威斯敏斯特宫号角喧响、鼓瑟齐鸣。亨利八世的亲生女儿，身着华贵紧身金色长裙的伊丽莎白在万众瞩目和王公大臣的拥戴下，戴上了金灿灿的王冠，自此，伊丽莎白一世正式登基。美丽、娇艳年方25岁的伊丽莎白扶正王冠，承接权杖，又伸出纤纤双手，将一枚结婚戒指套在了无名指上。她沉静又缓缓地环顾四方，向英国王室郑重承诺：加冕典礼也就是我的结婚典礼。今天，我嫁给了英格兰！伊丽莎白清脆、娇柔又坚定的声音在威斯敏斯特宫久久回荡。掌声雷动，万民欢呼。

二

· 践行诺言

嫁给了英格兰的伊丽莎白未曾辜负自己的诺言。

在执政 45 年的岁月中，英国宗教分歧的斗争非常强烈，在伊丽莎白统治的最初两年间她就发布了法令，规定国王同时是教会的最高领导人。伊丽莎白进行宗教改革，使腥风血雨的专制宗教向着宽容和尊重宗教信仰转变，新教徒与天主教徒相安无事；她改革外交政策，工商业和海外贸易迅速发展，财力大幅度增长；伊丽莎白对奴隶贩卖的支持也得到了皇家的认可，它使这个贸易合法化（尽管她在道义上相信这个贸易是不合法的），但王室仍然直接从奴隶买卖中得到巨大的利益；保持国家独立，甚至从欧陆转向大洋扩张，向外扩张，打败了西班牙的无敌舰队，成为海上霸主，英国从此不再笼罩在当时的强国西班牙的阴影之下；平息一次又一次的叛乱，保持了社会的稳定，以强势的自由贸易（对反对者坚决诉诸战争）开始帝国之路，英国在北美的殖民地亦在此期间开始确立。伊丽莎白为英国社会一步步带来早期的兴盛与辉煌。在英国历史上，她在位时期被称为“伊丽莎白时期”，亦被称为“黄金时代”。

· 文艺气质才华横溢

在音乐、书法、舞蹈等方面都颇有造诣的伊丽莎白，其开明、宽容、刚硬与委婉同在，执著与优柔寡断并存的这些性格与气质上的优点，为一名未婚女子坐稳不列颠的王位，以及 30 年的和平 45 年的连续执政令国家繁荣昌盛，起到了绝好的辅佐，更为英国现代文明的成长、文艺复兴的繁华提供了肥沃的土壤，营造了一个优美和谐的春天。莎士比亚、弗兰西斯 · 培根、斯宾塞……文学家、艺术家、哲学家、思想家的才华在伊丽莎白智慧、宽容的器重和扶持下开花结果

灿烂无比，出现大批永恒不朽的作品，不少作家、哲学家甚而成为世界文坛与思想界的擎天大柱。史学家给予伊丽莎白这样的定论：历史上最伟大、最得民心的君王，如果没有这位女王，英国和西方世界的政治史和文学史很可能是另外一个样子。以此类推，有着不少讥讽、嘲笑王室、宫廷作品的莎士比亚大师，如若不是生逢伊丽莎白女王时代，早就被五马分尸或是断头台上身首异处了。那么，今天我们手边的电脑键盘上还会一敲就赫然出现“莎士比亚”这样的词组吗?!

▶ 少女时代的伊丽莎白。

偶然，我寻到伊丽莎白的一组画像，从儿时到老年。有伊丽莎白弹奏诗琴的，很是内敛含蓄；有伊丽莎白在宫中跳舞的，画面溢满着娇魅的气息；多数是不同时期女王戴着王冠，繁华的服饰，遮掩着女性柔美身材的宽大裙裾、僵硬绉领的画作，还有威严的权杖，但无一例外地高傲与美丽。看了很有感觉的是伊丽莎白少女时的一幅红衣画像。宫廷画师很好地把握了少女伊丽莎白的神情，静默、纤弱、知性，微微的羞怯和腼腆。我注意的不是她美丽的容貌不是她昂贵的衣着，是两本书，一本在伊丽莎白右侧的书桌（也可能是钢琴）上，另一本则在她的手中，一页微微掀开，精装本的。还有一幅是伊丽莎白女王的卧室，黄色的窗饰与床上柠檬黄的轻柔华美的床罩，既有皇家气派又不失闺闱柔美。阳光情意绵绵地依在红色洒金的地毯上，温柔乡里。

· 爱又如何？

作为一位风情万种且有着巨大权势的女子，她的美丽一次又一次地将政敌与臣民征服，懂着六国语言的伊丽莎白更是多才多艺，跳舞、狩猎、骑马、弹琴，其魅力一次又一次地吸引着众多的追求者频频射出的丘比特之箭。25岁就选择嫁给英格兰被英国人称为“童贞女王”的伊丽莎白，为了许下的诺言，就一辈子拒绝爱神的光临？从妙龄至迟暮，每一次花开多少回叶落就不曾在她的心中激起涟漪与波澜？循着伊丽莎白的史绩，却发现女王作为一个女子，一个温柔、热烈且风情万种的女人的爱情世界。

莱切斯特伯爵——罗伯特·达德利走到了我的眼前。八岁时因政治与家族的原因与牵连，伊丽莎白有一小段时间里甚至被关入伦敦塔监狱。“郎骑竹马来，绕床弄青梅。”而作为与女王同月同日出生，儿时一同长大的小伙伴，罗伯特·达德利为了追随她，宁愿与她一起被关进伦敦塔，共同过着“刀尖上的生活”。莱切斯特伯爵，英俊潇洒气质非凡，这样的两个人走近是一种必然。然而，这桩两小无猜、缠绵悱恻的情爱与引发的谈婚论嫁，却因为身份、地位的悬殊被摄政大臣们否决与扼杀，伊丽莎白只能挥泪斩情丝，立下“再也不会嫁任何人”的誓言。我相信这桩爱情的可信度，并非是宫闱之中的闲言碎语。伊丽莎白辞世后，她的珍宝盒中不是仅藏着莱切斯特伯爵1588年逝世前写给伊丽莎白的一封信吗？长达15年的保存，唯有真情与深爱的纪念。《不列颠百科全书》中也说：莱切斯特伯爵，可能是伊丽莎白唯一爱过并认真考虑过婚嫁可能的男子。一生之钟爱，一世的情缘。莱切斯特之后一些关于伊丽莎白与其他俊美男子的情爱花絮，那只不过是宫廷中风花雪月的男女欲望之游戏罢了。

▶ 罗伯特·达德利画像。

三

伊丽莎白，她的真实历史到今日仍是在政治上掌舵的人们长期学习的教材。细读大不列颠16世纪的历史，也不难发现，伊丽莎白女王的成功与她善于把握机遇的智慧密不可分。

· 机智与机遇

可以说，作为年轻时的女王，她的世界不乏玫瑰色幼稚的浪漫幻想，但宫廷与权谋往往又是最冷漠无情的，之间不可能有着中和与过渡。无限复杂的欧洲政坛和事无巨细的国内行政事务，对于权势欲望极其旺盛的伊丽莎白，对她是一种兴高采烈跃跃欲试的挑战。在长达45年的尔虞我诈、权力争斗中心的王位宝座上，她很清楚在什么时间要什么东西，她也清楚地知道，通过什么途径能要到想要的东西。对于英国来说，最早的扩张就是在伊丽莎白手中实现，比如出征西班牙，比如与法国议和还是战争，再比如与荷兰，与似亲戚又颇存戒心的爱尔兰……她巧妙地与这些国家和地区周旋，甚至用一再拖延、前说后变的手法令对方不知所云，操弄与把握着主动权。在国内，为了经济发展她甚至鼓励各种各样的进出口交易，贩卖走私名正言顺，甚至允许海盗们出入于英吉利海峡和公海，只要王室从中得到好处。就这样，从1558年至1603年，伊丽莎白时期的英格兰，这个小小的岛国向着日不落帝国一日日迈进，意气风发势不可挡。

· 美丽与魅力

文艺气质的伊丽莎白，再加上一个“童贞女王”的华冠，是很容易令人想入非非的。她温柔和善地将微笑赐给晋见她的每一个人，她也很浪温风雅地与人们谈文艺，谈音乐，跳佛罗伦萨舞，弹拨诗琴，这时的她，更似一个上流社会有教养又有气质的贵妇，可她偏偏又是一个权位之高的女王。法国特使德梅斯为议和或是战争之事去晋见她，试探她的口气，她却穿着暴露性感的衣服令他不敢正视，她柔婉地与他谈音乐，谈教会，谈她的才艺与舞蹈，就是不涉及法国特使想说的话题，而德梅斯则窘迫到不敢正眼看女王又多少有点不能自持。此类情况很多，她一次又一次地利用自身的美丽与独特的魅力将人们征服，且征服得心甘情愿。且她会将这种崇拜与敬仰转化为大臣与外交官对她个人，乃至对国家有着实实在在效应的关注和关心。“爱屋及乌”也好，为权力所慑也罢，反正，从古至今，无论是高位置的权力与个人的魅力还都是能征服人的。但并不是每个人都能似伊丽莎白女王这样善于利用权力和魅力的。

· 爱情与血腥

伦敦塔监狱，1601 年 2 月 25 日的清晨，一袭黑色斗篷，34 岁的埃塞克斯伯爵风度依旧地步入刑场走上了断头台。他脱帽，他鞠躬，他祈祷与忏悔，他最后脱下斗篷脱掉了黑色的紧身衣，露出了红色衣袖的衬衫，披着金棕色的长发颀长而俊逸地趴到了断头台上，断头机的滑轮被刽子手一拉，大斧扯了起来又猛地落下，第一次，头颅没有断下，第二次，还是身首没有分开，连续三次，埃塞克斯终身首异处鲜血四处喷溅……67 岁的女王就这样砍掉了与她曾经度过无数甜蜜美好日子的 34 岁情人的头颅。

贵为女王，不结婚不等于没有男人。当莱切斯特伯爵去世后，小伊丽莎白 30 多岁，年轻俊美的埃塞克斯（莱切斯特伯爵的继子）与女王愈走愈近，这一走就走到了女王内宫里的寝床上，直到民间都在说：埃塞克斯爵爷不到天亮不回自己的家。宠臣，如同男性君主有三宫六院七十二妃一样，女性君主同样有宠臣若干，在中国好像称之为“面首”，只不过，西方王宫内的宠臣似乎出现得更为正大光明、理直气壮些。年轻甚至略带稚气的埃塞克斯无疑是有着鲜明的浪漫主义气质的，他为了表功，不顾女王和禁令私自随远征军出征葡萄牙，他向守卫鲁昂的敌军司令官提出挑战，并进行个人决斗，甚至，在返回英国叶，还模仿古代骑士的姿势，站在法兰西的海岸上，庄严地吻了一下剑的锋端。这一切，怎能不引起同样具有浪漫气质的伊丽莎白的欣赏与欢心呢？

何况，埃塞克斯伯爵还为了伊丽莎白去和别人决斗，还有大量情意绵绵的书信和无数华丽哀婉的誓言："现在女王陛下心里后悔您过去对我的恩典了，我愿意失去我的全部土地希望以此来修复我心上的创伤……金钱和土地都是卑微的东西，而爱情和仁慈则是除了自身之外没有任何标准可以衡量的超越一切的东西……"很快，埃塞克斯成了宫廷权倾一时的重臣。但，物极必反的规律在伊丽莎白与埃塞克斯的情人关系上得到正确的验证，不正常的男女情感关系，宫廷与民间一样，总有一天或相互背弃或两败俱伤。日渐成熟的埃塞克斯伯爵在女王的百般宠爱下，已不满足于在女王的身边，做只佩带权杖走来晃去的摆设，或是做笼中的"金丝鸟"。在一次又一次地擅用权力与权术，又一次又一次地遭到女王训斥、冷落甚至赶出门外时，他的野心不可遏止地爆发了，直到组织了愚蠢狂妄的叛乱。东窗事发，伊丽莎白不顾前情的胆略、再三犹豫又斩钉截铁的决断，令王宫所有的大臣、外交使节们刮目相看：斩！

▶ 埃塞克斯伯爵画像。

其实，埃塞克斯被斩首的根本原因，不在于他勾结英格兰，也不在于他组织叛变，更不在于他的野心，关键在于他嘴上甜言蜜语背后却指责迈入老年的女王是具"尸体"甚至鄙弃她，女王也好女人也罢，面对来自情人的嫌弃较之于政见上的不和、权力上的争夺更无法忍受。女王心彻底地被伤了，伊丽莎白的纤纤细指在面对昔日情人的哀号、请求、忏悔时动都不动，最后斩钉截铁地往下一划！曾经共度过无数良宵的年轻情人血溅断头台。而在宗教和政治上，伊丽莎白那种斩尽杀绝，一人造反、满门抄斩的极端残暴，也使爱尔兰问题成为帝国肌体上永远淌血、流脓的部分——这一直延续到当代。

四

历史上对伊丽莎白的评价不外乎是两类：公认的是英国历史上甚至是世界政坛上划时代的英明君主，为大不列颠向日不落帝国攀升作出重要贡献的杰出奠基人；另外一类评价是她的权力欲太强（因纵容海盗在海面上的为所欲为，女王又被国际社会冠以“海盗女王”的称呼），但同时她又太优柔寡断，缺乏一个君王应具有的素质，“是一个妇人”，其实，作为一个国家的君王，没有权力的欲望他倒不若去做个教授或是采菊东篱；说伊丽莎白是一个妇人，那又包含着极大的性别歧视。上下几千年纵横千万里，从东方到西方，女性以毫不示弱于男人的业绩、才华展示着风采，包括在君主的位置上。同样的历史从不同的视角由不同的人评说，有着不一样的故事。这对于一个年轻、漂亮的女人来说，在 16 世纪的性别政治博弈中十分必要。没有一个男人能够成为她的主宰，从而危及她的王位。

古今多少事，都付笑谈中。作为一个女子，还是很替伊丽莎白遗憾的——一个人公众形象的高大也好、完美也罢，必将以牺牲若干个人利益为代价的。“童贞女王”伊丽莎白付出的代价是巨大的：爱情与婚姻，只有一次人生最为美好的感情。比如与青梅竹马、两小无猜的莱切斯特伯爵罗伯特·达德利，那英俊潇洒八岁时就愿追随小伊丽莎白进伦敦塔监狱受难的骑士，曾经爱过，柔肠百转、痛彻心肺地爱过，一如我在前面所述：伊丽莎白辞世后，她的珍宝盒中仅藏着莱切斯特伯爵 1588 年逝世前写给伊丽莎白的一封信。可是，伊丽莎白只能绝望地对她的臣民们说：好了，现在，英格兰女王属于你们了。

因为，她不仅是伊丽莎白，她是女王。

这是嫁给英格兰的无奈。女王的无奈。

10 温妮·曼德拉：一半是天使，一半是魔鬼

给我一根火柴和一只火柴盒，我就会让整个南非燃烧起来！

——温妮 · 曼德拉（1936— ）

一

1990 年 2 月 11 日下午，南非开普敦。维克托·沃斯特监狱大门外人山人海，来自世界各地的 2000 多名记者汇集于此，摄像机照相机大大小小严阵以待，一位容貌秀丽、身材颀长的黑人女子显得尤为激动不安。16 时 15 分，监狱的大门缓缓打开，被囚禁了 27 年的南非反种族隔离制度运动的领袖纳尔逊·曼德拉，在警车和直升机护送下，在人们的欢呼声中走出了监狱。已经 71 岁高龄，须发斑白却依旧气宇轩昂、挺拔硬朗的曼德拉走向人群。欢呼声与鲜花飞舞中，那黑人女子张开双臂兴奋地迎了上去，纳尔逊·曼德拉热泪盈眶疾步上前，与在狱外守望了 27 年的亲爱的妻子，温妮·曼德拉，在自由的蓝天下，在人们如雷的掌声与欢呼声中，紧紧地拥抱在了一起……

▶ 新婚燕尔的曼德拉夫妇。

二

温妮·曼德拉，她曾是南非前总统纳尔逊·曼德拉在监狱守望等候了27年的妻子；更因为对曼德拉的挚爱，她成为一个种族主义斗士，以战斗、忠贞、母爱的形象赢得南非"国母"的尊称。

· 来自比扎那村的温妮

"温妮，有人找！"她接过女友的电话才"喂"了一句，心就咚咚地跳个不已，是他！竟然是纳尔逊·曼德拉！那个身材魁伟、仪表堂堂能言善辩的律师。在法庭上她记住了这位高大俊朗律师的名字，法庭上，他于她，温妮只是仰望；那一日，又在食品店中邂逅，他知道了这位有着一双大眼睛活泼可爱的姑娘叫温妮·诺姆扎莫·马迪基泽拉，是巴拉瓜尼医院的第一个黑人卫生工作者，也是他的小同乡，大家亲切地称之为"来自比扎那村的温妮"。今天，她接到了他的电话："温妮小姐，是否赏光，我们共进午餐？"他诚恳的邀请令她心花怒放，她怎么会不同意呢？这个才华横溢又魅力四射的男人，这个令所有的南非黑人崇敬膜拜的反对种族隔离的领袖！可是，紧张兴奋之余，她抖落所有的衣物，竟找不到一件合适的衣服去赴这个她生命中最重要的约会。

▶ 曼德拉出狱。

美丽的温妮于1936年9月出生在南非的比扎那村庄，她接受了良好的教育，与生俱来的拼搏精神和坚韧性格，加上懂得珍惜父母给予她的优势条件，温妮19岁就有惊人之举——她打破了一个传统，成为南非医院的首位黑人医疗社会工作者，她更关注、赞同黑人领袖

▶ 青年时的曼德拉与温妮。

纳尔逊·曼德拉领导的反种族歧视的斗争。一个电话一餐麻辣的印度饭拉开了相恋相爱的序幕——他们相互爱恋着，可又称不上完全是谈情说爱。在鲜花盛开的田野散步时，曼德拉请温妮帮助为叛国罪审判辩护基金会募捐，温妮毫不犹豫地答应；在他们第一次共进印度午餐后，他们常常光顾这家印度餐馆，里面的服务员都喜欢这位高大的男人和他美丽的女友；有时曼德拉将温妮带到体操房看他健身，他汗流浃背时深情地一笑，他的坚毅、他的男性美，令温妮心旌摇曳；有时候曼德拉带温妮去参加他们的会议，尽管她当时还不是非洲人国民大会成员……为了共同的理想，在共同的斗争事业中，他们的爱情一如他们的事业与日俱增。

温妮于 1958 年成了曼德拉的第二任妻子，此时的温妮还是一个年仅 22 岁的女学生。正受“叛国罪”审判的曼德拉获准离开约翰内斯堡与温妮结婚。保释候审只有四天时间，传统婚礼才进行一半，曼德拉就被带回法庭受审。身披洁白婚纱的新娘温妮以泪洗面又束手无策，眼睁睁地看自己的爱人被带走。由于曼德拉的政治活动被判非法，从此新娘温妮只有等待午夜窗户上轻轻的叩打——那是她的新郎深情的呼唤，才能将门轻轻地打开，投入新郎的怀抱……

· 罗本岛 27 年的守望与等候

爱，是天底下最神圣也是最巨大力量的所在。曼德拉与温妮两年的相恋交往是断断续续的，因为曼德拉时不时地会被逮捕入狱，但因当局无确凿证据又不得不释放他。面对这种现实，温妮没被吓倒，反而越爱越深，越走越近，在走向曼德拉的同时，她也走向了革命战争、危险政坛。1962 年曼德拉被判入狱，温妮刚怀上小女儿津茨。

无论寒冬夏暑，温妮总是每月千里迢迢赶赴罗宋岛，在警察的严密监视下按指定的路线乘船渡海，只为能隔着装了厚玻璃的铁窗深情地看上丈夫一眼，就为了这一眼，吃尽千辛万苦，温妮对自己说：值了。温妮是曼德拉的期盼与活下去的重要理由，一如曼德拉在信中所说："如果没有你的探视，你给我的信任和爱，许多年前我就崩溃了。"在这27年里，温妮以坚韧不拔的意志和她火一般的爱支撑着曼德拉的生命，温妮更决定继承曼德拉的事业，为他宣扬理念，为他转达某些言论，起初南非当局不以为然，不把温妮当回事，后来慢慢感觉到温妮的可怕，温妮就像第二个曼德拉，在南非大地上延续着曼德拉的事业。于是，警告、威胁、监视举动，限制温妮的部分自由（比如：不允许她探视曼德拉，指控、审判、逮捕温妮，让她成为牢房的常客等)。一切的一切都无济于事，最后当局只得流放温妮。

从1962年起直至1990年，曼德拉在监狱中度过了27个春夏秋冬，而温妮则毫无怨言地等待了27个春夏秋冬。在婚后的30多年里，温妮的确吃了不少苦头。南非政府不断地对她拘留、监禁、流放，温妮曾住在无水、无电、漏雨的草棚中，吃未熟的米粥、带泥的萝卜……温妮不顾个人安危，支持狱中的丈夫与种族主义政权斗争；温妮东躲西藏，含辛茹苦抚育儿女。忠贞、战斗、无私的形象，使她成为"黑人母亲"。狱中的曼德拉则每天都抚摩带在身边的温妮的照片，他在给温妮的信中一片深情："婚姻的真正意义不仅在于互相爱恋，而且在于相互间的永恒的支持。这种支持是摧不垮的，即使在危险关头也始终如一……我真想在你身边，把你抱在膝上。"

· 从白衣天使变成"黑人母亲"

从20个世纪60年代到80年代，温妮·曼德拉有着如日中天的名望和令人难以抵挡的魅力。这位身材修长、颜容姣好的女子被广泛地认为是南非反种族隔离制度运动的象征而备受尊敬。

在婚后的时间里，温妮·曼德拉在反对种族隔离的斗争中成长

▸ 磨难并未使笑容从温妮的脸上消失。

起来。尤其是1962年曼德拉被捕入狱后，她积极投入反种族主义的斗争，成为南非第一个黑人女社会活动家，崛起于南非政坛，甚至被誉为“国母”。她在穷苦的黑人中颇得人心，被视为下层阶级的护卫者。在反对种族隔离斗争中成长起来的她曾多次被捕，被禁止在公众场合讲话，本人也曾被流放荒原。上世纪七八十年代，“温妮·曼德拉”在南非成为家喻户晓的响亮名字。她不顾个人安危，支持狱中的丈夫曼德拉与种族主义政权进行斗争，站在反种族主义斗争的最前线；同时还东躲西藏，含辛茹苦地抚养与曼德拉生育的几个孩子。温妮以坚贞不屈的斗争精神和慈爱的母性光辉赢得了广大黑人的爱戴。

三

温妮被南非人尊为“国母”。这不仅仅是因为她是曼德拉的妻子和坚定不移的支持者。她与曼德拉更是同志，反对种族隔离的斗士。她曾多次被捕，屡遭流放，住所遭到枪击。当曼德拉出狱归来，应该是守得云开见日出了，曼德拉又当上了新南非的总统，温妮无论是从家庭、个人，还是事业都是顺利通达了。但，权力与威望往往是一剂忘乎所以的毒药，很少有人不中毒的。当温妮·曼德拉处于权力的巅峰，她收敛不住自己的张狂了，专横跋扈、野蛮霸道，政治观点无比激进且崇尚暴力。当1994年民主制的曙光来到南非的时候，星光璀璨、华彩四溢的温妮迅速坠落了。

“我就是非国大！”随着温妮个人威望和地位的提高，她个性中专横跋扈的一面更加突出，她把自己当做曼德拉的替身、非国大当然的接班人，在很多事情上独断专行。在一次庆典活动中，温妮的不准时到来以及不得体的举止与傲慢的态度使人们非常反感，非国大指责温妮“行为恶劣，漠视庆典活动的议程和严肃性”，温妮则针锋相对地回敬：“民众始终站在我这边。我就是非国大！”“我就是非国大！”成了南非人民熟知的温妮名言。她被法院分别指控犯有欺诈和拐骗罪行，并且被卷入其保镖们谋杀和滥用私刑的指控中。她被丈夫曼德拉以不称职的名义解除了副部长职务，并且在随后的法庭指控中被贴上了通奸者的标签——这被认为是丢脸的，这一指控深深伤害了曼德拉总统。她在2003年被迫辞去了国会议员的职务。作为丈夫，曼德拉也曾考虑，多年的独居生活和南非政府的持续迫害，给温妮生理、心理造成了创伤，企图以宽容来抚慰曾与自己共患难的温妮，让她担任非国大社会福利部长。可温妮我行我素，酗酒闹事，并公然与一个29岁的律师情人同进同出。曼德拉在忍无可忍之后，断然撤销了温妮的部长职务。特别是温妮卷入了几起刑事案件后，曼德拉为了维护党的利益和形象，1996年3月两人正式离婚。两人作为非国大党内重量级人物，经常出入同一场合，但两人都刻意回避形同路人。

·“温妮妈妈”的足球俱乐部

纳尔逊·曼德拉的一生充满激情，他每天都在为自由而战。曼德拉一直以为：世界上决没有什么种族存在，这只是种族主义者的发明。但温妮持反对意见，她尤其不赞同曼德拉“不反白人，只反白人种族主义”的温和政策，所以组织了“曼德拉俱乐部”，也就是俗称的“足球俱乐部”的恐怖组织。该俱乐部于1988年正式运作，作为温妮保镖的一批黑人青年，被人们传说是一伙恐怖主义匪帮，他们刑讯并处死那些被白人收买的黑人，烧毁其房屋。温妮直接指挥这些暴行的实施，支持“项链”火刑，即把浇上汽油的轮胎挂在被非国大判定有罪的受害者的脖子上然后点燃。温妮本人也经常威胁当地少年加入她的组织，否则就将他们干掉。1988 年 12 月，温妮手下的人干掉了持不同意见的只有 14 岁的少年斯托比尔。1989 年 1 月，斯托比尔的尸体被人发现已经腐烂在草原上。司法当局在调查这一案件时发现温妮本人也卷入其中。此外，还有 23 起刑事案与温妮有牵连。南非民族和解委员会主席、大主教图图负责审理这起被认为最棘手、最难以作出决定的案件。在委员会必须对温妮及其足球俱乐部的案件作出裁决之前，大主教图图痛彻肺腑地对温妮作出了一番公开呼吁并直接面对温妮，无比诚恳地说："在这个会场外有许多人想拥抱你，我也想拥抱你，这个国家有许多人像我一样深深爱着你，他们在等待着你——如果你能说：请原谅，宽恕我的那些错误。"一直说谎面不改色的温妮，似乎被图图感动了，终于向受难者的母亲说："我真诚地请求原谅！"尽管半心半意，但这却是温妮第一次在公开场合请求宽恕。

一个女人没有了最基本的善良和和悲悯，就丧失了女性最基本的东西。1991 年，温妮·曼德拉因涉嫌包庇 1989 年凌虐谋杀 14 岁青少年莫克希的前保镖，以及拐骗罪名被判处六年监禁徒刑。但是随后被代以缴纳罚金。其他类似的案件，其审讯过程一般都不对外公开，而温妮却自己要求进行公开审讯。对温妮的传讯进行了九天。一个接一个的证人，证实了温妮参与谋杀的罪责。过去的保镖作证叙述，温妮"妈妈"曾经怎样观赏他们用酷刑虐待"警察线人"，当孩子们报告说，他们已经执行了谋杀，于是他们获得"妈妈"的亲切拥抱和夸奖。

· 欺诈和拐骗罪行

温妮来了！温妮在公开场合从不让她的支持者们和媒体失望——身着优雅时装的温妮华彩照人，踩着高跟鞋，在女儿的陪伴下，意定神宁甚至是娴静温婉地一步一步走进了南非比勒陀利的特别商业犯罪法庭。法院外一片喧嚣，温妮的支持者在会场外面吹着呜呜祖拉载歌载舞为她打气，公开听讯会更被世界各国媒体所包围。2002 年 11 月 20 日，南非法院又一次开庭审理温妮。南非特别商业犯罪法院指控温妮犯了 60 项欺诈罪、25 项偷窃罪，价值达 100 多万兰特（约 10 多万美元）。消息传出，一下子就把全世界人们的注意力再次吸引到南非，聚焦到温妮的身上。

2003 年 4 月，66 岁的温妮因犯有盗窃和欺诈等共计 68 项罪名而被判入狱五年，缓刑一年。时至今日，谈起这位“前国母”，南非人民依然感慨万千。根据检察官的起诉，温妮被控的主要罪行是在她担任主席的非国大妇女联合会吃空饷，也就是伪造虚假的工作人员名单，然后从政府冒领工资和津贴。而这些所谓的雇员就包括温妮的女儿津妮。此外，她还被控为不属于非国大妇女联合会的成员出示了虚假证明，帮助他们从银行骗取贷款。南非一家飞机租赁公司指控温妮曾于 1993 年包租一架飞机到安哥拉后拖欠租机款 5 万兰特。巴基斯坦总理贝·布托曾向温妮捐款 50 万兰德，但温妮从未将此款项上交妇女联盟等。终了，温妮·曼德拉在签字画押及缴纳了 5000 兰特的保释金后获释。

四

温妮·曼德拉，她依旧用这个姓氏。读到这个姓氏，不免感慨万千。温妮与曼德拉，一场轰轰烈烈悲壮感人的爱情就此结束，38 年的婚姻 27 年的分离，无怨无悔的春夏秋冬的守望与等待，终究交恶，是爱已不在?

温妮与曼德拉，共同的信仰、一起追求的反种族主义隔离事业，最终分道扬镳，仅仅是部分政见的相左？温妮政治上持激进观点，崇尚暴力，而曼德拉倡导非暴力、种族和解的政策。也许，这是导致分手的原因之一。

温妮在人民心目中的良善印象很难一笔抹去。

曼德拉与温妮离婚后，温妮面对的68项罪行的指控，也许真的是罪行确凿？温妮始终认为是政治迫害，倘若曼德拉与温妮没有离婚，是不是还面临如此多罪行的指控？离开曼德拉对她的政治生涯造成了极大的影响。从令人景仰的“国母”沦为非主流的政治家，温妮已经无从施展她的政治抱负。

尽管她充满争议，但有一个不可否认的事实，在南非许多人的心中，温妮依旧是“民众领袖”。

岁月依旧向前走着，岁月也将拥有的变作失去。对于温妮来说，尤为如此，昔日的光环不再。这一切，怪的不仅仅是岁月。怪谁呢？不知她，在开普敦离曼德拉博物馆不远自己的住宅里，凝视着房间作装饰用的那几支呜呜祖拉，是不是经常这样的思忖？

执著的信仰可以成就一个人，膨胀的权力欲望也能迅速地毁灭一个人。从天使到魔鬼，也许是生命中的一步之遥。“给我一根火柴和一只火柴盒，我就会让整个南非燃烧起来”的温妮，“我就是非国大”

的温妮，其毁誉参半、颠覆多变的一生，该令世人警醒。

这世界上，没有人是不可替代的，也没有东西是必须拥有的。势不可用尽，权力也不可用尽。“记住你不是上帝。总有一天你会遭到报应。”温妮·曼德拉的审讯者也是诺贝尔奖获得者的图图大主教如是说。天下人是以为鉴。

第三章　智慧：如兰馨香

自古美人如名将，人生不得见白头。可当智慧与生命相依相偎，人生会向着无限的可能迈步，女性的生命之花终将绽放出无尽的灿烂光华。

▶索菲亚·罗兰

11 叶卡捷琳娜二世：春寒中盛开的一朵小花

假如我能够活到二百岁，全欧洲都将匍匐在我的脚下！

——叶卡捷琳娜大帝（1729—1796）

一

1903年的一天，俄国沙皇在散步的时候发现了一个奇怪的现象。

▶ 叶卡捷琳娜画像。

克里姆林宫空地的中央，有一个哨兵荷枪实弹笔直地站在那里。环顾四周，沙皇未发现这儿有任何设岗的必要与理由。面对沙皇的询问：为何要在这空地上安置一个哨兵。警卫队队长挺直胸脯右手向上"叭"地一个军礼回答说，上任队长就是这样安排的。经过多天考证，沙皇终于弄清楚了真实的缘由。时光返回到公元1776年的早春，叶卡捷琳娜女皇在宫中散步，她惊喜地看到了一朵小小的花，春寒料峭中第一朵小花正在肃穆庄严的皇宫中，在现今士兵站立的那个寂寥而寒冽的地方，红殷殷又朝气勃勃地嫣然绽放。女皇与小花深深地注视，旋即下令“在这里设一个岗哨！”女皇命令道，“好好守着，别让任何人踩到这朵小花。”哨所设置至今已有127年。竟然有这样的一位女沙皇！

我向岁月长长地回眸，将视线投往1744年早春俄罗斯漫长的平原驿道……

二

· 在前途未卜的驿道上

1744年1月的那日，朔风怒号，苍云乱飞。在由里加通往彼得堡的官道上，一辆四轮六驾的大马车正顶着凛冽的寒风，车轮撞击着车辙纵横的冻土，一路踉跄着疾驰在俄罗斯辽阔广袤的驿道上。黑斗篷裹得严严实实，只露出浅棕色明亮双眼，刚满14岁的德国公爵之女索菲亚·腓特烈·奥古斯特，手搭在车辕边茫茫然四周张望。家乡已是那么地遥远，那曾常常带自己去诸侯宫廷玩耍的父亲呢？那常常携自己在欧洲许多城市游历的母亲呢？离得太远了。尽管对将要面对的复杂的宫廷生活有一定的心理准备，但作为王妃候选人之一的少女索菲亚仍然不知自己将面临着什么，在这个语言不通、习俗不同甚至宗教信仰也全然不同的陌生国度和沙皇皇宫，孤零零的一朵小花面临的是开放还是凋谢？小孩子索菲亚泪水盈眶不敢再想，只能双手合十祈求上苍。

· 不堪回首的日子

当彼得懒洋洋地，也可也不可地将手伸向期冀满怀的女孩，就是索菲亚一辈子最痛苦日子的开始。女人是天生的仇敌，何况东西方、平民贵族都一样难处的婆媳关系？贵为女皇的婆婆时冷时热；丈夫彼得身体羸弱又怪戾冷淡，从来政治与皇室的联姻很难有真正的爱情。已将名字改为俄罗斯姑娘之名的叶卡捷琳娜“无时没有书本，无时没有痛苦，但永远没有快乐”，若干年后她是这样总结一个女人如花绽放的岁月。那没有爱情滋润难捱的青春岁月啊，丈夫彼得宁愿在婚床上摆弄他的木偶兵，玩孩子们的打仗游戏，也不愿去碰一碰美丽妩媚的妻子。可普鲁士少女天性的坚忍，少时受到系统又良好的欧洲贵族教育的底气，还有，一般女性身上也许没有的梦想和大野心，叶卡捷琳娜相信：我可以成为俄国女皇！

· 向俄罗斯呈上我的嫁妆

在第一次随女皇伊丽莎白远行之后，她就发现大俄罗斯，在豪华殿堂后面，竟是一个人口众多、赤贫、实行奴化教育的国家。圣旗与烂衫，华贵与卑贱，歪歪扭扭地组合成一幅巨大的俄罗斯新形象。实质的客观国情，帝国大厦就奠基在赤贫、麻木的基础之上。但是，这表象毕竟烙入她的脑海，基辅之行给她上了一堂课，一堂真正的俄语课，这堂课将深远地影响她对俄罗斯的认识，也影响她登基后内政外交的方针政策。

笼络民心，拉拢军官，发动政变，谋杀亲夫……18年的忍辱负重令叶卡捷琳娜顺利登基：美丽的女皇，威严的女皇，勤政的女皇，雷厉风行的女皇，对外开放，发展经济，培养人才，改革国家统治机器，打造文明开化的俄罗斯，直至领土扩张战争不断，对内强化专制君主制，长达34年的强权统治，建立起一个横跨欧亚的大俄罗斯帝国！她的属下赞她是一个永远站在岗位上的哨兵，目睹俄国日益强大的老百姓称她为俄国的母亲，史学家则认为她塑造了俄罗斯的灵魂！叶卡捷琳娜是如此地骄傲：我两手空空来到俄罗斯，现在终于通过努力为俄罗斯献上了我的嫁妆，这就是克里米亚与波兰。

这位当年怯生生地坐在马车上，向俄罗斯旷野茫然张望的德国小女孩今天则豪气冲天：假如我能够活到 200 岁，全欧洲都将匍匐在我的脚下！叶卡捷琳娜的梦想终于实现。这样的女人！ 在俄国历史上，叶卡捷琳娜女皇与彼得大帝齐名，她建立了人类历史上空前绝后的俄罗斯帝国。

三

总是在想，当年那坐着马车怯生生的小姑娘，那初进皇宫遭受冷遇的小索菲亚，那结了婚却还要忍受彼得三世宁可与木偶兵玩也不与其亲近的屈辱新娘……是怎样在 18 年的时间中蜕变成了个强大无比、又受俄罗斯人爱戴的"俄罗斯母亲"？无疑，索菲亚是异常智慧的。

· 18 年的忍辱负重

1745 年 8 月 21 日，俄罗斯宫廷为彼得三世与叶卡捷琳娜（索菲亚）举行了盛大的婚礼。婚礼上，叶卡捷琳娜的棕色秀发随风飘动，蔚蓝色的眼睛瀚若深潭，白皙娇嫩的脸蛋儿，坚毅又妩媚的神态。太美了！所有人的目光都被她吸引住了。巨大的教堂鸦雀无声，一阵仿佛来自天国的纯净祥和的诵经声，虽然日耳曼语音浓重，人们却如同聆听仙乐般地洗耳恭听。索菲亚的俄语虽不纯正，但语调坚定流畅，她一口气将 50 页的教义课本朗读完毕。此情此景，易动感情的女沙皇热泪畅流，文武百官见状不敢怠慢，一个个赶紧眼泪汪汪。唯独索菲亚——叶卡捷琳娜 · 阿列克谢耶芙娜，始终表现得高高兴兴，既从容大方又端庄坚强。她后来说 ："我呢，终于沉住气挺过来了，大家对此称赞不绝 。"

是的，她终于挺过来了。作为德国人，14 岁随母亲约翰娜 · 伊丽莎白来到俄国，在皇宫中却受到冷落与歧视。但自幼受到良好教育的索菲亚很快就明白了：她在俄罗斯站住脚的最主要条件就是要俄罗斯化，成为一个俄罗斯人。取悦于女沙皇，赢得大小朝臣们的信任和同情，学习有关俄罗斯的一切从书籍到民俗再到礼教，甚至，她皈依了东正教，改名为叶卡捷琳娜·阿列克谢耶芙娜，典型的俄罗斯姑娘的名字。她请求伊丽莎白女皇为她找来了最好的老师，苦学俄语和东正教礼仪。索菲亚公主勤奋地学习俄语，甚至在夜深人静，周围侍从都已经睡下，索菲亚还在抱着书苦读。莫斯科的冬天啊，外面很冷但房间里很热，索菲亚就光着脚在房间里抱着书走来走去。可是莫斯科的冬天比在德国要严酷得多，她得上了肺炎，因此病倒。索菲亚曾接连十几天处于高烧状态，昏迷不醒。众人以为她已处于弥留，已经开始安排后事。安哈尔特公爵夫人特意找来了一个路德宗牧师为她做临终祈祷，但索菲亚却请求把教她东正教礼仪的神父老师找来。这件事很快就流传开来，俄罗斯宫廷上下对索菲亚的好感倍增。她脱胎换骨了，变成一个如同土生土长一般的俄罗斯人。1744 年 6 月 28 日，索菲亚皈依了东正教。受洗仪式是叶卡捷琳娜在俄罗斯的首次公开活动，她用俄语对答问话，谈吐得体，吐字清晰，再次博得了宫廷上下的好感。次日，皇储彼得与叶卡捷琳娜订婚。在一场政治婚姻中嫁给了俄国女皇彼得罗芙娜的外甥彼得三世·费奥多罗维奇，并皈依俄国东正教，成为俄国王位的继承人。

· 与欧洲名流的热切交往

博览群书的女沙皇与文学家、哲学家、思想家都成了好朋友。狄德罗，伏尔泰，孟得斯鸠……她视伏尔泰为自己“良知和思想”的最高统帅；她为狄德罗解决经济上的困难买下狄欲出卖的藏书又全部将书给狄德罗使用。有时想，如果她不坐上王位，其自由思想和智能上的哲学家气质会不会令她在近代欧洲的思想界占一席之位。顺便说的是，叶卡捷琳娜情趣高雅且对艺术有着很强的敏感。修建大剧院，收藏艺术品和画作，她还编写剧本甚至自己登台演戏，令所有的臣民为之吃惊眼前一亮。

▶伏尔泰画像。

她重视个人及执政宣传，并收买歌功颂德者的做法，很值得现代人学习。与欧洲名流的交往，既是叶卡捷琳娜勤政之余的消遣方式，更是她自我宣传的妙招。他们既是她认识外部世界的窗口，也是替她作宣传的最好喉舌。她听说法国政府下令禁止狄德罗继续出版百科全书，便于登基后的第九天发出邀请，请狄德罗到彼得堡来继续出版印刷他的百科全书。她成功地受到另一个影响更大的人物的称颂。此人就是女皇青年时代的精神导师、费尔尼的老哲学家、大名鼎鼎的伏尔泰。伏尔泰称赞女沙皇保护艺术，还想在俄国印百科全书，于是派人送了一首颂诗献给女沙皇。诗曰：

呵！上帝！还给我吧，
您何必夺我视听，
因为我也即刻同行！
呵！叶卡捷琳娜！
能目睹您的丰功盛业，
聆听您的谆谆教诲者，
他才是三生有幸！
受人爱戴，又为人君上，
唯您才独擅此雄才！
尤其是前一个特点，
更使我衷心崇拜！
您的睿智，
使圣贤也惊诧感慨，

圣贤得识您后，
也甘把下风拜。

女沙皇立刻挥笔写了回信：“因为急于拜读您的颂诗，我不得不暂时离开一群鸣冤叫屈者……我不断地拜读您的著作，再不想看别人的了，别人的书同您的比起来不仅逊色许多，而且对人启迪不大。但是，到哪里去找您的书呢？”15 年以后，伏尔泰逝世了，但在他逝世前的整整 15 年里，他与叶卡捷琳娜一直保持着持续的通讯联系。以上的那封信便是开端。实际上，接到伏尔泰的来信和颂诗的那一刻，她已经意识到找到了一位最理想的歌功颂德者。果然，数月之后，简直有些肉麻的吹捧由瑞士寄到了彼得堡。叶卡捷琳娜成了伏尔泰眼中“北方上空一颗最璀璨的星”、他“心中理想的君主”、“无与伦比的人”云云。就靠伏尔泰，叶卡捷琳娜在欧洲的心脏开了一家广告社，从此宣传叶卡捷琳娜的标语口号在许多沙龙里流传起来，叶卡捷琳娜如愿以偿。

· 以爱情的名义

“索菲亚，我亲爱的索菲亚！”受邀来到叶卡捷琳娜华美的卧室中，年轻的波兰外交官波尼亚托夫斯基伯爵凝视着含情脉脉的叶卡捷琳娜不能自已，轻撩着她缕缕金色的卷发伯爵激情如火地俯下身去。尽管他担负着外交官的职责，甚至还担负着为了波兰的利益刺探俄罗斯秘密的重要使命，但眼下，他什么都不管不顾了，他眼前只有这个眼波流转、风情万种的女人。太美了！长叹一声他万般情愿地将自己深陷，深陷进索菲亚妩媚柔情、波浪万倾的温柔乡……

情爱是人生回避不了也是无限美好的话题，平民、皇子均不例外。当叶卡捷琳娜与其母的马车奔驰在东欧平原的驿道上时，可能对未来充满了期望，当从小熟悉宫廷倾轧的她，对未来将要面对的复杂的宫廷生活显然也有足够的心理准备。到莫斯科之后，叶卡捷琳娜很

▶彼得三世画像。

快就被定为皇储的配偶，但接下来的18年对她来说并不轻松。彼得罗芙娜女皇对她时冷时热，使她更加痛苦的是她的丈夫彼得三世·费奥多罗维奇是个身体羸弱、意志薄弱而又怪戾的人，在新婚之夜，索菲亚对彼得懒洋洋的无爱婚姻表白感到惊讶，他宁可玩木偶玩具兵也不碰一下自己娇柔的妻子，却宠爱自己的情妇，甚至经常羞辱叶卡捷琳娜。

年轻漂亮又精力充沛的叶卡捷琳娜如何耐得了这样的寂寞？风度翩翩气度非凡的波兰外交官，波尼亚托夫斯基伯爵吸引了她的注意力。和以前的情人萨尔特科夫相比，波尼亚托夫斯基年轻，有教养，谈吐得体，常年受到巴黎上流社会的熏陶。在舞会上两人一见钟情，很快就成为深爱若干年的恋人。也不得不佩服叶卡捷琳娜的胆识与谋略，周旋于情人之间的同时，还偷偷组织了一个小团体，以她的情夫英俊的格里哥利·奥尔洛夫五兄弟为首的近卫军青年军官，成为支持她的铁腕力量。

叶卡捷琳娜情夫无数是不争的事实，但这里面有爱情吗？在统治的中心，只会是阴谋与利用并存，权力多于真情。从丈夫到情人，爱情的永远失落该是风情万种的女皇一生无法弥补的憾缺。我想，她是真心地爱着波尼亚托夫斯基的。

但当她如愿登上女皇的宝座，面对被迫回波兰的波尼亚托夫斯基愿来彼得堡的如火激情，她理智地请他不要来："这里依然群情激昂。我请求你控制自己，不要到这里来，以免火上浇油。我必须十分小心，而且，我也无暇去写一些会招来灾祸的情书。我很为难……我不能向你讲述所发生的一切，不过，它是千真万确的……我体验了当政的分量。再见，世界上真有千奇百怪的局面。”这是这封信的结尾部分，情调十分伤感，但信件的开头部分却让波尼亚托夫斯基十分震惊：“我将立即为你派去凯谢林伯爵作为驻波兰大使，以便在奥古斯特三世驾崩后立你为波兰国王。”情人震惊之余不是高兴，而是十足的惆怅。“我要这顶王冠干什么？能使我与心爱的人接近啦？不，接受这顶王冠等于接受与心爱的人永别！还不如杀死我算了。”于心不甘的波尼亚托夫斯基信写得更勤了……虽然如此执著地要与叶卡捷琳娜再聚首，但理智的叶卡捷琳娜始终以涉及自身安危的理由控制住了他，让他仅限于在情书里写“啊，索菲亚，你折磨得我太苦了”一类绝望的话来发泄痛苦。

▶ 波尼亚托夫斯基曾和拿破仑并肩战斗。

四

作为女皇，叶卡捷琳娜大帝，她的万人之上朝南称王的梦想实现了。梦想实现了吗？全部实现了吗？人生除了权力的欲望还有更多，尤其是这样的一个才识与权欲并重，智慧与激情兼具的女人。比如爱情，她最终选择了放弃。

这世界上从来就是这样，有得就有失。要爱情不要江山的人是稀世珍品。掌权者需要舍得，智慧是叶卡捷琳娜永不褪色的华服锦裳，是生命之花得以长久灿烂、权力得以巩固的根本所在。

通读叶卡捷琳娜，最不能让我忘怀的还是这朵小花——克里姆林宫空地上，女皇为春寒中第一朵盛开摇曳的小花设置岗哨的故事。曾有人问原因。很简单。我想，首先，她是一个女子，一个丰富、博学、才情满腹又极其感性的女子。花儿早寒中的独立绽放，令14岁孤身一人来到俄罗斯皇宫的女人怦然心动甚而引为知已；其次，她是叶卡捷琳娜大帝，她有权可以令警卫为一朵小花驻守，且能一守就是100多年。这些都无疑令历史与今人对女沙皇刮目相看，这些美好感性的细节，也许令人更加容易地寻找到这朵孤独的德意志小花在俄罗斯成功绽放的原因。

▶ 叶卡捷琳娜的智慧和决断，最终使她赢得了与彼得一世大帝齐名的荣誉。

12 阿加莎 . 克里斯蒂：打出人生好牌的侦探推理女王

……现状，这就像是分到手中的一手牌，无法挑剔，只能筹划好，尽最大的努力一张张打出去。

——阿加莎 . 克里斯蒂（1890—1976）

一

▶ 阿加莎 · 克里斯蒂。

2010 年 9 月的英格兰，阳光灿烂鲜花缤纷。“阿加莎 · 克里斯蒂节”每年在她的故乡托基举行。今年是小说家 120 周岁诞辰，主题为“谋杀、谜与破坏”，历时一周的，包括戏剧表演、露天电影放映、茶舞会、鲜花节、散步、演讲、签名售书、神秘谋杀案晚餐、焰火表演、火车和游船活动等等 40 多项庆祝活动规模空前。开幕式上，最引人注目的是一身戏装的大侦探波洛登场，一群身穿复古服装的肥婆翩翩起舞，来自世界各地的阿加莎 · 克里斯蒂的粉丝们尖叫着舞动着，欢乐在克里斯蒂小说中那个已经远去时代的场景中……

二

· 按自己节奏学习的美好童年

有着绿色草坪的院子，精致漂亮的茶桌，桌上摆满了各式点心，中间是一块华丽的生日蛋糕，蛋糕上覆盖着一层厚厚的奶油，中间插着三根蜡烛。套着彩色念珠串成项链的小阿加莎，被人们众星拱月般围在中间，这是她三岁的生日。

童年的岁月是安宁又美好的。小阿加莎没上过学校，所以她无须按部就班地学习，她总是按自己的节奏学习，看想看的书。家里有个大图书馆，有许多编好号的时装杂志和类似的书籍，基本上被她翻遍了。在当时的英国，女孩子很少有机会上学校，家中也没有按一般中产家庭的惯例为她请家庭教师。很幸运的是她有一位优秀的母亲。阿加莎的母亲是个思想开放、浪漫，且富于想象和足智多谋的女人，讲故事很有天赋，她鼓励女儿写作。母亲常常读一些名著给小阿加莎听，阿加莎获得的文学素养完全来源于母亲，也得益于阅读了一大批好的书籍。阿加莎·克里斯蒂曾经回忆：我最初接受的是狄更斯的小说，是狄更斯哺育我长大的，狄更斯对我喜爱上写作，起了很大的作用。《艰难时事》也是她少年时代最喜欢的书，还有奥斯汀的作品。她尤其喜欢神话故事，更喜欢智力游戏。想象力极其丰富的小阿加莎，自己编故事，自己扮演不同的人物。她的作品写的都是秩序井然的小社会，他们有自己的生活规律和时间

▸ 查理·狄更斯是阿加莎的文学启蒙者。

表，而往往在故事中，她又将这个小社会因为一些偶发事情突然被瓦解，正如她一直都担心自己安静安谧的家庭生活，会突然瓦解那样瓦解了。而她的家庭确实在父亲死后，由于没钱等原因而瓦解了。

1905 年，阿加莎·克里斯蒂随母亲前往巴黎的寄宿学校求学。母亲的心血来潮和阿加莎·克里斯蒂喜欢新鲜感的个性使她在巴黎又两次转学，最终主修钢琴演奏和声乐。虽然嗓音一度被认为很有前途，但她的表演恐惧症还是使她不得不理智地放弃了音乐家之路。阿加莎多年后回忆这段经历时感叹：假如你所追求的是不可企及的，那就最好不要让自己纠缠在懊丧和妄想的羁绊之中，而应该认识自己，继续自己的人生之路。也不妨想象，如若阿加莎如果就此在声乐方面坚持了下去，这世界上岂不是少了一位侦探推理女王？

· 无聊催生创作

“没有什么东西能像无聊那样促使人去写作的了。”整日在家中的阿加莎百无聊赖，她常扔掉刺绣的针和线，任凭思路在庄园的一树一木、花花草草间流淌。“你肯定写不出优秀的侦探小说！”姐姐麦琪的嘲笑令阿加莎·克里斯蒂忿然，她断然用姐姐麦琪使用过的帝国牌打字机写起了小说，键盘的敲打取代了那个时期英国女孩子绣制坐垫和临摹德累斯顿瓷瓶上的花卉图案。

20 岁以后，阿加莎·克里斯蒂开始接触侦探小说。她把福尔摩斯视为心目中的英雄，模仿柯南道尔的写作方法。到她 21 岁时，她已完成生平的第一本书《斯泰尔斯的神秘案件》。书写出来了，她把它寄给几个出版商，他们没接纳，出版商对无名小辈的这部小说毫无兴趣，阿加莎·克里斯蒂碰了六次壁，两年后才被约翰·莱恩出版社接受出版。这本稿子在这家出版社的抽屉里又被压了整整九个月。初版只印了 2000 册，得到的稿酬仅 25 英镑。但她从此一发而不可收。

阿加莎·克里斯蒂的小说创作中，保持一致的是某种手法。她事先构思好提纲，记在笔记本上，一开始写，故事就出来了——某人是如何被谋杀的，然后围绕这点设计好情节。她的情节扑朔迷离层出不穷，她会选定一个人物，确定事件的因由，发生的地点、时间，是如何发生的等等，然后开始精心的创作，就像玩她孩提时很熟谙的智力游戏。这不能不说，人，是有天赋的，阿加莎在文学方面的潜质非一般人可比。很有意思的是在她的作品尤其是在谋杀案的叙述中，她对毒药知识的运用掌握得很好，在她的第一篇小说中，她就很准确、很生动地使用了“士丹宁”这种药，因为，在第一次世界大战时她曾做过医院的药剂师。

▶ 阿加莎笔下的波洛是文学史上最知名、也是最独特的侦探角色。

如同对药理知识的灵活运用，阿加莎生活中的许多原型与丰富的想象力在小阿加莎的笔下，通过细致的提纲、巧妙的布局一个一个地活生生地跃然纸上。为了与福尔摩斯的形象拉开差距，她按照邻居比利时人原形设计的赫尔克里·波洛，个子矮小，肚子大，两撇翘起的弯弯胡须，不大讨人喜欢，但他有一个机灵非凡的头脑，那里藏着无数“灰色细胞”（侦探细胞）。

而后来她塑造的马普尔小姐，则是一个喜欢打探八卦的家庭妇女，衰老、孤独，不具任何威胁性，但她却能在所有细节里，清晰地寻找到真相。他们家里还有两个上了年纪的女亲戚，其中一个成了阿加莎最具创造性作品中的原型，那个老妇人。那个大胡子矮胖的比利时人波洛，伴随她的写作从 20 岁到生命的结束，1975 年，《帷幕》出版，波洛在小说中去世，没想到的是，包括《纽约时报》在内的许多西方报刊竟然争相刊登了波洛的讣告，可见阿加莎作品影响力之大，和那个大胖子波洛形象的深入人心。还有小说中那个不漂亮的，却能从蛛丝马迹中寻到正确答案的马普尔小姐，同样与她一起经历了漫长的岁月直到 1976 年出版的《神秘的别墅》那部小说中才谢幕而去。

她怀着对生活的无比热爱，把她细致观察到的点点滴滴，都写进了自己的侦探小说。她身边的人物、身处的场景，都会在小说中有所反映。比如她的祖母、姨婆，她们都是她生活中的大人物，住在一座布局零乱、主要用红木建造的大房子里。年轻的阿加莎曾经每天必须给祖母们读报，而她写这样的小说需要一些戏剧性的东西，一些骇人听闻的东西，这些发生在不远地方的事情。于是，她常读那些杀害婴儿、强奸、谋杀、见不得人的伤风败俗事件等等给老人听，而这样的读报却让老人的日子过得很是开心，老人的心中也充满了好奇。

▶ 马普尔小姐画像。

· 婚姻的沉沦与爱情的成全

到阿加莎准备进入成人社会时，她已出落得楚楚动人，满头的金发和一双蓝眼睛，一个朝气勃勃的姑娘。1912 年，阿加莎在当地的一次舞会上遇到了阿琦·克里斯蒂。他是最早的飞行员之一，是刚组建的皇家飞行团的战斗机飞行员。阿琦就叫阿加莎嫁给他。于是阿加莎·米勒变成了阿加莎·克里斯蒂。在那些年，在她与阿琦婚姻生活的日子里，她认为他们一直很幸福，他们已有了一个女儿。生活过得很愉快。但没多少朋友的阿加莎很孤独，她 76 岁的母亲克莱拉死后更是如此。这是她遭受的第一个打击。阿琦来了，他不是给予阿加莎此时非常需要的安慰和支持，而是告诉阿加莎：对不起，我爱上了南茜·尼尔。

这样的晴天霹雳，阿加莎承受不了。1926 年 12 月底，阿加莎失踪了，她的车后来找到了，是第二天上午在很远的地方找到的。车子似乎撞上了一棵树，立了起来。没一点儿她的踪影。她的毛大衣在那里，她随身带的梳妆盒也在那儿，里面装了许多奇奇怪怪的东西，有睡衣，一本旧的驾驶执照。但完全没她的踪影，没尸体，什么都没有。后来她在哈罗盖特老天鹅旅馆被人认出，她不是用克里斯蒂夫人，而是用丈夫情人的姓名南茜·尼尔的名义登记入住，还每天买报纸来看。1928 年，她与阿琦离婚，从此再也没见过他。整个事件使她回复自闭，一个快乐、外向、成功的人消失了。阿加莎开始了自己方式的生命逃亡。而这也成为阿加莎生命中最著名的一起事件，也是她最感屈辱，此后再也不愿提及的事件。

1929 年底，阿加莎·克里斯蒂在朋友的建议下登上东方快车，远赴中东，特异的风土人情翻开了她生命中崭新的一页。1930 年，当阿加莎·克里斯蒂重访此地时，伍利的助手马克斯·马洛温被委派接待她，这位身材削瘦、肤色黝黑的年轻人陪她在返回英国的路途中一路游历。然而不期而至的电报传来女儿罗莎琳德患上肺炎的消息，令她惊慌失措。善解人意的马克斯护送阿加莎回到英国。女儿已在姐姐的照料下逐渐康复。而当与马克斯再相见之时，两人竟都窘迫得无话可谈。其实，他们在一起交谈是无拘无束非常之愉快，经过一段时间的相处，令他们几乎不用开口就知道对方在想什么，这样的默契。阿加莎没想到的是，比她年轻得多的马克斯的突然求婚打破了平静，令她惊喜之下又犹豫不绝。当时阿加莎已 40 岁，而马科斯·马洛温则小她差不多 15 岁。在这位高个儿年轻男子的执著下，在反复权衡并征求了家人的意见后，她克服了因第一次婚姻失败带来的对爱情生活的恐惧，于 1930 年 9 月 11 日与她外甥的大学

▶ 晚年的马克斯与阿加莎感情更加深厚。

同学，从事考古学的马克斯·马洛温步入婚姻的殿堂。

爱情是创作的源泉，美好的爱情更成全与见证着阿加莎的小说创作的蓬勃兴起。一如阿加莎·克里斯蒂的深情回忆："第二次婚姻是相当美满的，不仅让我鼓起了生活的信心，也使我把整个身心投入了写作。"不久，她便写出了轰动世界文坛的《尼罗河上的惨案》《东方快车谋杀案》等作品，她与马克斯度蜜月的东方快车、一起行走过的尼罗河、游艇、神庙以及考古学的知识，自然成了她小说创作中必不可少的元素，带了很多生动的场景。15 岁的年龄差距在真爱面前是那样的微不足道，马克斯的考古学背景为克里斯蒂的小说创作提供了全新的题材，这段持续了 46 年的婚姻，因爱而幸福圆满。

三

1976 年 1 月 12 日，这个世界的喧嚣对阿加莎不再重要。她以 85 岁高龄于英国牛津郡沃灵福德告别了热爱她的人们，长眠于牛津郡的圣玛丽教堂墓园。次年，她的自传和马克斯的回忆录《马洛温的回忆》出版。阿加莎的时代结束了。结束了吗？让我们看这位优秀女作家的超越时代的影响力……

伦敦，布郎旅馆。就是上世纪 30 年代女作家常常独自带着笔记本去吃下午茶的布朗旅馆（Brown's Hotel）——克里斯蒂书迷都知道，《伯特伦旅馆之谜》里作家对伯特伦旅馆的描述，完全可以在布朗旅馆这里找到许多细节的原型。当年在此写作的推理女王，也就是在一块窗帘一方地毯一扇门后的原型中她编织了一个又一个离奇又合乎情理的故事，娓娓道来又惊心动魄。现在，一块蛋挞，一杯咖啡，都成为阿加莎粉丝们荡气回肠的回忆与想象。"克里斯蒂"主题下午茶，在保留着上世纪 30 年代原貌的茶室内，桌面上摆着的甜点充满了犯罪现场的味道：柠檬蛋挞名叫"阳光下的罪恶"、浓郁的巧克力蛋糕叫做"美味之死"——这是克里斯蒂小说里的杀手为其牺牲品准备的

"最后一块蛋糕"。

阿加莎·克里斯蒂到底有多么让人着迷？全世界有阿加莎迷千万。在百度的阿加莎·克里斯蒂吧里，有几十万条帖子讨论着阿加莎·克里斯蒂小说故事的结局、人物，以及对阿加莎本人的好奇与猜测。还有许许多多粉丝们为阿加莎设立的网站。人们因为对她作品的喜爱而聚集在一起，分享和交流，甚至有北京的书迷定期聚会，阅读和讨论阿加莎的作品。虽然历经了近半个世纪，但她所创造的"舒适推理"风格依旧不过时，在她的作品里，处处都透露出一种女性特有的脉脉温情。在她笔下，故事是一场她和读者之间的智力游戏，你可以放弃意义的追寻，径直进入她的故事。克里斯蒂的小说更反映了人们喜欢的那种价值观，一种心底喜欢的惩恶扬善的价值观在侦探小说里都读到了。

她被《纽约时报》称为"神秘的第一夫人"，是举世公认的侦探推理小说女王。她创造出了两个最鲜活的人物：马普尔小姐和波洛侦探，她创作了百余部推理小说经典，在柯南道尔小说的基础上，又给读者提供了新的创作风格。如果你热爱分析与推理，那就放心地把自己交给阿加莎·克里斯蒂，打开一本小说，你就进入了她为你建造的世界，那个世界里有优雅的主角、复杂的线索、异国的风光，更重要的，有谜一般的人性。她不会让你失望，故事里一定会有神秘的死亡发生，然后，悬疑一定会有合乎情理的答案。

四

岁月荏苒，青山依旧。绿树蓊郁葱茏，达利河蜿蜒流淌。坐着1947年产的绿色老爷车，一路驶去，经过克里斯蒂第一次婚姻度蜜月的宾馆，经过德文郡的丘陵地带，经过一段狭窄曲折的车道，道路两旁树木丛生野花缤纷，树枝茂密地欢笑着甚至将绿意都送进了车厢，半小时多一点就可以到达风景如画位于托基的格林威，格林威是阿加莎的故居也是阿加莎的梦境王国。

你下车啊，你去树林中漫步，你循着阿加莎·克里斯蒂推理小说的思路去寻觅，于是，你会邂逅阿加莎侦探推理小说中华丽家族的一些成员。走过狭窄的小径，故居后的河边有一座不大的船屋，你也许会看见那挺着大肚子个儿矮矮的大侦探波洛咬着烟斗在树林深处苦思冥想；而透过木窗，你会隐约看见那瘦小又精明的业余侦探马普尔小姐在餐桌边织着毛衣，缄默的微笑溢着机智与了然；有人敲门，是黑斯廷上尉倜傥又沉稳地走了进来……

“我从未得意忘形过。……我希望在后人的记忆里是一个相当优秀的侦探小说家。”阿加莎·克里斯蒂谦卑又温柔的话语在格林威庄园里，在茂密的树丛中轻轻地回响。

太阳缓缓西沉，暮色四起雾霭弥漫，庄园的大门“吱呀”一声打开了——那个没受过正规教育，自小就活灵活现地编造故事，那个经过了不懈的努力，一生创作了80部侦探小说19部剧本的世界推理女王，她的文学才能光华四射，她的缜密思维令人惊诧，她的婚姻家庭最终幸福圆满——打出了有限人生得意又漂亮的一把牌的金发蓝眼女子，阿加莎·克里斯蒂，从那座淡黄色的房子门前款款地向你走来……

13 索菲亚·罗兰：永不凋谢的意大利玫瑰

我要保持我的本色，我什么也不愿改变。充满自信的缺陷，远比缺乏自信的美更富有魅力。

——索菲亚·罗兰（1934—　）

2002年8月，第59届威尼斯电影节，灯火辉煌，华美绽放，红地毯上星光璀璨，而最吸引人的不是云集的荧屏上的俊男靓女。来自世界各地的闪光灯"喀嚓、喀嚓"聚集的却是享有"影坛长青树"之誉的意大利裔影星索菲亚·罗兰——那个并不漂亮的大嘴女人。纵横国际影坛50年的索菲亚·罗兰，在这次电影节上，作为100部电影的缔造者，她接受了第59届威尼斯国际电影节终身成就奖。这也是第一位获颁威尼斯影展终身成就奖的女星。华彩灼灼的镁光灯下，她捧着奖杯，咧着标志性的大嘴笑着，还是那样激情、豪放，魅力四射。

▶索菲亚·罗兰。

一

· 痴迷电影的小女孩

“私生女！那个瘦子是私生女！”孩子们追着她吐唾沫扔石子。瘦若火柴棒的索菲亚头也不抬，默默地走在那不勒斯波佐利的渔港小街上。自出生那天起，索菲亚·罗兰就从没见过父亲，带着“私生女”的羞耻名声跟着单身的母亲过着贫苦的童年。当年保守的小镇，未婚先孕的美丽母亲成为男人们酒后轻薄的谈资和女人们冷眼嘲笑的对象，索菲亚·罗兰这个“私生女”一直生活在“冷眼”中。孤独中，她最喜欢的事，是一个人躲进渔港小镇那座叫萨奇诺的电影院中，买一张通票，沉浸在与现实截然不同的电影世界中，一看就是一天。屈辱与痛苦使她比别人更爱看电影，银幕上那种神奇动人的画面，使她乐而忘忧，明星们精彩的表演更使她着迷入痴。她的内心深处潜藏着一股力量，促使她关注着银幕，因为只有在银幕上她才能找到生活的欢乐。

二战的血腥带来终日的恐惧和饥饿，也加重了童年的苦难，但日子还是要朝前走，一天又一天。索菲亚·罗兰只能靠当洗衣工的活计与母亲一起相依为命艰难度日。由于常常饿着肚子，小时候的索菲亚·罗兰发育极其不良，身体瘦弱干巴，胸部扁平，她常常为自己而自卑。而在艰难的日子里，困境中的少女却奇迹般地复苏与变化了，14岁的索菲亚·罗兰渐渐开始显露出诱人的美丽。在镇上男女的眼里，小索菲亚·罗兰的美实在不成体统，这个女孩的眉目里透着要命的妖娆张狂，身段饱满得如同等待收割的秋麦。一只丑小鸭成长为羽毛丰盛双腿修长胸部丰满的天鹅了！当那不勒斯的小报上登出选美的消息，母亲立刻为她报名参加选美。从未有过专业训练就直击12强，得到了“海洋公主”的称号。为了生存，为了对电影的热爱，罗兰和母亲希冀在电影界发展。母亲认为女儿的想法不太现实，但罗兰是个自信而有个性的女孩，她决定试一试。母亲决定带着她到罗马寻找更好的发展机遇。1948 年，母女俩登上火车，从此踏上了追梦之旅。追梦的过程是辛苦的也饱含着屈辱，从可有可无的群众演员到广告片的模特儿，从小配角到参加“罗马公主”的竞选。为了生活与生计，更为了从小在萨奇诺电影院就有的做一位电影演员的梦想，她忍了，都忍了。是的，比起从小受的冷眼与在那不勒斯渔港小镇与母亲一起经历的磨难，那不勒斯、那不勒斯，想起那不勒斯，自信而又有个性的小索菲亚·罗兰什么都能忍了。

她心底深处始终有一种朴素的那不勒斯情结。在若干年后，她曾在接受记者采访时确认了这种深埋在心的情感。那不勒斯是她的故乡。她在那里度过了最困难的日子，饥饿和战火使她几近绝望。但正是这那不勒斯的经历使她懂得了生活的真谛，也成就她倔强、不服输的性格。她会说六个国家的语言，但最喜欢听的是那不勒斯的乡音；她走过世界上无数的城市，但最喜欢的地方还是那不勒斯那座叫波佐利的渔港小镇，那有她童年欢笑与泪水的地方，尽管泪水远多于欢笑。

· 你不可改变我

踏上追电影之梦的路程何其艰难。从渔港小镇走出的高个、大嘴又很自信的女孩，对未来充满着希望和憧憬，却连连碰壁。是的，她没有倾国倾城之貌，当时电影界的审美标准并不青睐她这样的带有几份粗犷几分野性的长相。好不容易得到试镜的机会，一开始试镜，就遭遇了摄影师的挑剔与刁难。一次试镜时，摄影师说她鼻子太高，臀部太大，够不上美人的标准。于是导演卡洛·庞蒂把她叫到办公室，便有了以下的一番对话：

“如果你要在电影界做一番事业，你也许该考虑作一些变动。”

“你的意思是要动动我的鼻子？”

“对。还有，也许你得把臀部削减一点。你看，我只是提出所有摄影师们的意思。这鼻子不会有多大问题，只要缩短一点，摄影师就能够拍它了，你明白吗？”

“我的脸确实与众不同，但是我为什么要长得跟别人一样呢？”

“我也希望保持你的本来面目，但是那些摄影师——”

“我要保持我的本色，我什么也不愿改变。”

“好吧，我们再看看。”

“我的臀部确实有点过于发达，但那是我的一部分，那是我的特色。我愿意保持我的本来面目。”

你不可改变我。我愿意保持我的本来的面目。来自那不勒斯的小女孩就这样将自己的人生信条，毫无保留地向名导演卡洛·庞蒂作了倾吐。于是，我们得以在她从此开始，一直到第100部电影中，看到的高颧骨、大嘴巴，洒脱、执著还着几分野性、妖娆之美的魅力四射的索菲亚·罗兰，也由此，好莱坞改变了要求女演员精致长相这一成不变的标准。

从走上银幕的第一天起，罗兰就清醒地认识到：“成功要靠自己的努力去争取。”为此，拍片之余，她去意大利电影实验中心攻读表演。当时，人们并没有注意到这位不算漂亮甚至长得有点粗犷的姑娘，但她兢兢业业地在影片中演些小角色。不久，意大利极有经验的导演卡洛·庞蒂发现了她，觉得她是个天生的艺术家，她的表演中总是释放出各种角色内在的真情实感，使人感染、陶醉。于是卡洛·庞蒂让她相继在自己执导的《海底的非洲》《阿伊达》等影片中担任角色。在卡洛·庞蒂的精心指导下，罗兰的表演日趋成熟，终于在影片《那不勒斯的黄金》一片中，成功地扮演了一位脾气暴躁又俗不可耐的泼妇。索菲亚第一部受到好莱坞注意的电影是她在《人生

▶《卡桑德拉大桥》剧照。

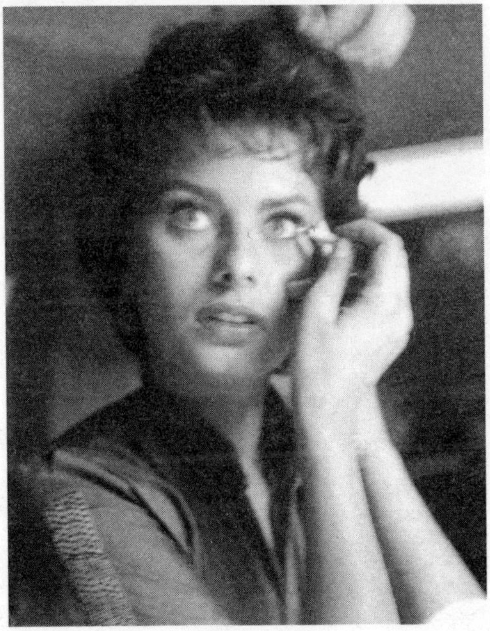

得意须尽欢》中饰演一个那不勒斯的薄饼店老板娘，豪情爽快，风骚狂艳，完全是地道的那不勒斯风味，令好莱坞大开眼界。索菲亚拍过的很多作品，几乎都与那不勒斯有着瓜葛。索菲亚曾被舆论界称许为“一直没有忘记她的出身”，因为她是属于那不勒斯的。热情、豪快、狂野是那不勒斯女子的特色，当中也隐含着意大利的母性形象。

1950年至2002年这半个世纪中，索菲亚·罗兰先后在100部影片中扮演角色。特别在《卡桑德拉大桥》《昨天、今天和明天》等影片中，她以其独特的魅力给观众留下了深刻、鲜明的印象。她的长鼻子、大眼睛、大嘴、丰满的胸部和臀部都使她多了一份独特与不可抗拒之美。1961年她以在意大利影片《战地母女》中的表演获得当年奥斯卡最佳女主角奖。她是第一位用非英语表演赢得奥斯卡奖的演员。出身贫苦的索菲亚·罗兰征服了好莱坞。

▸卡洛·庞蒂。

· 将爱变成永恒

“这次爱情会持续多久？我不知道。3星期？3年？30年？”在与卡洛·庞蒂相爱在一起之后，周围的人们预言：这段婚姻一定不会长久。影视圈里，为了得到一个角色，送上门靠近名导演庞蒂的美女不在少数，而索菲亚·罗兰更是无数高官显贵的佳宠，追求索菲亚的名流加起来有一个加强排那么多：彼德·施拉、马斯·杜安尼、马龙·白兰度、加利·格兰特对索菲亚·罗兰一片痴情，甚至当众求婚……但她一个都没有选，她一生倾心的只有这个结结实实的书虫导演，一个一生求知，既不抽烟，也不喝酒，善良安乐的男人，这一爱就是半个世纪，天长地久。其中因庞洛·卡蒂的离婚与金钱，几多变故几多磨难，而索菲亚·罗兰始终是卡洛·庞蒂最有力的支持者并最终帮他洗脱罪名。

索菲亚事业上的成功，与卡洛·庞蒂是密不可分的。那个一开始就因摄影师的要求，将小索菲亚·罗兰叫到办公室去谈话的导演，在遭到罗兰不愿意改变自己容貌坚定的拒绝后，开始欣赏这个自信而有特色的女孩。于是卡洛·庞蒂决意栽培她，让她相继在自己执导的《海底的非洲》《阿伊达》等影片中担任角色。在卡洛·庞蒂的精心指导下，罗兰的表演日趋成熟。他比索菲亚大整整21岁，但他们的关系既像父亲与女儿，又是男人与女人，还是制片人与演员，复杂而又微妙丰富。卡洛经过重重磨难离婚后，与索菲亚·罗兰终成眷属。

90年代，历尽劫数的两位老人终于修得正果，晚年的庞蒂和索菲亚·罗兰大部分时间在和平而无纷争的瑞典度过，两人相知相慰，从容安宁乐天自得。2006年索菲亚·罗兰为著名男性杂志拍下裸体性感封面，以庆祝自己72岁生日引来世界喝彩，卡洛·庞蒂捧着杂志为自己的爱人骄傲，表示对爱妻的支持，索菲亚·罗兰依旧耀眼的风韵也向世人昭示着她的无比幸福。

▶ 即便只是背影，索菲亚·罗兰仍然能发挥她那精湛的演技。

2007年1月12日，卡洛·庞蒂的葬礼在意大利北部城镇Magenta的圣马丁教堂

隆重举行，意大利人用自己的沉默、凝重来表示对这位著名电影人的深深哀悼，只有索菲亚·罗兰痛不欲生的抽泣声。一身黑衣的她与两个儿子沉痛出席了葬礼，她无尽的泪水令所有的人见证了她彻骨的悲凉与哀痛。

三

100部电影缔造者的索菲亚·罗兰，从那不勒斯波佐利贫民窟里走出的，一个在外形上不算漂亮的小姑娘，却一步步走出了好莱坞的一个不老的传说。有人说，她是凭激情甚至疯狂、野性的表演风格，叩响了好莱坞的大门；有人说，她是运气好，遇上了好的导演好的制片人。也对也不对。从根本上来说，索菲亚·罗兰是拥有非凡智慧的，她用自信、坚强将自己的特色变成了永远的美丽。

"为每一口气而斗争。"罗兰如是说。从贫民窟走出，儿时的磨难令小罗兰对生活有着一股子不屈不挠的精神。尤其是初入电影界，大牌影星和导演的挑剔与责难，她从不妥协。在自己容貌的选择上，16岁的她向大名鼎鼎的导演明确表示：你不可改变我。在伦敦拍第一部影片《钥匙》已签了合同时，导演委婉地向她表示角色换另外一位知名度高的女演员，她拒不后退，终以出色的表演让制片方真诚地感谢她当时的拒不退出。令26岁的她获得奥斯卡金像奖的影片《战地母女》，开始也只是让她演其中的女儿，母亲的角色是由另外一名大牌前辈影星来表演，只是，对方拒绝让来演女儿。而由于罗兰的坚持，导演最终让罗兰来演母亲的角色，并获得了奥斯卡奖。在她生活工作的圈子里，婚姻爱情是敏感又十分脆弱的，今天相爱明天分手是自然不过的事情，"为每一口气而斗争"的信念同样使她在爱情、婚姻问题上争取自己应该争取的，为了爱情等待了14年才正式结婚，最终争取到自己事业的成功与终身的幸福。

"孤独是内心安宁的保护神"，很喜欢罗兰的这句话。她需要孤独，需要孤独一如需要吃喝和爱人、孩子的笑声。她喜欢独处时的读

▶ 索菲亚·罗兰的处女作《钥匙》剧照。

书，喜欢孑然独处时毫无掩饰地审视自己内心与感情；独处时她探索新的理念与思想，并常反躬自省有无不当之处。她讨厌社交活动——“因为，我不是一个交际花”。作为一名当红女明星，这样那样的社交活动必不可少，而索菲亚·罗兰，在这一方面，以极大的勇气去拒绝一切所能拒绝的，这一点，在熙熙攘攘的娱乐圈中，实在是众多明星演员们该学习并以之为榜样的。她珍惜自己的个人生活。她孑然独处时感到怡然自得，放松自在，做自己，做一个好的妻子，好的母亲。她虔诚地相信这句话：没有孤独就没有真正的幸福。

从小背着“私生女”这个在那个年代沉重无比的包袱的罗兰，缺失父爱又一生都渴求爱与被爱。当她多年后回到那不勒斯的老房子，她看着小时候父亲唯一的一次看望送她漆有她名字的蓝色小车子，热泪盈眶。她爱卡洛·庞蒂，这个亦父亦兄又是她生命中最重要的情人、保护人与朋友，她在他身上找到的就是如父又是夫的感觉。一位神父因一名九岁的患有严重心脏病的小男孩来求助，索菲亚·罗兰打电话给南非的一名心脏病专家，并承担了一切费用安排这个孩子去南非，使这个孩子转危为安。她的要求是不得向外界说明是她做的这一切。爱，使她将目光投给了许多需要帮助的人的身上。老年索菲亚·罗兰电影拍得少多了。她平时像普通妇女一样做家务，下厨房，甚至，还出版了一本意大利菜谱，十分畅销。当被问及什么是幸福时，她说：“我认为，幸福就是同我的孩子们在一起。在他们身边，我欢笑，我活跃，我争论，我满意极了……这便是美妙的人生！”

四

▸ 工作间隙的索菲亚·罗兰。

那不勒斯那个渔港小镇贫民窟走出的罗兰，那个大嘴高颧骨不漂亮为当演员四处碰壁的罗兰，那个坚持自己的价值观与是非标准说出“你不可改变我”的罗兰，获得奥斯卡金像奖的罗兰，获得戛纳电影奖的罗兰，四次获得美国金球奖的最受欢迎女演员奖，获得英国电影学院奖最佳外国女演员，获得奥斯卡终身成就奖的罗兰，美国时装设计师委员会授予“一生魅力”奖的罗兰，获得威尼斯国际电影节最佳女主角奖的罗兰，1999年以65岁的年龄，击败了众多年轻美貌的女星，以最高票在英国当选为“世界上最美丽的女人”……

亚平宁半岛的风儿和煦吹过，有一朵永远绽放的意大利玫瑰，她用一生向世人证明了什么样的女人是世界上最美丽的，那便是自信、自尊，用智慧将自身的特色变成魅力而永远美丽的女人。

14 莫尼克：最是那一低头的温柔

一个贤妻和一个忠诚和睦的家庭对一位领袖人物的支撑力是不可低估的。就我而言，即使在社交场合，我的秘密武器常常是我无比珍爱的夫人，莫尼克公主。

——诺罗敦·西哈努克

一

▶ 莫尼克画像。

“看，看呀！西哈努克亲王的夫人！多漂亮啊！”在那个物质生活贫乏、衣着色彩为蓝黑为主的70年代，莫尼克公主是我们心目中的美丽。学校组织我们看电影，前面常常是要加映10来分钟的新闻纪录片的。我们这些女孩子最高兴的就是看有关西哈努克亲王外事活动的片子，其实，那个儿不高胖胖的柬埔寨亲王老在我们中国转来转去，10来岁的我们哪儿关心？我们的眼球是跟着前后左右紧随在亲王身边的那位美丽公主、绝色佳人。莫尼克！美丽端庄的莫尼克，优雅妩媚的莫尼克，穿着连衣裙仪态万方的莫尼克，回眸一笑百媚生的莫尼克！女生为之倾倒，男生更为之迷醉，我们那上了年纪的老夫子班主任看着纪录片，手托着老花镜一动不动，紧盯着莫尼克。男生在那儿你一拳他一掌他也顾不上去管……岁月荏苒，成年之后才知道，这一位莫尼克公主，吸引的又岂是我们这些孩子和老师？

二

· 选美场中邂逅的爱情

据柬埔寨前国王西哈努克自述，1941 年至 1952 年，他先后与 19 个女子谈恋爱。他先后娶了 2 位正式夫人，有 4 位妃子，生下了 8 男 6 女 14 个子女。自诩为“花花公子”的西哈努克也曾公然宣称：曾祖父有过 300 个妃子，祖父有 60 个妃子，他自己才有 5 个妃子也算多吗？这位喜欢文艺和美女的国王得意地大笑。1952 年，在一次选美活动中，有一位带欧亚混合血统的少女特别出众，苗条而柔软的身材，长长的睫毛下镶嵌着深潭秋水般的大眼睛，既有西方女子之热情奔放又有东方姑娘的温婉娴静。当黑发垂腰的莫尼克款款走来，西哈努克眼中顿时“三千粉黛无颜色”，一下子就被这位名叫莫尼克·伊吉的姑娘的超凡魅力倾倒了。

与莫尼克热恋三年后如愿娶得美人归，西哈努克这位风流君主自此变得情有独钟，半个世纪忠心不二。柬埔寨的第一花花公子变成了一夫一妻主义者，从理论到行动。结婚后，她更名为莫尼克·西哈努克，获公主称号。莫尼克不仅天生丽质，俏美灵秀，而且受过良好的教育，为人谦逊，举止稳重，聪明伶俐，气质高雅。几十年风风雨雨，惊涛骇浪，莫尼克一直是西哈努克挚爱情深、终身相伴的唯一妻子。1993 年 9 月 24 日，西哈努克重新登基为国王，成了王后的莫尼克改名为：莫尼列·西哈努克。莫尼克是个法国名字，莫尼列则类似柬埔寨名字，意为“智者中之最智者”。

▶ 莫尼克正式成为王后。

· 无法抗拒的外交武器

随着诺罗敦·西哈努克成为频繁活跃于国际舞台的政治活动家，莫尼克公主作为西哈努克夫人的地位和作用就愈来愈显得重要了，她是他的秘书、顾问、司库、护士、女主人和大使。西哈努克说："对于一个国家的政治活动家和频繁出国的政治家来说，不论在国内还是国外，我都为有莫尼克这样理想的妻子在身边而感到自豪。"1958 年，莫尼克公主以西哈努克夫人的身份从金边来到北京，初登国际舞台亮相。她婉丽端庄，温静娴雅，光艳照人，仪态超群。她那深邃凝重的美越发衬托出雍容华贵的风姿。那次访华后，西哈努克亲王每次出国访问，身边都少不了莫尼克公主。西哈努克夫人的地位和作用越来越重要。西哈努克说过，在外交上，莫尼克是他的"秘密武器"和"无价之宝"。"不论在国内还是国外，我都为有莫尼克这样理想的妻子在身边而感到自豪。她所到之处，都得到上至国家领导人，下至地位低微的人的赞美。"有的国家领导人直言不讳邀请西哈努克访问，是想借机一睹莫尼克公主的风采。

菲律宾前总统马卡帕加尔说：“莫尼克毫无疑问是世界上最漂亮和最难以抵抗的女人，她给柬埔寨带来了荣誉。赫鲁晓夫发出希望西哈努克访问莫斯科的邀请时，直言如果不带莫尼克的话，莫斯科将不予接待。前埃塞俄比亚皇帝海尔·塞拉西访问金边时，则明确提出到哪里都得有莫尼克的陪同，别人的所有言词都不予理会，一路上只对莫尼克有赞赏。莫尼克当然也是有名的风流总统苏加诺注意和欣赏的目标，这一点似乎也成了西哈努克同苏加诺亲密友谊的基础之一。这些呼风唤雨的国王、皇帝、总统，什么样的美女没有见过什么样的绝色不能拥有？仅仅是由于莫尼克的美貌吗？

· 同甘共苦的无价之宝

令西哈努克更满意和铭心刻骨的可能还是莫尼克的忠诚与善良。1970 年 3 月，柬埔寨内阁首相朗诺在美国的指挥下，发动军事政变，废黜西哈努克，他不得不流亡北京。从 1970 年的政权被推翻流亡国外，到 1978 年红色高棉的国内囚禁，莫尼克始终伴随左右形影不离，同甘苦共患难，同荣辱共沉浮。甚至，在自己的国内失去人身自由之时，莫尼克成了真正的家庭主妇，洗衣，种花，打扫卫生。从中不难看出莫尼克的品格，不管西哈努克是万人之上的君王，还是流落异邦的弃主，莫尼克始终是他精神上的主要支柱，始终是他事业的动力更是生命的重要组成。这大概也是她不同于西哈努克以前所有女人的最重要之处。 在颠沛流离的流亡生活中与他形影不离的莫尼克，一如我们中学时看到的影像，就是他们流亡在中国的日子，但即使这样的境地，她美丽的容貌、优雅的气质，仍让无数人为之惊叹。当然，人们更折服她在安详的外表之下蕴含的坚强和对爱情的坚贞。

莫尼克的“夫唱妇随”也让西哈努克喜欢。多才多艺的他会多种乐器，谱写过很多歌曲，自编、自导、自演过多部电影。莫尼克也颇具艺术天赋，夫妻携手合作，女主角自然非她莫属。每逢生日晚会，西哈努克夫妇的艺术才华表现得淋漓尽致。西哈努克常在巴黎举行生日晚会，巴黎外交界的晚宴一般在午夜前结束，唯有西哈努克的生日晚会总是至凌晨三四时方尽兴而散。宴罢，歌舞作为余兴就开始了。这时，西哈努克完全变了个样，他不再是国王或国家元首；莫尼克也不再是贵夫人，而成了十分默契的歌舞配角。晚会自始至终由西哈努克一人主持，报完节目，就自唱自跳起来。最有意思的是，西哈努克含情脉脉地向着莫尼克唱起自己创作的情歌，表达对夫人的真挚爱情，而此时尚在席间座位上的莫尼克故意装作漠然无动于衷。不一会儿，情歌唱完了，莫尼克离席下到场子里，两人一前一后，一唱一和，载歌载舞。唱的跳的全是自己创作的歌曲和舞蹈。他和莫尼克双双对对，边唱边舞，唱得委婉动听，跳得情深意浓。也听说，酷爱电影艺术的西哈努克亲王不仅自编自导电影作品，还与妻子在电影里分别扮演过男女主角——一对古代的君王夫妇。这种夫妇间的浪漫，恐怕有史以来在国王们当中，也是唯一仅有的。

三

从与西哈努克相恋到成婚，从王妃到几十年后封为王后，从在王宫谨言少语到跟随柬埔寨亲王几度流亡，公主从红颜到白发。那次偶然看到她与西哈努克的照片，叹白雪竟敢飞上莫尼克浓密卷曲的黑发，更叹的是随着岁月的流逝，莫尼克更加优雅的风度和不变的微笑。莫尼克公主的微笑在满头华发的映衬下，和 30 多年前新闻纪录片上一样的明眸皓齿光彩照人，那么多动荡岁月的历炼啊，莫尼克依旧倾国倾城。

· 优雅温婉的气质

令人欣赏的是莫尼克公主的温婉气质。这世界上公主多啊，王后多啊，半生以来见到的成功女人更多啊。可从儿时就邂逅的莫尼克，

▸ 1967年的西哈努克与莫尼克。

不管哪个年代何种身份，都见不着一丝丝的张扬没有一点点的喧嚣。温婉不是天生的，这得有修炼有气度更有天长日久的忍耐。有时候也想，莫尼克是很聪明的。这种聪明个个欣赏人人喜欢：一朵美丽的花儿，不喧嚣不张扬，静静地绽放。不管是风霜雨雪还是风和日丽。

莫尼克公主举止温文尔雅、平易近人，从未见过对人指手画脚，颐指气使。曾看过资料介绍，西哈努克往来巴黎和出访外国，我国驻巴黎使馆从交通、后勤等方面全力协助。作为女主人的莫尼克公主多次专门宴请使馆的司机、厨师、服务员、理发员，对他们的服务和照料表示诚挚的感谢。前些日偶然听得一件小小的事情，更令人对莫尼克公主的善解人意肃然起敬。莫尼克随西哈努克去医院检查，一青年医生对翻译的英语反应有点慢，紧张得脸红。莫尼克轻轻地用中文提醒一下，瞬间为这位医生解了围。北京某医院的几位医生受西哈努克之邀，去柬埔寨吴哥作客，莫尼克对中国医生的到来，如同欢迎自己远归的孩子，细节之处都是她亲自安排。

随着岁月和忧患的磨砺，西哈努克已鬓发飞霜，与西哈努克形影不离的莫尼克公主，乌黑浓密的秀发也渐添银丝，可是她一直没有染发。她说，她喜欢顺其自然，也许，她是不愿使自己显得比西哈努克过于年轻。她那雍容华贵的仪态并未因缕缕华发而减色。而今西哈努克国王已满头白发，莫尼克公主也银发苍然，两人依旧恩爱有加。这么多年过来了，高高在上也好，颠沛流离也罢，少年缠绵夫妻老来恩爱相伴，不离不弃，以命相随。这样的王后如何不令西哈努克的心熨贴无比？

西哈努克多次赞美莫尼克“受到的良好的教育，为人谦虚，举止稳重，很有教养，聪明伶俐，再加上高雅的性格”。其实，依我看来，柬埔寨国王的评价未免有点主观，这是对任何一位优秀女性都可以套用的评价。

稳重矜持的举止，优雅高贵的气质，温柔善良的脾性，几乎接近于完美的品格，莫尼克终令曾自称“不是圣人”的西哈努克终身相守，感情弥坚。

在 1993 年西哈努克再度戴上王冠之后，莫尼克被封为王后，改名为诺罗敦·莫尼列·西哈努克，而在 2004 年，他们的真爱的结晶，王子西哈莫尼（分别取两人名字中的两字）继位成了国王。花开花落，岁月流逝，曾经被誉为国王中的美男子和王后中的美女的夫妇俩，如今都已满头华发，但莫尼克公主永远那么地端庄优雅……

四

莫尼克是智慧的。

作为一国之君的身边人，该有的都会有的。高高在上的地位已经荣光四射，你的低调、你的温柔、你的善解人意，只会使自己的夫君更好地施展才华和权力，也令更多的民众对你刮目相看。作为流离失所的国王和身边人，你的陪伴左右，既是责任更是道义。这是不是也是作为王后，或是成功男子的枕边人的生存法则？写到此时，不免想到现时谁都在说的“活着是一种修行”，莫尼克的一生，修行的确到位。

纵观历史长河，强悍有成就的女王、王后不少，美丽伶俐的公主也多见，但似莫尼克这样温婉可人的公主太少了，似莫尼克这样善良低调的王后就鲜见了。想想莫尼克这个绝色女子，真是冰雪聪明，一如她的名字“莫尼列”的含义——智者中的最智者。

15 奥黛丽·赫本：天使在人间

女人的美丽不是表面的，应该是她的精神层面——是她的关怀、她的爱心以及她的热情。

——奥黛丽·赫本（1929—1993）

一

▶奥黛丽·赫本。

是那个穿着芭蕾鞋，在练功房中挥汗如雨的瘦伶伶的大眼睛女孩，怯生生的；是那个在T台上，迈着猫步的细高个儿的少女模特，纯真娴静；是那穿着白衬衫大摆裙，将长波浪剪成了短发的的安妮公主，在《罗马假日》中的那个有喷水池广场的阶梯上微笑，倾国倾城；是那位背着非洲瘦骨伶丁的儿童的母亲，慈爱又美丽……这就是奥黛丽·赫本，全世界的人都喜欢的公主，永远的天使。

二

· 改写了好莱坞美丽标准的公主

好莱坞从来不缺少女人，好莱坞更不缺少美女。可当这个习过芭蕾舞、做过模特的比利时女孩奥黛丽·赫本，出现在《罗马假日》的片场里，所有的人都为其纯真的美丽、毫不做作的表演给征服了。1953 年她与好莱坞著名影星格利高里·派克一起主演了《罗马假日》，该片瞬间风靡世界，她扮演的楚楚动人的安妮公主令她获得了奥斯卡最佳女演员奖。与此同时她还因在百老汇戏剧《翁丹》中的表演荣获托尼奖。

从哪里跑出这样一个女孩？是天使降落了人间？奥黛丽·赫本犹如一个传奇一个神话，迅速让全世界的人都见识和领略了这样一个有别于好莱坞女神们的美丽。是的，20 世纪 30 年代在好莱坞有着许多所谓“性感女神”的存在。尤其是在男权社会的男性眼光中，那些“性感小猫”、“艳妇”、“贵妇人”等等，她们都如出一辙地按照当时流行的审美眼光，细细的眉毛，整齐的牙齿，甚至还有拔掉臼齿而整修过的纤细下颚，再坦露着半片的波涛汹涌的胸部。当这位一头黑色短发，外貌优美脱俗，体态轻盈苗条的赫本，白衬衫一直扣到脖颈最上一粒扣子的赫本，在金发性感女郎风行的年代，一瞬之间全部改写了好莱坞要求美女的标准，也改变了世人对好莱坞女星的认识：她不是靠身体以性感取胜的演员。奥黛丽·赫本吸引了全世界观众的目光。1957 年的《滑稽的面孔》也是同样的一部引人入胜的电影，使她又一次提名奥斯卡奖。之后的三次提名分别得益于《修女的故事》《窈窕淑女》《蒂芬妮早餐》。20 世纪 50 年代她主演了许多影片，表演质朴而富于激情。如《战争与和平》《滑稽的面孔》《下午的爱情》《绿色公寓》《萨布瑞娜》。20 世纪 60 年代初期，她的主要作品有《不能忘记》《蒂芬妮早餐》《孩子们的时刻》《愤怒的巴黎》《字谜》《窈窕淑女》等。后期有《爱神》《怎么偷一百万》《等到黑暗》，之后曾长期息影，复出后又拍摄了《罗宾和玛丽安》（1976）《血统》（1979）《他们都笑了》（1981）《总是如此》（1989 年）等影片。

好莱坞拥有全世界最出色的电影女演员。但有了奥黛丽·赫本，自此，大家却公认，天使只有一个——奥黛丽·赫本。一位具有优秀素质和人格魅力的真正的明星，她更是优雅的同义语，是天使的化身，她是会走路的梦、是电影史上永远的纯真女神。她所创造的银幕形象没有任何人能够再现，她为世界影坛创造了一个清新隽永、纯洁可爱的形象。

· 偶遇点燃的时尚神话

束腰的大摆裙、简单的黑色小洋装、无领无袖洋装、黑色高领毛衣、格子围巾、平底鞋、大框太阳眼镜……这么多年来，一直喜欢这样的着装风格——赫本风尚过了大半个世纪仍然得到很多人的喜爱永不过时，这一切，不能不感谢奥黛丽赫本与设计大师纪梵希一次偶遇点燃的时尚神话。

▶ 赫本与纪梵希。

午后的阳光，明媚又慵懒地洒在窗口。一个年轻的女子，纤细高挑，有着小鹿般的大眼，短短的黑发，水手帽上还扎着一条红色的缎带，脸上带着顽皮的笑容，站在了世界著名时尚设计大师纪梵希的工作室门前。当时，已经贵为法国高级时装界著名设计师的纪梵希，突然在工作室接到一个电话，介绍人跟他说，赫本小姐正在巴黎，想与他见面，讨论一下能否在下一部电影中展开合作。约会很快就定下来了。纪梵希却很忐忑，因为他一直以为自己将要约会的是大名鼎鼎的凯瑟琳·赫本，而不是刚刚以《罗马假日》一夜成名的年轻的奥黛丽·赫本。当纪梵希打开大门的时候，却发现站在他面前的不是想象中的凯瑟琳·赫本影后："我对她的第一印象是，她实在太瘦太瘦了，就像一只脆弱的小动物，一捏就碎，虽然她不施粉黛，但双眸的明亮让人过目不忘。"事隔几十年后，纪梵希依然记得与奥黛丽·赫本会面的那一刻，因为无论是对于他还是她，这甚至都可能是一生中最关键的时刻。不过，当时年仅26岁的纪梵希，却不知道这个陌生人竟会是自己日后创作中的缪斯女神。他当时直截了当地告诉她："小姐，我很乐意帮助你，但我的服装太简洁了，不适合做戏服的，而且我正在准备下一季新的展览，我实在是不能为你设计服装了。"

但赫本只是笑笑，因为她早已在两年前就留意到纪梵希的才气，更重要的是，她了解服装的魔力并相信自己敏锐的时尚判断力。于是赫本便开始在他混乱的工作室中挑选自己想要的戏服，她挑中试穿的第一件衣服，是一件灰色的羊毛套装，是为另一位著名模特量身定做的。然而，当赫本穿上后出现在纪梵希面前时，他甚至有点无法相信自己的眼睛了。"她穿着那件灰色套装缓缓走来，真是神采飞扬，震惊了在场的所有人。"纪梵希说，"她的大眼中充满了兴奋，她说这正是她想在电影中要的装扮。"纪梵希开始意识到，面前的这个姑娘将是自己设计的服装最合适的主人。而赫本也从这次试衣中，确认了一种被自己一生奉行的时装品格。赫本和纪梵希之间的友谊与艺术上的合作持续了终生，他们的亲密关系一直不曾改变，他们的友情甚至比起她和任何一任的丈夫都来得长久。在《萨布丽娜》之后，纪梵希为奥黛丽设计的戏服包括了《滑稽面孔》《午间的爱》《蒂梵尼的早餐》《谜中谜》等等，甚至还包括第二次结婚、儿子受洗时她所穿的礼服等。

而伴着纪梵希设计的服饰，赫本的名字开始与"高雅"和"时尚"画上了等号，就连温莎公爵夫人、杰奎琳·肯尼迪以及摩纳哥的格蕾丝王妃这些最富有与最知名的女性，都开始身穿纪梵希的时装。60多年后的今天，一如我前面所说，赫本风尚仍然并未过时，因赫本所流行的服装时尚元素依然是好莱坞各路明星们的至爱。当然，在赫本的口中，是纪梵希这个“个性塑造者”创造了这种风格；而纪梵希，也非常感谢赫本一直扮演了他创作上的缪斯女神角色，不断地鼓舞着他。这不能不用一句中国的老话：惺惺相惜。两位在艺术与气质上非常相通也非常敏锐且才华横溢的人，他们两者所共同追求的一些特质成就这种风格——将一种发自于古希腊至文艺复兴时期的古典美精华，在工业化时代演绎成大众接受的审美类型；他们都是在鼓励女性去发掘与强调自己的优点，而不是追随所谓的“潮流”盲目改变；他们也一起建立起一种“去性化”的性感标杆，在打破梦露式丰满性感对当代审美标准垄断的同时，提供了一个将女性从追求丰乳肥臀的男权审美观中解放出来的可能性。不过，以上这些归纳和分析，仿佛还是未能完全解释赫本风尚的魅力之谜。或许，美总是不可解释的，甚至仅是一种巧合，就如那个有着明媚慵懒阳光的下午，赫本遇上纪梵希那样。可遇而不可求。

· 爱人与被人爱

有着从小执著地寻找生身父亲经历的赫本，渴望爱也渴求被爱。赫本这样的美丽优雅的女影星，身边追求者众。她遵循着自己感情的走向，在“爱我的、我爱的”之中进行着选择，先后有过几次婚姻；但直到与英俊的罗伯特·沃特斯邂逅。1980年，在共同的好友家中，赫本结识了罗伯特·沃特斯，后来被赫本称为“灵魂伴侣”的男人。当时的沃特斯沉浸在丧妻之痛中难以自拔，与婚姻失败的赫本同病相怜，他们很快对彼此敞开心扉。互相了解之后的二人惊讶地发现彼此有如此多的共同语言，有如此多的相通相同的地方，对事物对人生对情感，俩人很快成为无话不谈的挚友。赫本曾对朋友这样形容沃特斯：“我已经找到精神上的双胞胎，愿意与此人共度一生。”在之后的岁月里，赫本和沃特斯真正做到“执子之手，与子偕老”。他们是如此和谐，甚至从未想过用一纸婚书来维系伴侣关系。1985年沃特斯搬到赫本住的瑞士托洛许那村，他和赫本的儿子共同照顾赫本直到终老，一往情深。赫本一直到人生晚年才遇见和自己爱对方一样，深爱着自己的一个男人，她得到了一段最后的幸福，一如她自己所说，她和罗伯特·沃特斯是“精神上的双胞胎”。

▶赫本与罗伯特。

罗伯特·沃德斯，这位深深地爱着她、陪着她走过生命最后13年岁月的人，很中肯地评价赫本“信守自己的价值观，而且早早便确定了她自己最适然的状态。她的风格来自于她不愿妥协，并对基本与真实的事情专注投入。她对于外在的影响显得相当顽固与抗拒，对于最自然与自在的事情总是坚持到底。她的正直与教养可以和她的幽默及讽刺兼容，不会让她太过严肃，但总是对事情相当地认真”。在鱼龙混杂、价值观异常多元的娱乐影视界，顽固抗拒外在的影响，坚持最自然与自在的事情，秉持这样的特质是非常的不易。想来，这也是奥黛丽·赫本具有异常魅力的根本所在。

收着奥黛丽·赫本许多的照片，张张漂亮。其实，用“漂亮”来形容这样一位天使实在份量太轻。而看过这样的一张照片，她的形象在心目中更加丰厚：晚年的赫本，背着一个非洲儿童，依旧是大大的眼睛，光洁的额头，依旧是那魅力无穷的笑容，只不过是，这笑容里更多出一份母性与慈爱。在与罗伯特·沃特斯最后13年相守的这段幸福日子中，赫本作为联合国的亲善大使，多次赴非洲开展慈善与救

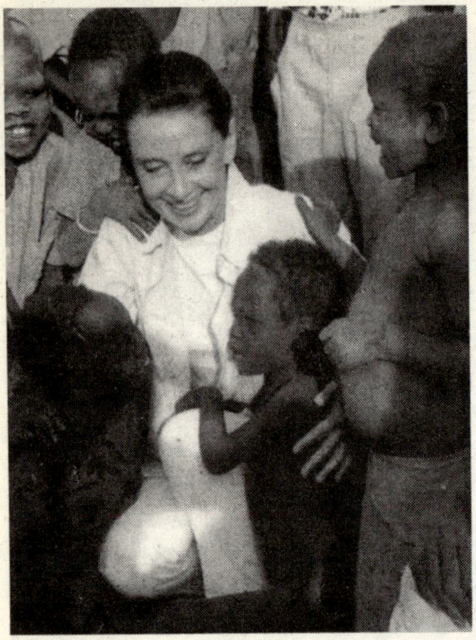

▶ 晚年的赫本与非洲儿童在一起。

助活动，她不但以其光彩的银幕形象，也以其高尚的人格情操，赢得了世界人民的尊敬与爱戴。她恪尽职守，经爱心以自己在世界上巨大的影响，持续给世界上不幸的孩童们灌注她不吝惜的爱。

为了表彰奥黛丽·赫本对世界电影艺术的贡献，法国政府于1987年授予她法国最高褒奖——骑士荣誉勋章。人们并没有忘记这位美丽善良的“安妮公主”。赫本晚年贡献了很多时间给许多非洲及中南美洲的贫苦儿童，赫本是位伟大的母亲，她将伟大的母爱贡献给了人道主义事业，联合国儿童基金会为了纪念奥黛丽·赫本为贫困孩子们所做的贡献，专门为她在纽约总部树立了一尊以她名字命名的七英尺高的青铜雕像——“奥黛丽精神”，并于2002年5月举行了揭幕仪式。而在赫本去世10周年，美国邮政总署则发行了她的的纪念邮票。

三

写到赫本，不能不提到她的终生好友，好莱坞著名男影星格里高利·派克。

其实，我们最初认识赫本，也是和派克密不可分的。两人在那部拍摄于1952年经典影片《罗马假日》中，互为衬托相得益彰，将一段安妮公主与年轻记者一日间的邂逅而产生的朦胧爱情，演绎得那样美好纯真荡气回肠。当时的派克已经是影坛巨星，而赫本，不过是一名不见经传的小演员。第一次见面，派克就注意到了那个俏丽的女孩，而赫本，也被对方的绅士风度所吸引。在拍摄的过程中，派克很照顾这个缺乏演出经验的女孩，拍摄之余，两个人也常在罗马的街头漫步，这样的一对，总是吸引着过往行人的目光。于是，绯闻就这样产生了。然而，那时的派克，已经是有家室的人了。于是，两个人从此保持着一种不是情人，却是知己的关系。在之后的几十年中，赫本每次到美国，一定第一个到派克的家，她和派克的家人相处也非常融洽。

▶《罗马假日》剧照。

1993 年，赫本回了天国。77 岁高龄的格里高利·派克带着妻子，千里迢迢来到瑞士送别赫本。他在赫本的棺木上轻轻印下一吻，说了一句话："你是我这一生中最爱的女人……"身旁的人一片唏嘘。10 年后，在派克去世的那一年，一家著名的拍卖行义卖赫本的一些遗物，其中包括那枚晶莹闪亮的蝴蝶胸针——那是派克当年送给赫本的，在首饰盒里，陪伴了赫本 40 年。老年派克又一次买下了那枚蝴蝶胸针。如今，两个人均已作古。而这样的一份感情，让人感动又回味无穷。

四

奥黛丽·赫本是一个具有不可替代性的女人。

可爱、忠诚、优雅、甜美、开朗、值得信任等这些美德融聚一身，这样的完美，人世间真的难寻难觅。一如格里高利·派克所言：每个人都很容易爱上她。她是我见过的最迷人和优雅的人。谁不喜欢她呢？全世界的人都会爱上她的。

▶ 赫本，美丽的代名词。

奥黛丽·赫本作为一名演员，她具有少见的特质——观众缘，让每个人都不得不注视着她。她可以流利地说许多国家的语言——英语、荷兰语、法语、意大利语和西班牙语，或许还有我们不知道的语言。她是一个情感丰富、一生渴望“爱人与被人爱”的女子，这可能为她在晚年投入慈善作一个很好的注释。而更令人钦佩的是她这样的一种特质，作为一名女性，她身上所表现出的执著尤其是“固执地抗拒外来的影响”，不管是在其价值观还是审美观上，这样的秉持内心的真实，纯净文雅又简单朴素，这也许是赫本永远是赫本的重要原因。

一个女人可以美丽一生一世吗？

以前我不相信，但是智慧优雅的奥黛丽·赫本让我相信了。

第四章　才华：卓绝无双

女子的才华是傲立人世的资本，潜质与修炼结伴前行，令生命散发出最为夺目的光华。

▶伊莎多拉·邓肯。

16 玛丽·居里：那一束永恒的蔚蓝

我们必须有恒心，尤其要有自信力！我们必须相信我们的天赋是要用来作某种事情的，无论代价多麽大，这种事情必须作到。

——玛丽·居里（1867—1934）

一

星星在天上眨着眼等待，月儿在苍穹上无声地等待。

月色中，星光下，他和她来了，他们手挽手地穿过一排排工厂厂房，来到拉赫芒德路，来到他们提炼镭的那间小棚屋。“嘎吱——”，这扇门在他和她手中响了有几千次了吧？这房子是皮埃尔·居里与玛丽·居里自己的王国，自己的梦幻。

▸居里画像。

这间四面漏风的棚屋就是他们的实验室，简陋到连柜子都没有。但就在这只有仪器、试管的棚屋里，夫妇两人凭着顽强探索的精神，从大量的沥青油矿渣中精心提炼出了震惊世界的“镭”。现在，这些珍贵的颗粒就装在玻璃小瓶中，放在桌子上。

夜深了，茫茫的夜色中，镭——这些颗粒的边缘持续不断地发出蓝莹莹的光芒，华彩夺目又摄人心魄。亲爱的，看哪，多么的美妙！玛丽·居里温柔地低声昵喃，深情的目光一如注视着自己的婴儿。皮埃尔·居里，她的爱人伸出手去，轻柔地抚摸她浓密的金发……

二

总是说，上帝是公平的，当他给了你这个，往往不给你那个。而上帝对玛丽·居里则是厚爱的，无论从哪一方面，都赐予她圆满。

· 优异的学业

阳光明媚，鼓号齐鸣。身穿学校规定黑袍，秀丽的面庞上溢满着笑意的小玛妮娅，胸前别着一朵红艳艳的茶花，向台下自豪的父亲、向着校长和同学们微笑——中学毕业她获得了奖励优秀学生的金色奖章！小玛妮娅出身于一个文化氛围极其浓郁、高品位的知识环境的家庭。父亲是波兰华沙的高中教师、督学，母亲是女子中学的校长。小学时的玛妮娅，这个身穿海军蓝哔叽制服，系着铁纽扣，戴着浆硬的白领子的小姑娘，在班上总是保持着算术第一文学第一历史第一法语第一等最好的成绩；穿着栗色制服变得更为秀美的玛妮娅，生气勃勃地跨进了中学的课堂，那所一直以俄国精神统治的公立学校读书，作为爱国心极强的波兰女孩，玛妮娅时时感到来自俄国统治者给予学习及校园生活的压力，但到中学时她仍以极其优异的成绩获得了学校颁发的金质奖章；再到巴黎大学求学时获得的物理学考试时的第一名到获得的亚历山大奖学金，再到两个学士学位。波兰女孩玛妮娅在学业上的每一步都走得非常成功，走得令人歆羡。

· 辉煌的事业

"……瑞典科学院授予我如此崇高的荣誉，是基于对我们共同工作的认可，也是对皮埃尔·居里表示的敬意。”这是1911年12月，当瑞典科学院向玛丽·居里颁发诺贝尔化学奖时她发言中的一段话。这是继八年前她与居里先生共同获得诺贝尔物理奖后，对她在丈夫去世后独立做出的出色贡献所作的嘉奖。玛丽·居里钻研的方向是物理学。对铀射线的研究使她作迷，沥青铀矿石里含有的矿物质射线到底是一种什么元素？多少个花开花落，几百个日日夜夜，在她的亲密爱人皮埃尔·居里全力支持和共同研究下，她与他向全世界宣布发现了一种新的放射性物质——镭。他们又用了四年多的时间，终于提取出纯净的镭和钋。1903年12月的斯德哥尔摩宣布居里夫妇获得诺贝尔物理学奖的一半；1911年12月，瑞典科学院又向玛丽居里颁发了诺贝尔化学奖。这是自诺贝尔奖成立以来，世界上独一无二的在两个不同学科领域，两次获得诺贝尔奖的科学家。值得一提的是，1935年，她的大女儿伊雷娜·居里与丈夫约里奥·居里也获得了她母亲曾经得到的诺贝尔化学奖；而她的二女婿亨利·拉布伊斯作为联合国儿童基金会的总干事，则在1965年获得了诺贝尔和平奖。

▶居里夫妇在实验室里共同钻研。

· 美满的婚姻

“可你十月份要回来的，对吧？向我保证你要回来！……你现在无权抛弃科学！”这是科学家皮埃尔·居里，被玛丽这位智慧而敏锐的波兰姑娘所深深吸引，多次向她发出的爱的召唤。不能不说这位法国科学家小小的狡猾：以科学的名义来求爱！冰雪聪明的玛丽又怎能不明白，这“无权抛弃科学”的潜台其实就是“你无权抛弃我”呢！当有着作家气质与艺术家敏感的法国科学家居里·皮埃尔，与波兰姑娘玛妮娅·斯科洛多斯基在物理学的疆界里相遇相识，玛丽曾经是迟疑的，尤其是国籍的不同。但皮埃尔温和的坚韧与执著的追求，当然更重要的是两人的相互尊重与相互崇拜和深深吸引，最终携手踏上了婚姻之旅。共同的科学研究领域和志同道合甚至兴趣相投使两人在婚后的日子里一直不离分，从家庭到实验室，从实验室到家庭，真正是爱情、事业与生命的伴侣。一如居里夫人自己所说：“从1898年开始整整十一年，我们不能分开也不再分开。”

在常人的眼中，玛丽·居里学业、事业、爱情真的是样样成功，上帝太眷顾她了！

是这样吗?!

三

泰戈尔曾说：“人们啊，只会歆羡花儿的明艳，可知道叶儿的艰辛？”其实，命运只顺应你的心，你悲观时把你推向更悲观，你坚强时给你更坚强的力量。命运是自己选择的。

· 艰苦清贫的求学之路

“姐姐，你大我几岁。我想好了，我要去找一份工作，一年要挣到400卢布或者不止，我设法给你寄钱。到你毕业后挣钱，你再来帮助我。不然，我们一个也走不出去。”17岁的玛丽就是这样诚恳地对姐姐说。成绩极好天份也极好的玛丽娅，其实是走过了一条艰苦清贫的求学之路。高中毕业后因家境的窘困，善良的她选择了让姐姐先去医学院就读，为了生计也为了姐姐的学业，自己选择了去做家庭教师。四年的家庭教师，雇主与雇员间的残酷、卑鄙与虚伪令纯真的波兰姑娘感到无法忍受的屈辱。然而就是这样，她坚持在知识的迷宫里摸索，每天夜里伏案苦读，钻研从图书馆里借来的社会学与物理学的书籍。她深知："要想在科学的世界里发现已知的真相，就必须要付出代价，哪怕付出生命，只要是科学的真相一定要勇往直前。"后来在 24 岁时又上了巴黎大学，求知若渴却又过着极其困苦的日子。在与皮埃尔·居里一起在实验室发现镭提取镭的日子，她如建筑工人一样"身穿满是尘土酸渍的旧工作服，眼睛喉咙都让滚滚浓烟呛得发疼，再是搬运容器，一连几个钟头不停地搅动溶化锅里沸腾的东西……"科学来不得半点的虚假与杂质，那束蔚蓝的迷人光芒的发现与闪烁，令居里夫人精疲力竭，唯有灰色的眸子明亮如水，激情四溢。

· 天崩地裂的阴阳两隔

阴雨肆虐，铃声大作。出租马车、货车在拥挤的街道上乱顾一团，科学家皮埃尔·居里在突然的车祸中再也没能睁开那睿智的双眼！自结婚后从不分离的天才伴侣，两人已将双方的爱融合成不可分割的激情。自结婚以来，从家里到实验室，从来都是相依相伴，从不分离。玛丽曾爱意绵绵痛苦地说过：亲爱的皮埃尔啊，要是我们俩有一个死了……另一个也活不成的。我们谁离开对方也不能活的，对不对？可是，男人从来理智，皮埃尔缓缓地摇头坚定地说：你错了。不论发生什么事，即使人变成了没有灵魂的躯壳，都必须继续工作下去。可就在她 38 岁时，丈夫皮埃尔却因车祸惨然而去！玛丽痛苦得无以度日，可是，科学家无权背弃科学！"无论发生什么事，都必须继续工作下去！"皮埃尔的话一遍又一遍回荡在玛丽的心中。当接受巴黎大学的聘任继续皮埃尔的教授职位，首次登台讲课前，她去了皮埃尔长眠的西奥克斯墓地，默默地与亲爱的丈夫作着心灵的交流。下午一点半，巴黎大学首次由妇女登台授课，阶梯教室与教室的走廊挤满了学生、记者、社会名流等。如雷的掌声中，玛丽鞠了一躬直视前方："我们审视过去十年中物理学上取得的成就，不能不为电学和物质研究方面的进步感到惊异，我们审视过去 10 年中物理学上取得的成就……"这句话的说出是多么的痛苦啊，玛丽·居里控制着泪水，重复着皮埃尔·居里在最后一课说的那句原话，继续讲授了这门"阐释气体离子理论，并涉及放射性现象"的课程。

· 成就招来的非议与诽谤

两度获得诺贝尔奖的玛丽·居里才四十出头，饱满的额头下是灰色深邃的双眼，沉静温柔又清秀美丽。天才女子卓越的成就、声名的显赫令一些人心怀嫉妒。现代西方往往指责东方人的偏狭与心胸的

▸ 1911 年，居里夫人在首次索尔维会议上。这是世界顶尖物理学者们的聚会。

窄小，其实，在这类事件上，人性的弱点在西方人的身上同样暴露无遗；而由于她研究的领域、做的工作都是男人的世界，玛丽·居里所交往的朋友与知己也都是异性，她的人格魅力、她的工作精神、她的处事态度对她的同仁、朋友们产生了深刻的影响。这个世界上，男人对优秀的女人倾慕如太阳起、月儿落一样自然，然而，作为公众人物，顶着无限光环的玛丽·居里，却招来了诽谤与极其不公的指责，绯闻流言差点使她倒下。然而，“无论发生什么事，都必须继续工作下去！”皮埃尔的话再度在她的四周响起。

四

喜欢玛丽·居里，其实，更多的倒不是因为她致力于科学研究，坚定不移的性格，智力方面锲而不舍的努力。天下真正的科学家，尤其是若玛丽·居里这样作出世界显赫成就的科学家，无一不具备这样的坚韧、认真、严谨、九死而不悔的精神特质。我无比钦佩这样的品质。她一生中最伟大的科学功绩所以能取得，不仅仅是靠大胆的直觉，而且也靠着在难以想象的极端困难的情况下工作的热忱和顽强，她的去世与她长期从事的研究工作，镭与钋的幅射不无关联，她的医生作出了这样的死亡鉴定报告：“居里夫人所得的疾病是一种发展迅速、伴有发烧的继发性贫血。骨髓没有造血反应，可能是因为长期积累的幅身量造成的损伤。”她的双手由于长满老茧，被镭重度烧伤坚硬而粗糙……居里夫人的品德、热忱与献身于科学的执著，哪怕只要有一小部分存在于现在的知识分子中间，世界就会面临一个比较光明的未来。

走近她而喜欢她，更多的因为她的人格、她的感性，更因为她一直保持着的一个女人美好的情怀。对很长一段时间不喜欢科学家程式化概念化：严谨、认真、刻板又不懂生活甚至没有七情六欲。人的生命只有一次，人生的试题有很多道：学业、事业更有婚姻家庭，平均

分高，你的生命才能算是及格。

很是钦佩玛丽·居里对荣誉之淡然的态度。世间从来都是这样，当荣誉铺天盖地而来，鲜花、掌声，从皇室到民间四处的邀请，玛丽感到的是疲倦、淡漠甚至厌烦。一如她在给哥哥约瑟夫信中所说：嘈杂喧嚣没完没了，人们竭尽全力妨碍我们的工作，现在我决心鼓起勇气，拒绝客人来访——但是人们照样要打扰我，我们的生活让荣誉和名声彻底毁掉了。她不为盛名所颠倒。当记者追踪她采访她的生活，她只是说：科学上我们应该注意事而不注意人。“荣誉就象玩具，只能玩玩而已，绝不能永远守住它，否则将一事无成。”居里夫人天高地阔的人格空间和处事态度可以荡涤我们浮躁不安的心灵。她的二女儿艾芙·居里说这样评价自己的母亲：“她终生拒绝财富，对于荣誉，也漠然视之。她生性严于律己，而且不露锋芒，因此，她始终不可能采取任何一种沽名钓誉的态度，既不表示亲昵，也不假装和蔼，不肯故示端严，也不肯矫饰谦逊。她根本不懂得显声扬名。我以为，她的这一切，比她的科学研究与工作成就更为难能可贵。”而爱因斯坦对她则作了这样的评价：在所有著名人物中，只有玛丽·居里没有受到荣誉的腐蚀。

▶ 晚年的居里夫人眼中依然充满着足以穿透宇宙奥秘的坚毅。

喜欢玛丽对万事万物的好奇心。从六岁时对做物理教师父亲房间若干实验仪器的好奇，到对诗歌、冒险故事甚至从父亲图书馆里借来的技术著作中人物、事件的好奇。想来，正是这种强烈的好奇心与她优秀的天分、后天的努力紧密相融，才使她与皮埃尔携手向世界宣布镭和钋的发现，并因为这种新放射性元素的发现解决了科学与医学上的难题，在科学的疆界里华彩灼灼地放射着炫目的蔚蓝，造福于社会与人间。一如她自幼就信奉的“使生活变成幻想，再把幻想化为现实”。

更喜欢玛丽身上一直具有的女人美好的天性——感性有情调，爱好大自然。在她少女时，她坐着雪橇戴着面具，脸蛋旁边别着鲜艳的花朵，去参加“库里格”乡村化装舞会上，一个夜晚尽情地跳舞，跳坏了一双软底羊羔鞋。这是她多年之后对她的孩子们讲述她生命中的快乐时光。她喜欢鲜花，我看过这样的一张照片：她和她的皮埃尔，新婚时买了两辆新自行车作为新婚礼物，两人就骑着自行车去郊外去乡下去山边水湄，车兜里总是缤纷斑斓的山野芬芳……因为镭和钋的发现，居里夫人得以经常去异地出席这样那样的学术交流活动，为女儿们常带回的是具有异国情调的廉价手工艺品，有镶嵌金银线的小刀，有波兰山地居民编织的粗羊毛地毯，有刻着花纹的印北安小银饰。居里夫人所有的首饰加起来卖不了300法朗，却各具特色多姿多彩。

我还看过这样一幅令人心动的描述：当镭——这种奇妙的金属的工业、商业及医用价值在声名鹊起，全世界为之瞩目，面临着各种高额收取，居里夫妇却决定不申请专利，毫无保留地向世界公布研究成果和镭的提纯工艺。“千万不能违背科学精神，不能从中牟取利益”是夫妇两人的共识。尽管当时他们面临着建一个像样的实验室和改善艰苦生活条件之时。这样的一个话题，如此重大的决定，两人的交谈仅用了一刻钟。皮埃尔和玛丽骑着车出去了，驶向郊外的树林。他们在贫穷与富有间作了选择。那天晚上，回到家中时疲惫不堪却满心欢喜，怀中抱着从田野中采摘的两束鲜花，鲜艳欲滴美丽芬芳。

每个人都有幻想，但将幻想变成现实，那是要有超群的能力并舍得巨大的付出的。

“荣誉就像玩具，只能玩玩而已，绝不能永远守住它，否则将一事无成。”——玛丽·居里。这句话掷地有声，在虚华与物质的世界里，掷起铿锵的回响。

“我们应该不虚度一生，应该能够说：我已经做了我能做的事。”——玛丽·居里。

扪心自问：这句话，你我有资格说吗？芸芸世间能有几人！

蝉儿高一声低一声扯长了嗓子喜悦地叫着，米尼埃树林翠绿金红斑斓若画。两辆自行车上载着面包、奶酪与樱桃。比埃弗河边的丛林美丽、清新、湿润。我看见，穿着白色紧身衣与蓬蓬裙显得清新漂亮的玛丽·居里披着一头金发活力四射地向我走来，她身后是捧着一束缤纷野花，她的亲爱的丈夫，著名的科学家皮埃尔·居里，颀长、清癯风度翩翩微笑着与她相依相伴……

17 伊莎朵拉·邓肯：永远的舞神

这是红色！我也是红色的！这是生命与活力的颜色。你们过去曾经是不受文明社会约束的，现在也仍然带着发乎天性的感情来欣赏我的艺术吧！

——伊莎朵拉·邓肯（1877—1927）

一

▶伊莎朵拉·邓肯。

是薄如蝉翼的红色衫裙，是栗色如瀑的秀美长发，是激情澎湃的昂扬舞步，是奔放不羁的张扬神态。仰首舒臂，直指广袤蓝天，似欲拥抱环球宇宙；旋转迈步，赤脚所到之处，如见情感烈焰奔腾……华彩的舞台上，她舞动着红丝绸围巾，伴随她舞步律动着的是柴可夫斯基的《悲怆交响曲》，是贝多芬的《命运交响曲》，是《斯拉夫进行曲》，甚至，是《国际歌》！这就是伊莎朵拉·邓肯，世界著名的舞蹈家，被誉为现代舞之母，也有称其为红色舞蹈家。她以熔岩般的热情将张扬、热烈、奔放的革命性舞蹈，以不同于受皇家贵族看重的古典芭蕾的风格，引领着现代舞的产生与推广，甚至影响了世界舞蹈发展

▶ 邓肯像一团舞动的烈焰。

的进程。

花了很长时间才寻到她的肖像照：美丽的大眼睛，小巧的嘴，高鼻梁略翘的鼻头，薄薄的嘴角，微微地上扬着，静穆又雅致。一时，我有些恍惚，这样的柔和与宁静，我无法将她与澎湃激昂甚至张扬的现代舞联系起来（以前一直以为，邓肯应该是若影星索菲娅·罗兰那样棱角分明的面部线条）。于是，多了许多的疑问与遐想，加之少女时曾习芭蕾五年，这么多年一直喜爱舞蹈，故总是对伊莎朵拉·邓肯心怀念念兮。

二

· 世界上最小的舞蹈教师

1877年5月26日，美国的旧金山可能没有想到，全世界著名的舞蹈家于这一日诞生于这块土地上。天赋舞蹈才华的伊莎朵拉，刚开始走路，就在精通音律母亲的钢琴声中手之舞之、足之蹈之。小伊莎朵拉的哥哥雷梦德喜欢朗诵，姐姐则喜欢唱歌。家庭浓郁的艺术氛围，令伊莎朵拉天赋的舞蹈才华不可抑止地迸发与成长。这女孩舞蹈的感觉多好呀！这孩子跳得太漂亮了！邻居们都将自己的孩子送至不到六岁的伊莎朵拉家中：教我的孩子们学跳舞吧。当然，邻居们也送来一些零食甚至钱款等让孩子们补充热量。抬臂、伸腿、舞步、旋转……可说是世界上最小的舞蹈教师伊莎朵拉，每日里得意洋洋又极其认真，乐此不疲。在这里，不能不提到的是，伊莎朵拉离异并抚养着三个孩子的母亲，在子女们孩提时竭尽可能给予他们艺术上的滋养。大英博物馆、罗浮宫，即使在饥饿困顿、颠沛流离中，一个母亲三个孩子的身影仍然会出现在那些艺术圣地。绘画、诗歌、音乐、雕塑……这些艺术元素丰满着孩子们在艺术天空翱翔的羽翼。她的母亲以及邓肯自己可能都没想到，五岁的邓肯的做舞蹈教师的梦会缠绕并为之实践她的一生。

· 席卷欧美舞坛的自由精灵

在邓肯舞蹈的旧照中寻寻觅觅，总是想起 20 世纪 70 年代自己少年时刚练习芭蕾舞的日子：练功房内整天的压腿、旋转、足尖碎步，真的好枯燥啊！那时很渴望能在真正的舞台上翩翩起舞。邓肯同样经历过这样的一个磨合期。但她很快地摈弃了传统芭蕾舞的中规中距与墨守成规，自创并逐渐成熟起自己的舞蹈。她在大量的文学作品、绘画、诗歌、音乐甚至雕塑、建筑中汲取营养，她主张舞蹈应建立在自然的节奏与动作上，以本能的舞蹈节奏去诠释音乐乃至对生命对自由对爱的追寻。她的舞蹈具有非凡的革命性，打破了传统芭蕾的百年统治，成为世界现代舞蹈的奠基。

有过为生计而在富人家客厅中表演舞蹈的屈辱，也有过在类似夜总会里伴舞的经历，更有过进入剧团被晾在一边的凄凉。倔犟的小伊莎朵拉却挺过来了。她坚信自己对着大英博物馆古希腊艺术苦苦思索的灵感，终会蓬勃成灿烂的火花；她坚信自己从幼时就迸发出的舞蹈才华，将会辉煌着自己的生命。舞蹈是什么？是生命力的勃发，是肢体的舒展更是灵魂的自由。自打幼时她就坚信听凭本能和灵感，听凭自己对生命力的理解，让双手与肢体即兴起舞是对自由世界最好的追求。于是，20 世纪初的欧美舞台上，一位身披轻薄舞衣、赤脚狂舞

▶ 邓肯为当时日趋僵化的舞蹈领域注入一泉活水。

女子的柔美身影引起了世人极大的关注和震动。她以熔岩般的热情将生命和舞蹈水乳交融。

她的舞蹈动作完全自由，从人为的技术性限制中解放出来，摆脱对辉煌而空洞的动作技巧的依赖，随兴而发，经常有即兴创作，她曾评价说，“舞蹈是一种伟大的原始艺术，是一种能唤醒其他艺术的艺术”。她为使现代舞发展成为一种重要的舞蹈艺术铺平了道路。她的著作有《邓肯自传》和《论舞蹈艺术》。她的舞蹈艺术确实刺激了当时许多艺术领域，雕塑家为她雕像，画家为她作画，作曲家为她作曲，诗人为她作诗，她成为欧洲当时的明星。1905 年，邓肯到俄国演出，她开放的舞姿在《国际歌》与《马赛曲》的伴奏下和谐奔放，顺应了时代与世界变革的潮流，也震惊了相对封闭的世界舞坛，从而被人们称之为“现代舞之母”、“红色舞神”。在之后的 20 年间，她走遍了世界各地进行演出，得到了人们的赞扬与尊敬。

1921 年，当俄国政府一封“只有俄国政府懂得欣赏你的艺术，我们愿意帮你建立学校”的电报，将邓肯多年办舞蹈学校的夙愿搅得风声水起，于是，她下决心启程去往莫斯科：永别了，旧世界，我将为新世界欢呼喝彩！

· 绚烂之极间的凋零

1927 年，法国南部的尼斯，秋花绽放的季节。

夜深沉。霓虹灯在远处隐隐地，不祥地闪闪烁烁。疾跑的女子。飞驰的车轮。鲜艳若血的红围巾啊，怎么，怎么就那么一头死死地缠绕在了车轮上，另一头还紧紧地勒在了那长长的高傲的，总是若天鹅般高高扬起的洁白如玉的脖颈上了呢？！刺耳的刹车声！悲痛的惊呼声！风华绝代的一代舞后、现代舞之母，伊沙朵拉·邓肯，被自己那长长的红丝绸围巾，被夜色中急旋的那辆“布加蒂”车轮，活活地勒死了。全世界为之震动！舞台上那纤纤长臂笑靥如花的女子就这样不见了？那舞姿起伏若海水般波动，举手投足若鸟儿般飞翔的女子就此永别了。《葬礼进行曲》缓沉低回，棺木上覆盖着她演出《葬礼进行曲》时穿的紫色斗篷，美国国旗，绚烂的菖蒲花，红色的缎带上是“俄罗斯人民永远悼念你”。

三

世界上的舞蹈者万万千，对舞蹈这门艺术进行形式与内容方面的探讨、探寻也不计其数。但，为什么未曾有一位似邓肯这样，以“跨大步伐，跳前跳后，跳上跳落，昂首阔步，手挥足跳，跳出先人的开拓精神，英雄的刚毅，妇女的公道，仁慈和纯洁，以及我们母亲的慈爱和温柔”呢？这不能不让我们穿越时空隧道，回复到一百多年前的历史背景中，将伊莎朵拉的才情、个性与彼时彼地的时代结合起来，可能会寻到一些答案。

邓肯生长并生活于一个激烈动荡与快速变革的时代。从 1877 到 1927 年之间，是整个世界与社会，从封建统治的摧毁变革到民主革命的浪潮起伏，这一切对人生对艺术起着极大的影响。对于自幼生长于一个艺术氛围浓郁，又崇尚自由家庭，个人兼具浪漫特质与冒险精神的伊莎朵拉，无疑为其的自由生长与个性张扬，提供了一个更大的平台与空间。当她自由奔放的舞蹈顺应人们追尚变革的潮流，从社交沙龙登上欧美各地舞台，她的舞蹈得到了上至贵族社会下至平民大众的承认与欢迎后，她特立独行与自由奔放的特质越发为现代舞在世界舞台上的纵横驰骋，投下了世人瞩目的光环。

在苏联的日子，人民的深重苦难，革命者一往无前的精神，战争的残酷和前仆后继的壮烈，被她浪漫主义的手法演绎后，充满了诗意，表达了不付出生命代价争取新生的渴望。她在《马赛曲》中，塑造自由女神的形象时，也向世人昭示着一切艺术在消亡之后将获得重生，人们为自由的新生，为高度个性化的生命将义无反顾。邓肯更重要的是在思想上启示了无数有欲望却又蒙昧的人们，动作除非从内心情感迸发，否则毫无意义。“如果说我的艺术是某一事物的象征的话，那就是妇女自由和妇女从墨守成规的习俗中，即从新英格兰清教的桎梏下，解放出来的象征。”这是伊莎朵拉在红色苏维埃发表演讲时的讲话。从对传统的反叛开始，邓肯发动了这场旷日持久的现代舞运动，她笃信“最自由的身体内蕴藏着最高的智慧”，她竭力从古典芭蕾的清规戒律中解放出来，与大自然为伍，借古希腊之风，随着古典名曲，踏着时代脉搏，按照自己喜欢的方式，自由自在地赤脚而舞。“我学习了花朵的颤动、蜜蜂的飞舞、鸽子和其它鸟类可爱优美的姿态。”她认为这些动作都源自太阳永恒的起起落落，她的第一个动作构成灵感自于波浪的节奏。她在自然中寻求净化的力量和起舞的冲动，正是否定了旧有的僵死的动作模式，传递了一种新的舞蹈美学思想。

▸ 爱与自由，是邓肯一生追寻的目标。

快速的旋转是张扬的自由，律动的踏步倾泻的是熔岩般火热的激情，每个造型都是蓬勃活力的溢洒。作为古典芭蕾舞因袭程式的反叛，邓肯向往原始的纯朴和自然的纯真，强调舞蹈必须使

肉体与灵魂结合，主张真诚地、自然地抒发内心的情感。舞台上的邓肯，更是通过她独创的现代舞语汇将音乐的主旋律、诗歌的意蕴、自然的风韵还有强烈的母爱与奔放的情爱展现得淋漓尽致。她的舞蹈在欧美红极一时，甚至在红色的苏维埃都有着千千万万的观众为她倾倒。“红色的舞蹈家”已不仅是指她的红舞鞋、红舞服，也与她的苏维埃之行之恋紧紧相连。回眸邓肯之殇，有说是那晚邓肯不该出去，有说是那司机太过莽撞，更有人归之于宿命。惋惜、悲痛、嗟叹不已。其实，邓肯之殇，伤之于爱情，与著名诗人叶赛宁的爱恋。

邓肯有过很多次的爱情，她的每一段爱情都是炽烈恢弘的。一如邓肯自己说：每一次的爱情来临，她都以为是自己生命中最为重要的爱情。但如烈火焚过荒原，令她自己和世人都触目惊心的，是与俄国青年诗人叶赛宁的婚姻；女舞蹈家与一个年轻自己 18 岁，语言不通，无共同生活、文化背景且神经质的诗人相恋，本身就具有极度的不稳定性和危险性，注定了爱情之树只能若秋日之梧桐黄叶片片凋落。可满溢着浪漫气质和诗意特质的舞蹈家又怎么抵挡得了英俊潇洒且带着迷人的忧郁气质的年轻诗人如火的爱情呢？浓密的卷曲着爱意的金发啊，蔚蓝若海水又深不可测的眸子啊，还有不管不顾滚烫的爱之诗行，叶赛宁竭尽所能倾其所有，将情感之热焰铺天盖地向邓肯袭来。是的，她听不懂俄语，但舞蹈家领会到诗歌的韵律与节奏，领会到诗人音色的魔力，面对眼前叶赛宁的蓝眼睛中逼人的温柔，邓肯无一丝抵抗之力且心甘情愿地深陷这蓝色的爱之瀚海之中。

爱是甜蜜的，英俊的诗人为不懂俄语的舞蹈家朗诵澎湃的诗行，美丽的舞蹈家为诗人挥洒曼妙奔放的舞姿。爱是爱了，且疯狂而热烈，但他们又梦想各自拥有艺术和幸福、名誉和独立，现实沉重地叩击着双方对理想世界的憧憬。于是，这甜蜜的忘年与跨国之恋只成了诗人鹅毛笔下一首短暂的诗行。年龄、身份乃至种族的差异，无端地争吵与无原则地让步，失望与希望以至于亲眼目睹叶赛宁的背叛，一次又一次地背叛！这时的邓肯痴情若一白桦林边的俄罗斯村妇，捧着一颗被糟践得不成样子的心，放下尊严一次一次地乞求着神经质诗人破碎不堪的爱。付出的太多，失去的也太多，直至叶赛宁拒不见她在背叛中自杀，邓肯还发去了深情款款的哀悼词。

女人天生是为爱而生而活的。一株小芽从嫩绿到嫣红，在日月精华的滋润与浇灌下，缓缓地绽放出美丽，绽放出绝代芳华，只是为了等待那或迟或早倾心地采撷与天长地久的欣赏。当期待变成了失望乃至绝望，心会疼，会碎，会若西伯利亚的冰原，僵了死了。越是优秀的女子越重情重爱，49 岁，对于舞神邓肯，是成熟又丰富的年华。但没有了爱的滋润，她的红舞鞋旋转不出那激情的奔放；没有了叶赛宁，她的舞蹈语汇变得魂魄飘渺支离破碎。夜色中的车轮旋转起红围巾是偶然也是必然——没有这辆车轮的杀戳，和叶赛宁隔世相望了一年多的伊沙朵拉·邓肯也将因这样、那样的原因追随诗人而去。

其实，大家都看得清清楚楚，随着叶赛宁在圣彼得堡自杀的那一声枪响，那洋溢着不可阻挡的自由元素、激情因子的浪漫、高傲、优雅的一代舞后的魂灵已不复存在了。邓肯随那个蓝眼睛的男子去了。想起老舍的那句名言：极致的爱永远与死亡有关。

四

如果邓肯换一种活法，是不是在舞蹈上取得更大的成就，为世界舞蹈尤其是在现代舞的舞坛上作出更大的贡献？

如果在艺术上，邓肯在一个更适合于艺术家们创造创新挥洒独特才华，更容许思想与理念自由驰骋甚至天马行空的今日，她会不会不再挣扎于生存生活的艰难，让她卓越的艺术天分为世界舞蹈史上更增光添彩？

如果在情感上，有这么一个人，对她宽厚又执著（她的第一个爱人格林陪伴她那一段时期，她不是创造出生命舞蹈中最为炫丽的篇章？），始终不渝地给予她爱，给予她扶助，给予她启迪并相依相伴，她也不会在一次又一次的情殇中心力交瘁，她的生活也不会总是颠沛流离，悲歌环绕。高级妓女的称号也不会加在她的头上。

更想，如果她的孩子们不是过早地离去，我看过伊莎朵拉·邓肯的许多照片，极喜欢她与两个天使般孩子的合影，温柔、安宁还有满溢的幸福，圣母般地慈祥，女神般的美丽，总是想到“此景不应人间有”。两个孩子意外地溺水而亡，给她带来巨大的悲伤甚至精神世界的缺失，茫然与恍惚……

也不免想到，邓肯·伊莎朵拉，以其49岁的生命，以奔放不羁的美丽，在红地毯上的激情四溢，演绎的仅仅是舞蹈吗？！

现代舞，这个对中规中距的芭蕾舞叛逆的舞种，又仅仅是舞蹈的创新与革命吗？

还有，一个时代的变革仅仅是靠暴力革命来改变的吗?!

我是女子，我喜欢舞蹈更崇尚自由。花开花落风霜雨寻，心中很执著的是对太阳、对星空对自由境界的无比向往。尘世中行走，许

▶ 邓肯的女弟子们。

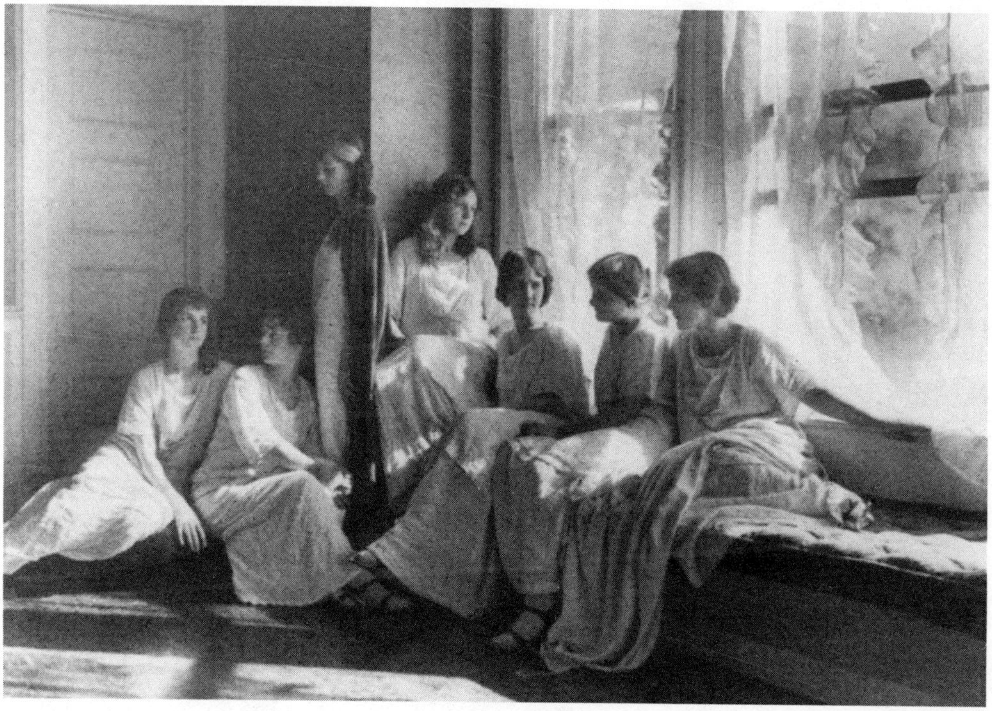

多思想的棱角在纷繁复杂中撞得血淋淋的，挣扎、努力、受伤又再挣扎。但，如伊莎朵拉这样，漠视一切世俗，为心而舞，许多人做不到。我，也做不到。

于是，世界上只有一个伊莎朵拉·邓肯。

21 世纪第 10 个年头的岁末，冬日雾霭沉沉，能见度不足五米。可是，穿透阵阵喧哗迷蒙——

我看见她在树林中翩翩起舞，翩跹出满目的郁郁葱葱；

我看见她海滩上奔跑旋转，舞动出水天之间的白浪起伏；

我见她在蓝宝石般的天空间，在黑黝黝的苍穹下，完完全全地将身心融合在自然万物间，那就是舞神伊莎朵拉·邓肯毕生并用生命来诠释的主题——

自由、生命与不尽的爱。

18 李清照：独上兰舟的词苑奇葩

寻寻觅觅，冷冷清清，凄凄惨惨戚戚。乍暖还寒时节，最难将息。……梧桐更兼细雨，到黄昏，点点滴滴。这次第，怎一个愁字了得！

——李清照（1084—1151）

一

桂花的香甜才溢满花园室间，秋风却漫卷起无边的萧瑟。郎君要出得远门去泰山访古，妻子依依不舍却又无法挽留，只能准备衣物，打点行囊，备下酒菜，为丈夫饯行，一杯酒才端上手已是泪花盈盈，转身伏案，展平锦帕一方，纤毫挥舞：“红藕香残玉簟秋。轻解罗裳，独上兰舟。云中谁寄锦书来，雁字回时，月满西楼。花自飘零水自流。一种相思，两处闲愁。此情无计可消除，才下眉头，却上心头。”郎君，请带上这方锦帕吧！赵明诚将书有这阕《一剪梅》的锦帕仔细珍重地叠入怀中，紧紧拉住妻子李清照的手依依惜别。是的，人离家愈来愈远，心却离妻子愈来愈近，身还未到泰山，心却早已在计算归期了……

▶ 李清照画像。

二

· 云鬓斜簪，徒教郎比比看

红红的灯笼四处悬挂出元宵佳节的喜庆融融，五彩花灯街头巷尾满溢着浓浓的欢喜之情。新婚不久的太学生（太学，当时的最高学府）赵明诚回至家中，刚在书房中坐定，丫环来报：公子的一位同学求见！那头戴绣花儒巾、身着湖色棉袍、足登粉底缎靴，眉清目秀的公子风度翩翩地走了进来。赵明诚连忙起坐，请问尊姓大名。那书生举止潇洒还了一揖，答道："小生与兄素有同窗之谊。半月不见，吾兄为何如此健忘？"赵明诚一楞不觉哈哈大笑，一把拥过女扮男装的妻子……

"卖花担上，买得一枝春欲放。泪染轻匀，犹带彤霞晓露痕。怕郎猜道，奴面不如花面好。云鬓斜簪，徒教郎比比看。"这曲《减字木兰花》，是清照新婚后甜蜜生活的真实写照，也是女词人对夫君独特的撒娇。在那无恋爱自由的古代，他俩算是难得的一双门当户对而又才华横溢的才子佳人。婚后的李清照甜蜜着常倚窗而立，细数自己的幸福：18年恬静的闺阁生活，一晃眼就过去了。想想在柳絮泉边，还是攀坐在父亲膝头玩耍的年龄，上百首古诗就已能琅琅上口；到了少女时期，执笔属文，展卷吟诗，更是锦心绣口，吐属风流。在父母的眷爱下，她以王献之的字帖学书，写得一手秀丽的小楷，铁划银钩；她对前朝李思训、王维的金碧、水墨两大画派都十分酷爱，也常常研朱挥毫，作几幅翎毛花卉。她通音律，早在儿时就已学会抚琴……现在又遇上了同样喜好文史、诗书的夫君赵明诚，俩人常常诗词唱和，相互切磋，生活充满了笑声与情趣。赵明诚酷好金石，在攻读经史之余，对于彝器、书帖、字画，每每刻意搜求。好日子总是过得飞快，李清照对于金石学也有了浓厚的兴趣，帮助丈夫考证、鉴别。小夫妻之间的感情也愈来愈深。

· 才下眉头却上心头

天有不测风云，宋朝，那个以无能软弱著称的皇帝弃王朝于不顾，注定了大宋的灭亡。乱世给多少人酿就了人生的悲剧，也有许多文学的奇葩在乱世中得以绚丽绽放，比如被后人誉为“婉约宗主”的李清照，比如在中国文坛上香飘久远的珠玑宋词。

当公公赵挺之与父亲李格非都因得罪权臣蔡京而被罢官，赵挺之在一波三折的政治斗争中死去，赵家父死家败，心寒已极，赵明诚与李清照只能离开汴京，回到赵的故乡青州。赵明诚屏居乡里后，更加潜心于金石书画的搜求研究，家中原有的一点积蓄，除了衣食所需之外，几乎全用于搜求书画古器。前几年赵明诚刚出仕时，就对李清照说过：“宁愿饭蔬衣简，亦当穷遇方绝域，尽天下古文奇字。”李清照深深理解丈夫的志趣，把他这种爱好，比作杜预的“左传”癖和王维的“书画”癖，李清照千方百计缩减衣食的支出，自己以荆钗布裙，代替了明珠翠羽，而每得一帖罕见的古书、名画或彝鼎金石，夫妇二人便共同校勘、欣赏、整集签题，指摘暇疵，其乐融融。李清照在史事上的博闻强记，甚至超过赵明诚，令赵明诚赞叹不已，欢喜不已。

公元 1127 年，北宋王朝匆匆南逃。赵明诚被朝廷罢去江宁太守的职务，夫妻两人乘船到洪州暂住，一路行来，两人谈论的都是国家兴亡。船队进入和州境内，北岸向西的一道水流在夏阳下波涛汹涌哗哗作响，李清照在船头站了起来：“那就是霸王自刎的乌江啊！楚霸王逐鹿败北，无颜见江东父老，宁肯一死以谢天下。这比起那弃天下百姓于不顾，苟且偷生，偏安一隅的人，要有气节的多！”言罢，禁不住击打船上的桅杆，放声吟道：“生当为人杰，死亦为鬼雄；至今思项羽，不肯过江东！”清照这放声一吟，铿锵有力掷地有声，近千年来，令多

▶ 李清照画像。

少中国人为之心动心憾，永在传颂。

世事从来是祸不单行，就在这一年，再赴建康任职的赵明诚死在刚上任不久的太守府中。清照赶到建康，为赵明诚营葬，悲痛不已终支持不住，猝然躺倒。29年的琴瑟和谐，29年的恩爱情长，清照的爱情与希望跟着赵明诚走了、死了，那一刹那，她多想也这么撒手而去，奈何桥上、九泉之下追到她的明诚，然而她还必须活着。她把哀怨而失神的目光投射在床头一卷卷书册上，为赵明诚整理他所写的有关为金石彝器考证文章，因为这些金石彝器是夫妇两人29年来共同的心血，欢乐的源泉。兵荒马乱，李清照带着他们夫妇残存的书画、金石、碑帖和赵明诚的一些手稿，流徙东西各地，先后到了越州、台州、温州、衢州，最后辗转到了杭州。

阵阵的笛声悠扬悦耳，是隔壁邻家院子里的少年在吹？夹杂着江南水乡的莲歌渔唱。是的。又是元宵佳节了。屋内的条案上古瓶里，几枝梅花依旧，地上的火盆里炭火红旺依旧；三十几年前的新婚之夜，也是通红的炭火，也是清香的梅花，只是携手看花灯的人呢？夜深沉，美好的回忆，刻骨的思念，不复返人生的涩苦与曾拥有的甜蜜。李清照沉思吟咏、素笺挥毫："落日熔金，暮云合璧，人在何处。染柳烟浓，吹梅笛怨，春意知几许，元宵佳节，融和天气，次第岂无风雨？来相召，香车宝马，谢他酒朋诗侣。中州盛日，闺门多暇，记得偏重三五。铺翠冠儿，捻金雪柳，簇带争济楚。如今憔悴，风鬟雾鬓，怕见夜间出去。不如向帘儿低下，听人笑语。"《永遇乐·元宵》那绵绵不绝的思念，那柔柔婉婉的深情，如何排遣如何消解？真是"才下眉头，却上心头"啊！

· 乍暖还寒时节，最难将息

国破败了，家荒芜了，丈夫没有了，那一抬头就见着的一袭长袍颀长的身影呢？那诗词金石间的推敲与商榷呢？那两人诗词之间你推我敲的欢声笑语呢？春花秋月形单影只，无以言状的孤独如影随形。

还要春花干吗？还要冬雪干吗？还要月儿干吗？还要星星干吗？！黄昏暮霭，一群归雁，掠过长空；那一只孤雁，远远尾随在后，落进独自倚着窗儿的清照蓄满泪水的眼中。淅淅沥沥，小雨若掸，在心中轻拂，那孤寂、悲凄、痛楚、抑郁之情从心头奔涌而出：

“寻寻觅觅，冷冷清清，凄凄惨惨戚戚。乍暖还寒时节，最难将息。三杯两盏淡酒，怎敌他，晚来风急。雁过也，正伤心，却是旧时相识。满地黄花堆积，憔悴损，如今有谁堪摘？守着窗儿，独自怎生得黑。梧桐更兼细雨，到黄昏，点点滴滴。这次第，怎一个愁字了得！”

这哪是一首词啊？这分明是一封情书，千古绝唱的情书；这也该是一份自白，愁绪万缕又无处着落的自白。这就是那风靡于世的《声声慢》。

经过几年的辛苦，李清照将赵明诚研究金石的遗稿一一校正誊录，又作了些增补，全文用细宣工楷誊写，全部竣工。又是秋天，又见秋雨潇潇，又是秋风瑟瑟，又闻桂花溢香，只是斯人已去无处可寻。这天下午，李清照在素绢封面上恭楷写下：“《金石录》（三十卷）宋秘阁修撰，湖州知事，东武赵明诚撰。”写完后叫丫环把酒和菜上好，文房四宝预备好，摆到院子里菊花畦边。李清照披了件外衣，把素笺用镇纸压着，端起酒杯，前尘往事，蓦地升上心头，她接过把三杯酒倾在地上，说道：“明诚，我们夫妻惨淡经营几十年的金石书画，一毁于战火，再毁于盗寇，如今已所剩无几了。今后，我活一日，便与这些书画厮守一日，你就放心吧！也许，那些被毁的书画，是你在冥冥中有知，斤斤爱惜，不肯让它留在人间吧！如果是那样，我也就心安了……”在《金石录后序》中她最后写道：“呜呼！余自少陆机作赋之二年，至过蘧瑗知非之两岁，三十四年之间，忧患得失，何其多也！然，有有必有无，有聚必有散，乃理之常。人亡了，人得之，又胡足道！”这就是我国第一部考古学专著《金石录》，赵明诚也因此成为考古史上的著名人物。在这部凝结着夫妇俩20多年心血《金石录》，李清照以她的爱、心血、才华来纪念夫君赵明诚，也是奉献给中华文献宝库的珍贵遗产。

三

当初父母在山东泉城那柳絮泉边，而对蔚蓝透明的天空，纯净洁白的云朵，以清澈若镜的泉水为她取名为“清照”，大气又澄碧，是不是，也为她的清清白白的一生，华彩照人的词章，埋下了重重的伏笔？

孤独是思想者的盛宴，愁绪使寂寞之花绚丽绽放。从李清照的一生来看，从她的早期词到南渡后的词来看，一篇又一篇、一首又一首，通览之余，在心中拂之不去的是：孤独，愁绪。那种无可言传心底的孤独，那种无法排遣的缕缕愁绪。即使是在琴瑟和谐的恩爱之中，即使在宁静安祥的温柔乡里。孤独生愁，心上一个寂寞秋。李清照的作品是和愁字分不开的，从开始的情愁，到家破人亡的家愁，再到江山沦陷的国仇，这纷繁的愁绪令她一步步地迈上了文学的圣殿。

▸独上兰舟。

李清照是个对自己很有要求的女子。从古至今，一个女子若是对自己有要求，则未免会太苛刻。我以为，李清照对人生有要求，有着很高的要求。于是，她对爱情苛求，对生命苛刻。比如爱情，她知道她要爱的男人需要具备太多的素质：才华横溢，风神俊朗，侠骨柔情，刚正不阿。李清照大致是幸运的，她遇到的赵明诚最初并不让她失望，她对他是这样以为的。但这也不过只是她的以为而已。孤独带给人的恐惧大于爱情里的辜负，赵明诚与李清照因爱好相通可算是琴瑟和谐，但在内心，总觉得赵始终没能走进李清照的内心，说到底，这个男人是不如李清照的，我说的不仅仅是在诗词歌赋上。聪颖若李清照岂能不孤独？心与心的关照与呼应，重于情与情的交融。赵明诚在任莱州知州之时也曾蓄养侍妾歌姬，对李清照有所冷淡疏离，重情且敏感的女词人焉能没有不快没有愁绪？但在那个时代，大气雍容如李清照只能顺应着那个年代的章法，只是在孤独中在诗词里排解。况且，这一些不快在赵明诚与李清照相濡以沫的几十年的恩情面前，不足挂齿微不足道。清照是一个不让须眉半步的女子，她坦荡而不羁的步伐，满腹的诗书与才华，让芸芸众生只有远远相望，终没有勇气相随，赵明诚娶了她，并没有完全跟上她与读懂她，优秀女词人的心中，有着深深的孤独。最深的孤独是没有人能倾诉的孤独。清照只能在寂寞的孤独自己消解，于是，“愁千缕，寂寞

▶李清照故居。

深闺，柔肠一寸愁千缕。惜春春去，几点催花雨。倚遍栏干，只是无情绪。人何处？连天衰草，望断归来路”；于是，“帘外五更风，吹梦无踪，画楼重上与谁同？”于是，“轻解罗裳，独上兰舟”……于是，“这次第，怎一个愁字了得”？！

喜欢李清照的是她总有一种清澈明净的力量，一种可以摒隔世俗的力量。她不喜欢终日吵吵嚷嚷，惹是生非，也不擅于喧哗的应酬。她常常是闭门作诗，谢绝客人；她也不结交庸俗势力的小人，不贪财爱钱。那空寂的寝室是她独上的兰舟，安宁静寂中，她绽放出美妙佳丽的诗篇，流芳千古。阅尽沧桑的李清照年届中年，却依旧拥有那一份执著的纯真，那是独坐兰舟的美丽。欣赏。

月有阴晴圆缺，人有悲欢离合。李、赵两人所处的年代，正是北宋末年，生活在乱世中的李清照遭遇了一生中刻骨铭心的伤痛——家破夫亡，受尽了劫难和折磨。靖康之变后，她与赵明诚避乱江南，丧失了珍藏的大部分文物。后来赵明诚病故时，李清照带着书籍画轴两万余卷，金石碑刻两千卷等四处飘零奔波，颠沛流离、凄苦孤寂。还有再嫁。50岁的时候，李清照再嫁了张汝舟，世人的闲言杂语铺天盖地。她只是从容一笑。可惜遇人不淑，又只能是离婚而去。喜欢看别人不如意的人们又抓住了闲言碎语的机会，可是李清照那布满皱纹和伤痕的脸庞，却依旧淡定从容，不为所动。“不如随分樽前坐，莫负东篱菊蕊黄。”不是庸人，当不自扰。这么一辈子走来，是苦是甜，都是自己的。她举笔为自己的住处题名为“易安室”，并且自己取号为“易安居士”。但情愁、家愁、国仇，乱世之下，她又怎能“安”？还是“梧桐更兼细雨，到黄昏、点点滴滴。这次第，怎一个愁字了得”？字字血声声泪！

一轮杏月，繁星点点，喧嚣远去，寂静安宁。这样的夜晚，容我斟一壶清茶，请你，一起来倾听、品赏那曲《声声慢》。

李清照，这位中华古代第一才女，这朵独上兰舟的词苑奇葩，在中国文坛上绽放出无可替代的美丽光华。

19 萧红：那只折了翅膀的飞鸟

女性的天空是稀薄的，女人的羽翼是沉重的。我这一生最大的痛苦与不幸，只因为我是一个女人！

——萧红

一

▶萧红画像。

1942年1月，战火纷乱的香港，玛丽医院。因肺结核、恶性气管扩张，作了喉部手术的萧红已不能进食，只能靠注射葡萄糖维持生命。白色的病房，白色的病床，白色的羊毛毯下，是薄如白纸的萧红。明亮的大眼睛，苍白的面庞。无声无语的萧红在纸上写：我将与碧水蓝天永处，留得那半部《红楼》给别人写了。再写：半生尽遭白眼冷遇……身先死，不甘，不甘！1月22日上午，心有不甘，一直渴望做一只鸟儿飞翔的萧红终飞不动了，掉在了香港的浅水湾。

二

女性的天空是稀薄的，女人的羽翼是沉重的。我这一生最大的痛苦与不幸，只因为我是一个女人！萧红的这句名言，被很多的人所引用，也萦绕在我心头多年。从 16 岁逃婚离开家乡到受人遗弃蜗居在旅馆，从东北到上海，从重庆到日本再至香港，战争离乱，情殇病魔，最后在香港的那家医院弥留、咽气……一个渴望自由与爱的女子，一位才华横溢的作家，一个纤细敏感孤傲的女人，一个在中国现代文学史上得到鲁迅、史沫特莱的欣赏并与冰心、丁玲比肩齐名甚至更为优秀的作家。

· 若星光般的些许温暖

从中国最东最北部的那座小城，那因松花江的支流呼兰河而得名的小城呼兰，到张家（萧红姓张名乃莹）那“五间一排的正房，一齐是玻璃窗子、青砖墙、瓦房间”（萧红语）；从那总是笑微微的高个儿萧红的祖父，到那“失却人性”（萧红语）宣布与萧红脱离父女关系的父亲；从那在世上仅活了 31 年的萧红，留下不多的温暖记忆的后花园，到后花园中的蚂蚱、蜻蜓飞舞的翅膀；从呼兰县立第一小学到哈尔滨省城的女子第一中学飞出家门的自由，到家中给了她许多温暖祖父的溘然辞世带来的无尽悲痛；从离家出走到北平到被富家子弟王恩甲所弃，一个在那个时代弱女子所能遇到的困境，萧红体会得淋漓尽致。

· 爱神滋润又枯竭着生命

此时，萧军出现了。穿过那条幽暗的通道，俊伟的东北大汉在哈尔滨的一个小旅馆里为朋友来看望因无钱还债，被旅馆老板软禁的萧红，此时怀孕已大腹便便孤立无援的萧红，哪里想到方脸剑眉既似武夫又确实是才子的男人会成为她今生的深恋也是最爱。文学的确是一座桥梁，载着相识不相识的人一起走近，相知与相惜。此时的萧红，苍白又瘦削，不漂亮。但当萧军看着这个衣衫褴褛女人的诗和画时，他的心动了，他看见的只有知性与美丽。在回走的路上，他只有一个念头：救出她，一定！日日的相见，切切的神交，爱火燃得好旺啊，诗作聘礼，文是嫁妆，星星与月亮闪烁得更加明亮。当那个旅馆因松花江水位暴涨，萧红终随萧军辗转四方，租借房子有了自己的小窝。爱情炽热的短暂，生活拮据的长久，有着大男子主义从一开始就处于救世主地位的萧三郎，与追寻独立与自由的萧红产生冲突是不可避免的。爱，必有所附丽。好在，还有文学。于是，于萧红，是委屈地爱着；于萧军，继续颐指气使。从哈尔滨到青岛，从青岛到上海，萧军萧红尽管是相依相随，但心中却已是隔了千山万水的了。最终，在萧红东渡日本的几个月内，浪子兼才子的萧军做不了萧红的“三郎”了，只能在萧军坦陈他那一而再、再而三地他爱之后，冷静地选择分手了。萧红的爱情，一生的爱情结束了。尽管以后还有与端木蕻良的短期同居，我以为，那只是孤单之中需要的同伴而已，萧红的爱，终是随萧三郎的滥情与绝情，死了。萧红的爱情篇章划上了句号。

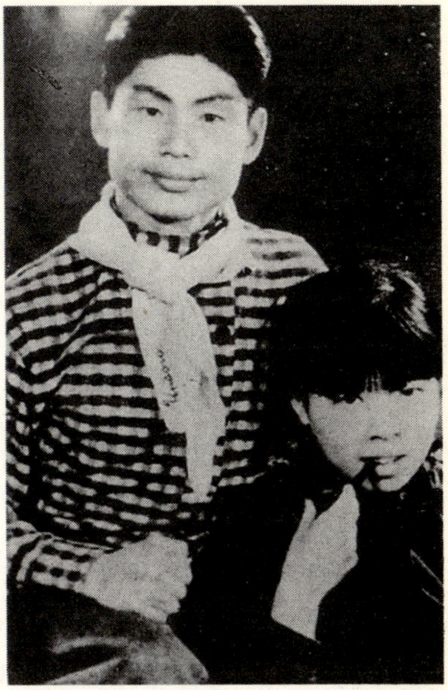

▶萧红与萧军的合影。

· 文学令生命绽放光华

文学于萧红是仅次于爱的，也有说是高于爱的。有人说，与萧军之爱成全了萧红的文学之梦；不以为然，应该说是萧红的才情、敏思与天赋成就了她在中国现代文学史上别人无可替代的地位。自中学时，就以“悄吟”的笔名在学校的校刊上发表诗歌和散文，小小的笔触，片断的情思终令萧红已在文学的门槛前张望。在怀孕被遗弃并软禁在小旅馆无比困顿之时，她仍然写下："去年的五月，正是我在北平吃青杏的时节，今年的五月，我生活的痛苦，真是有如青杏般的滋味！"清新苦涩的诗句，打动了萧军的心。在爱情甜蜜之时，在颠沛流离之际，尤其是在上海得到鲁迅先生的指点与指教之后，萧红的才思泉涌，从第一篇短篇小说《王阿嫂的死》到与萧军合出的《跋涉》文集，从《生死场》到《呼兰河传》……一大批关注底层、关注生命与人性的作品，在20世纪30年代的文坛上直至今日，都熠熠发光。其实当年，初读萧红，并不是很喜欢的。《生死场》《小城三月》《南市街》，这样的作品在十几岁的城市女孩心中，看了多了，有一阵子甚至不喜欢起来——太压抑了，太沉重了，太悲凉了甚至太乡土了。你看《小城三月》中的翠姨，你看《生死场》中的王婆还有金枝，你看《呼兰河传》中的冯歪嘴子和他的女人……少女的心为那个时代女人所遭受的一切苦难被腌渍和撕裂着。直至渐晓事世，才一点一点看出萧红作品的好，看出年轻的萧红是如何执著地以自己的性灵为那个时代和社会的女性呐喊，看出作家的责任感和才女的悲悯情怀，更在看似平实的文字中，渐渐地琢磨出萧红散文化的结构章法，那种似无组织的组织，无结构的结构，形散神聚的手法运用得出神入化。篇篇叙事诗，幅幅风土画，串串凄婉的歌谣。

"女性的天空是稀薄的，女性的羽翼是沉重的"，一直渴望飞翔的鸟儿太累了，飞不动了。在失去爱人、没有亲人、且贫病交加的境地下，1942年1月22日，萧红在香港那家医院里因肺结核，做了气管切开的手术后病情恶化，不甘心地闭上了双眼。一代才女远去了，是如花般地灿烂的31岁的年华啊。不知她的三郎千里之外有无感应？有无心恸？

三

如果说，半生以来，一次又一次地寻找与探究这位被称为“五四的女儿”的女子，我想是因为萧红的爱情、才情，还有，最重要的，一颗敏感易碎又倔强高傲的心灵。

▶ 萧红塑像。

想寻找她时，仅仅只看过她一本薄薄的《呼兰河传》。想来少年时的寻找探寻，更多的是因为她与东北汉子萧军在乱世与苦难中因文学而缔结的爱情，在十几岁的女孩心中，那是多么地浪漫啊！萧军在萧红最困难之际从天而降，许下她一生的幸福（当然后来情随境移）；萧军、萧红在困顿的物质生活中，因了爱，却还有如两只快乐的鸟儿，风雨天也不忘追逐飞翔；两人以诗作对，用文作答，文学的纽带令爱情更加丰富而宝贵。陆续在不同的书籍中看过二萧多张的合影照，冷僻孤傲的萧红只有与她的三郎合影时才有些许喜悦的笑容。印象很深的有一张照片，很多史料都用过，好像是在哈尔滨照的吧：萧军立着，萧红坐着，萧军穿一哈萨克的那种镶了领边的衬衫英武俊朗，鹅蛋脸的萧红一排齐刘海辫子上扎着蝴蝶结清丽妩媚，俩人真的是很般配，即使放在今日，也真是很漂亮的。当萧红与萧军最终分手之时，少年不经事时，真是为她、为他遗憾和唏嘘——多好的一对爱人，经历了那许多风雨，又是文学同道中人，萧红为什么还主动提出分手。后来渐晓世事，也知道，尽管萧红也痛苦，以至于在分手一段时间后，看到萧军与一位年轻姑娘的新婚照片，脸色刹那变色。一如她自己所说：“什么最痛苦？说不出的痛苦最痛苦。”但，她是萧红呀，绝对地高傲与敏感的萧红，不愿意被束缚做了事不愿意回头的“五四的女儿”，只能是选择分手。

成年之后的寻觅，就专注于女作家的才华与才情了。写作离不开记忆与想象，想象是天上的，记忆是人间的。记忆是复制了的生活，它的每一个细节，都带有个人的情感经验。萧红的经验是凄苦的寂寞的然而又无不交织着人性的温暖。与同时代的作家譬如丁玲等相比，萧红对生命的敬畏远甚于政治。没有一个作家，像她一样经受饥寒交迫的痛苦，像她一样遭到从肉体到精神刑罚般的凌辱；没有一个作家，像她这样被社会隔绝，身边几乎没有一个属于自己的亲人和朋友，陷于孤立。“在个人的泪光里，闪耀着女性主义的光芒。”一生追求爱和自由的萧红，始终深藏着对社会底层翔的情愫和对女性命题的坚守，大大提高了乡土文学的人性深度与女性文学的中国风味。她的小说，很多是源自于曾经破灭的爱和温暖，因而，故事总是很悲惨、无力的，悲剧是她所有作品的主题，阳光照耀不到的底层是她作品一而再、再而三的再现场景。男权中心社会是把钝钝的刀子，慢慢地令女性疼痛，从肉体到心灵。

“我是我自己的，你们谁也无权干涉！”萧红短短的一生，寂寞、冷清地漂泊又无比渴望温暖与爱，自由、独立与尊严。那个年代的女性不怎么看重的，在萧红这儿却有着强烈的不自由毋宁死的意味。从以出家要挟父亲读书到逃婚，从与萧军相知相爱到毅然分手，无一不是对自由、独立、尊严的向往与追索。如同不能忍受被封建婚姻摆弄一样，萧红同样不能忍受萧军对她的霸道与不尊重。这也是萧红被大家及后来的史学研究家们称为“五四的女儿”的重要原由。“五四”的精神本质是追求自由、民主与解放，生长于那个年代又在青春校园就接受了“五四”民主、科学精神的熏陶，加之自幼缺少温暖而形成的孤僻与冷傲，怎能不向往广袤的大地寥阔的蓝天？尽管为自由的飞翔已放弃了太多，那又能怎么样呢？族权父权夫权的几座大山压得女性喘不过气来，萧红意识到了这一点。在她的作品中有着女人们的不满与反抗，但在根深蒂固的男权社会中，反抗却总是微小无力的。她反抗，一次又一次地反抗，她的反抗是由牺牲自己的安宁与健康作代价的，同样的无力，只是一次又一次地受伤，又一次又一次地挣扎着希望，再一次又一次地失望，仰天长叹啊：“我一切的不幸，只是因为我是一个女人！”

四

萧红无疑是美丽的。大眼睛，身材窈窕，短发，现在看来也很时尚的齐刘海，无论是中式旗袍还是西式大衣，她穿来总是妩媚。这样的女子谁不喜欢？何况还是位女才子！如果她不是特别的倔强和孤傲，一份安逸滋润的生活会不会令她写出更多更好的文章，生命不会在 31 岁的年华溘然长逝？

萧红在文学上无疑是才华横溢的。20 来年的颠沛飘泊，萧红仍留下了 100 多万字的作品，在现代文学史上留下浓墨重彩的一笔。不止一次地想如果萧红不是在上个世纪三四十年代而是在今天，依她独立特行不愿意受束缚的个性，才华是能够得到更好的施展与承认抑或是其它走向？

萧红更是非常地在乎与萧军的爱情的。也在想，如果萧军不是那样武断和自我，对萧红再好一些宽厚一些，一直以当初，初初相见时的炽热的柔情呵护萧红，萧红也许不至于客死异乡，只留个坟墓向着北方？我相信，萧红在告别人世之时，心中挂牵着的，仍然是她的三郎！

也曾在心底问自己：如果自己处在当年萧红的境地，是逃婚还是暂且回旋作长计议？在优裕安稳的生活有着可能，是放弃还是妥协？在与萧军因相知而深爱，是选择宽容还是决绝？在文学与生计甚至生存之间，又该作怎样的抉择？

星星不语月儿不语，浮云在苍穹上隐隐现现。不知道。只有萧红知道。这个满腹才情命运多舛的女子自己知道。但她不告诉你我，圆脸短发，很端丽地向着我们，不语。

那年在香港学习交流，心中不停地牵记着浅水湾。香港接待的林女士说是我们的浅水湾真的是好漂亮噢，她哪里知道我还是因为萧红。很偶然地在一个资料上看到，说是 1942 年萧红去世，是葬在浅水湾的，心心念念想着去看看萧红祭拜萧红。那日，终去了浅水湾，那导游许先生一路滔滔不绝，从浅水湾的风水介绍到住在浅水湾的政

▶ 萧红四岁时与母亲合影。

要名人：首富李嘉诚船王包玉刚还有前特首董建华，豪宅都是在这半山腰哟！你们看看，那座高楼中有着大铜钱装饰的楼层就是肥肥（沈殿霞）的住宅啦。下得车来，浅水湾还不错，浪平沙细蓝天碧海。约定了时间其他人都去看观音摸财神了，我却四处乱转，可这儿那儿都看不到有墓地或是墓碑的迹象。问了几个店铺的人都是摇头，找那许导游，那似乎很文化的导游却是一脸茫然：萧红是谁呢？我愤愤地瞪他又好言请他打电话问，几个电话下来都是不知。

慢慢地踱向沙滩，问向海水：你们在这儿流淌多少年了，你们可曾知道可曾看见一名叫萧红的女作家来过？如看见若知道，请告诉我！海水无语，沙滩寂静。那么，让我来告诉你们，那个原名张乃莹的萧红就是在你们身边写出的《呼兰河传》，也是在这书出来不到一年就在你们的身边离开世界的，在你们身边写作，在你们身边生活，在你们身边受生存与病痛的煎熬最终在 31 岁如花的年华撒手而去，你们怎么不知道她？为何不记得她呢？

“从异乡奔向异乡，这愿望多么濒茫；送走我的是海上的波浪，迎接我的是异乡的风霜”，萧红，这繁华的香港这美丽的浅水湾于你而言，也终究是异乡了。从 16 岁逃婚离开家乡到受人遗弃蜗居在旅馆，从东北到青岛到上海，东渡日本再至香港，战争离乱，情殇病魔，最后在医院弥留咽气……收留你的，可能也只有你东北的故居（你在呼兰的故居，叫着萧红纪念馆），栖息着你短暂一生少有的安稳与被祖父宠爱的时光，只是太短暂了，短得若你作品中所语：春天从老远的地方跑来了，跑到这儿只向人的耳朵吹一点小小的声音“我来了呀”，而后很快地就跑过去了。

20 赛珍珠：无所依傍的“大地”之女

是人民始终给予我最大的欢乐与兴趣。当我生活在中国人当中，是中国人民给了我这些。我叙述他们就跟我叙述自己的亲人一样。我跟他们太亲近。

——赛珍珠（1892—1973）

一

1973年的早春，绿意铺洒大地的时候，她安祥地合上了她那双美丽的蓝眼睛。美国，宾夕法尼亚州一株高大的白蜡树下，是她这位永远的异乡女作家最后的归属。洁白的墓碑上没有一个英文字母，精致的方框里只有她自己篆刻的三个汉字——赛珍珠，简洁大气的中国篆体。这位美国第一位获得诺贝尔文学奖的女作家，选择了美丽的汉字来代表自己，并且，选择了一袭平生最喜爱的中国丝绸旗袍，作为自己永远的锦服华裳。低缓婉回的哀乐声中，高大的白蜡树枝叶瑟瑟向着东方随风漫舞，是为了这位一生满溢着中国元素，刻骨铭心地眷念着中国的优秀女作家吗？……

▸赛珍珠。

二

· 听中国神话故事长大的美国小女孩

“小老鼠，上灯台，上得去，下不来……”、“白娘子如天仙般漂亮，那个书生撑着一把油纸伞追了上去……”冠若华盖的大银杏树，金发碧眼的小女孩依偎在是保姆也是启蒙老师王妈的怀中，转动着大眼睛“再讲，再讲，我还要听嘛！”而后来家中专门为她请的古文老师孔先生，用一口纯正的京腔对小赛珍珠大讲特讲儒家学说、古典文学、处世格言、民情风俗等，不仅为她日后精通中国古典文学打下了坚实的基础，更令她学会了用中国人的感情与视角去看问题。

▸ 晚年的赛珍珠与孙女。

赛珍珠，1892 年 6 月 26 日出生于美国，她出生后还没有满一百天，就被做传教士的父母带到了中国。赛珍珠的父亲受聘于教会前来中国传教。幼年的赛珍珠是在江苏镇江及苏北度过的。苏北宿县（今宿迁）的生活，使赛珍珠能说一口地道的苏北话，她对中国的传统文化、风俗人情，耳熟能详。在中国的日子里，由于赛珍珠父母整日东奔西跑忙于传教，无暇顾及年幼的她，先后为她请了一位中国阿姨（实际上就是家庭教师）王妈、老秀才孔先生。因此，赛珍珠的启蒙教育是中国式的，从淮阴到镇江。为方便起见，父亲家租用了镇江一家较为富裕且有相当文化底蕴的龙家宅子，中学在上海读书的赛珍珠每逢寒暑假归来，都随父母住在龙家这琴棋书画皆有的宅院里。房东龙老先生十分喜欢聪明伶俐的赛珍珠，满腹经纶的龙老先生一有空就给赛珍珠讲一些民间故事，赛珍珠被那些一半是神一半是鬼的中国故事所深深吸引了，这些在少年时代听到的中国故事对她的一生产生了极大的影响，她日后所写的荣获诺贝尔、美国普立兹双重文学奖的长篇小说《大地》，就是以龙家的历史为背景而创作的。可以说没有龙老先生，没有在中国生活的经历，就不会有《大地》的成功。《大地》之所以能够成功，是因为小说主人翁龙的家史，从一个侧面反映了那个时代的中国社会。小说中的许多情节，都取材于龙老先生讲给她听的带有浓重中国色彩的故事。正因为如此，赛珍珠在长大后，还一直对龙家抱有深深的感激之情。

· 生命在文字中美丽绽放

1938，那个难忘又出乎意料的夏天，金色的阳光令周遭的一切都炫目恍惚得不太真实。门口的一片喧哗，令赛珍珠不解地打开自家的大门，门口是挤得水泄不通的记者与长枪短炮式的摄影机照相机。“祝贺您女士！您得了大奖啦！”当赛珍珠知道自己因长篇小说《大地》而获得了本年度的诺贝尔文学奖时，她眯着眼睛打量着满室的金色阳光——真的是这样吗？她不敢相信。当在电话中得到瑞典斯德哥尔摩肯定的答复后，她才相信这个与金色阳光一样真实的飞来喜讯。捧着奖杯，站在斯德哥尔摩的讲坛上，这位最年轻的诺贝尔文学奖的获得者，在致答辞中郑重地提到了中国，向中国人民表达自己的敬意：如果我也不以我本人的完全非官方的方式谈到中国的人民，我就不是真正的我自己，因为多年以来他们的生活也是我的生活，确实，他们的生活一定永远是我的生活的一部分……因为现在中国的整个存在正进行着一切斗争中最为伟大的斗争，亦即为争取自由的斗争。我现在对中国的敬仰胜似以往任何时候，因为我看见她空前团结，与威胁着她的自由的敌人进行着斗争……

1998年10月17日，美国前总统布什以个人身份访问中国，行程中一项重要安排就是专程前往南京，接受南京大学授予他的名誉博士后称号。在宁期间，他突然提出参观南京大学北园赛珍珠故居的要

▶ 第一版《大地》书影。

求。布什说："我当初对中国的了解，以至后来对中国产生爱慕之情，就是受赛珍珠的影响，是从读了她的小说开始的。"北园西南角的赛珍珠故居是一座保存完好的小楼。当年赛珍珠就在这里写成了先后获了美国文学界的最高奖——普立兹奖、诺贝尔文学奖荣誉的小说《大地》，这部小说影响了许多人，许多人正是读了《大地》后，才知道赛珍珠的。

庐山牯岭310号老别墅，我特意去过，在三年前的一个初夏。我久久伫立在赛珍珠用过的老旧的英文打字机前，思绪万千。这位才华横溢的女作家，就是在这里于1922年写出了她的处女作，中国的文化博大精深，中国的生活经历给了赛珍珠更多的创作灵感。她自幼生长在中国这块土地上。她在中国受的启蒙及文化的教育，她的情感和思维方式都是中国式的。一旦握起了手中的笔，赛珍珠的才华喷涌而出，佳作一部又一部问世。1931年发表长篇小说《大地》立即成为畅销书，荣获诺贝尔文学奖轰动了世界文坛。在她的一生中，赛珍珠创作了超过100部文学作品，其中最著名的就是《大地》。她作品的题材包括小说，故事，剧本和儿童故事。她的作品和生活有着紧密的联系。她试图向她的读者证明：只要愿意接受，人类是存在着广泛的共性的。她的作品主题涵盖了女性、情感、亚洲、移民、领养和人生际遇等广泛的生命主题。

· 永远漂泊无依的孤萍

从在襁褓中就漂洋过海来到中国，赛珍珠在这块古老的土地上，吃中国的食物，说着中国话，听中国的故事，与中国的孩子们一起玩中国的游戏……中国的文化元素已经渗透在她的血液之中。在中国的时候她想念美国；在美国的日子，她又无比思念中国：镇江那座老宅子花园中的老榆树，南京大学北园西南角的西式小洋楼边的翠翠修竹，庐山牯岭那清洌洌的泉水与漫山的野花……她思念琅琅上口的汉语，还有那与她如同兄弟姐妹一样的学生与邻居，甚至儿时吃的麦芽糖，端午箬叶包的甜糯糯的粽子与香香的咸鸭蛋。因了《大地》她被视为“大地之女”。但这“大地”却不在美利坚合众国她的脚下，而是在朝朝暮暮浮现在她的梦里，盘桓在她的心中东方。她热爱着中国这块大地，但这却是她的异乡，可她分明觉得这就是自己亲亲的故乡；她出生但却很隔膜、很陌生的西方这块土地，是故乡，却又不是她“想要的故乡”，在情感上她又常把故乡当作异乡。

她的根在太平洋的那一头，但她的心则在黄河长江的这一头。她若“无根的浮萍”一样从东到西再由西至东地飘荡；当她四个月大被传教士父母带离那片土地，她就成为一个“漂泊”的人，她想靠岸，但不知该靠哪一岸；她起飞了，想降落地面，却突然发现自己原来是只“无腿的鸟”……最令她痛苦与遗憾的是垂垂老矣之时，她眷念着中国，且随着年龄的上升一日日深厚的那种思乡的情结。她也想在有生之年再看一眼父母，他们分别葬在中国的庐山和镇江，为他们扫一扫墓、上一上坟。但，她通过多种渠道来争取，官方的民间的，却被中国政府所拒绝，那是她一生中所受的磨难中最伤最痛的一次。一如一个女儿，远离家庭有家不得归的感觉。赛珍珠热泪涔涔无比痛苦。是的，自己终究似一株无根的浮萍，无所傍依。灵魂上的无所傍依。

牯岭，那条缤纷野花的山道上，赛珍珠蹦蹦跳跳。每年暑期，她都随着父母来此避暑。每日清晨，她都是沿着后山这条小道去采摘花草。庐山是她终生不能忘怀的地方，牯岭的清泉野花不仅给了她创作的灵感与冲动，还孕育了她的第一次爱情，庐山恋。那日清晨，她照例奔向后山去采撷鲜艳欲滴的野花，却在山路上结识了自己的本籍人，那个在金陵大学（现南京大学）任教的美国年轻博学的农业专家约翰·布克，两个人在美丽的庐山中相识，后来相爱，前后经历了两年多的时间。赛珍珠与约翰·布克走进教堂，缔结婚姻，19 岁的赛珍

▶ 赛珍珠领取诺贝尔文学奖。

珠从此成了布克太太。婚后，布克一度十分支持赛珍珠的写作，劝她把体验入微的中国生活写出来介绍到美国去。丈夫的这种鼓励成为赛珍珠写作的催化剂，她从此更加勤奋地进行创作，不时将写好的稿件寄往美国报刊发表。这算是生命中的第一次爱情。“年轻时我们不懂爱情。”姑且用这一句话来为赛珍珠这第一次短暂的爱情作一个注释吧，与赛珍珠写作的蒸蒸日上形成鲜明对照的是，她与布克的夫妻感情日见淡漠，柴米油盐的生活琐事导致了两人感情危机的开始。为了逃避，赛珍珠独自一人从南京返回美国，并在宾州巴克郡购置了一处宁静的居所——翠丘农庄。当她返回中国却再也没有了当初与布克之间的一丝一毫的恋情与感情，婚姻解体了。这以后的漫长岁月，尽管先后有了三次婚姻，但都是留下遗憾，情感究竟也如无根的漂萍，无所傍依。

三

做女人难，做名女人更难。

赛珍珠没有如刘晓庆这样发表过如此的抱怨。但自打她的《大地》获得诺贝尔文学奖后，由于对中国的偏见对于女性的偏见更由于忌妒，对作品的、对她本人的种种评说与非议铺天盖地而来。更有人说她的长篇小说《大地》，从文学水准远不该获此项大奖……其实，任何事件与人物都必须将其放入特定的历史背景中去客观地审察，这样的评价，对她是不公平的。

她是一位优秀又才华的女作家。赛珍珠的成功并非偶然。使她成名的长篇小说《大地》，经过长期的创作与精雕细刻才问世的。她的创作态度是严肃的，她笔下的中国是基本符合中国实情的。因为有这样的历史经历和背景，后来赛珍珠及其作品引起了不少中美学者的浓厚兴趣，有人专门从事赛珍珠和她的作品的研究；有人以中英文出版了赛珍珠的全集，还有人正到处搜集她的手稿及她生前散落各处的活动资料，用以收藏。正如历史学家詹姆斯·汤姆森近来提醒我们的那样，赛珍珠，是“13 世纪的马可·波罗以来描写中国的最有影响的西方作家”。汤姆森的评价无可辩驳又为大家所熟悉。赛珍珠作为一名作家，对美国与外国文化交往的想象力的影响之大，可以说是前无古人、后无来者的。赛珍珠整整为两代美国人塑造了中国。瑞典文学院授予她诺贝尔文学奖的理由是：赛珍珠杰出的作品，使人类的同情心越过遥远的种族距离，并对人类的理想典型做了伟大而高贵的艺术上的表现。

▸ 永远伴随着赛珍珠的是无尽的乡愁。

她是一位充满社会意识的人道主义者。1949 年，赛珍珠建立美国第一家为亚洲和其他民族混血儿童提供服务的收养院“欢迎之家”，在此后的近 50 年中为 5000 名儿童找到了家。1964 年，赛珍珠建立了以自己名字命名的赛珍珠基金会，为亚洲国家几万名美亚混血儿提供医疗和教育援助，挽救和帮助成千上万的孩子的生命。此外，她还致力于美国黑人的人权斗争和妇女解放敏感而富有同情心。一生努力以人道主义精神“变人与人之间可怕的沟壑为通途”，努力促进民族与民族之间的交流与交融，知道赛珍珠的人越来越多。赛珍珠后半生的大部分时间和精力都投入到其中。“欢迎之家”只是赛珍珠发起的支持儿童福利和增进种族理解的十多个项目中的一个。优秀的女作家赛珍珠通过无私的努力，把文学生涯与为人类服务相结合，很是难得。世界上有很多的作家、名作家，又有多少成功的作家或知识分子，会实实在在的花时间和钱财去承担社会责任，从事社会公益事业呢？赛珍珠我们树立了极少见又极为宝贵和有益的榜样。

她更是一座真正的沟通中国与西方文化交流的桥梁。1938 年赛珍珠被授予诺贝尔文学奖时，瑞典皇家学院对她的评语是“赛珍珠女士以她的文学作品促进了西方世界和中国之间的相互理解与欣赏”；这样的评语真是恰如其分，事实上今天我们还是希望看到更多这种有益于东西方相互理解和尊重的努力。她主持过《亚洲》杂志，登载鲁迅、柔石、茅盾等等作品的译文，包括斯诺的《西行漫记》。她还发起成立了“东西方协会”，在沟通东西方尤其是中美两国关系增进了解与交流，促进美国采取开明的外交政策方面，做了大量卓有成效的工作。也曾经，发现了赛珍珠翻译的中国名著《水浒传》，她喜欢梁山好汉这批“正义的强盗”，她欣赏他们的侠肝义胆，她很可爱地将书名翻译成了《四海之内皆兄弟》，让大西洋彼岸的人们认识这批“正义的强盗”。

这样的赛珍珠自然成了政治仇恨的受害者。她曾对美国政界一些人士不了解中国也不做任何的调查研究，就对中国指手划脚、横加指责的做法感到十分痛心，并斥责这种无端怀有敌意的人是梦想主宰世界的疯子。而因为她对中国的眷念与深情，美国认为她是“亲共分子”，美联邦调查局对她的秘密调查从来没中断过；而中国又因她是美国公民的身份，尤其是在上个世纪五六十年代中美冷战时期发表的一些文章，在很长的时间内视她为“美国反动文人”。

四

1972年，中美外交关系恢复，如同游子思念母亲般时时在思念中国的赛珍珠，想回中国看看，那些曾在她的梦中，不止一次地思念、想念的名副其实的家乡，那些在她夜不能寐时，倚窗一次又一次向东方眺望的泪水模糊。

她只能在遗嘱中将自己的房产翠丘山庄辟为展览馆，要求其中一切按中国风格布置，室内太师椅、长条台、中国字画，院内小桥流水，亭台楼阁，古树参天，百花争妍。故居内所展览的一切，处处洋溢着东方元素中国风味。闭上眼以后的她还是执著地把中国文化介绍给美国人民，使自己成为永远的东西方文化交流的桥梁。

她只是在墓地上留下了那块有着中国汉字的墓碑，自己篆刻的三个篆体汉字“赛珍珠”，她只是执拗地要求穿着那精致华美的旗袍，以延续对那块渗透了自己血泪、生命土地的中国铭心刻骨之爱。

如果我去美国，如有可能，一定要去宾夕尼亚州赛珍珠的墓地，向她呈上一束团团中国红的牡丹（在散文《中国之美》中她曾无比喜爱地写过这种深红）与绿绿的竹叶（在她儿时居住的镇江故居中她喜欢这种翠绿），再在她墓碑旁的草地上坐下，用她自幼熟悉的苏北话向她问候与她交谈，她肯定会眨眨她的美丽深邃的蓝眼睛，喜欢地向我微笑……

第五章　知音：琴瑟和畅

高山与流水的缠绵，灵魂与灵魂的相遇，奏响着人世间一阕清越悠扬又稀少珍贵的知音知己之歌。

▶小凤仙。（电影《知音》剧照）

21 小凤仙：乱世中的高山流水

不信美人终薄命；由来侠女出风尘。

其地之凤毛麟角；其人如仙露名珠。"

——蔡锷（1882—1916）

九万里南天鹏翼，直上扶摇，怜他忧串余生，萍水相逢成一梦；

十八载北地胭脂，自悲沦落，赢得英雄知己，桃花颜色亦千秋。"

——小凤仙（1890—1976）

一

▶小凤仙。

古筝琮琮，莺啼燕语，北京八大胡同那陕西巷云吉班里从来热闹非常。一位清癯儒雅又气宇轩昂的男人，戴着礼帽长衫一袭，玉树临风般出现在云吉班的二楼上。“山青青，水碧碧，高山流水韵依依……”循着女子婉转的歌声与琴声，那长衫男人在窗口的古筝前静静地停下，弹琴女子娇小玲珑、蛾眉凤目，回眸一笑……这是电影《知音》中的一个镜头，也是小凤仙与蔡锷将军的初识。

二

“于千千万人之中，遇见你要遇见的人。于千万年之中，时间无涯的荒野里，没有早一步也没有迟一步，遇上了也只能轻轻地说一句：你也在这里吗？”张爱玲这句经典格言放在此似乎非常的妥贴。

· 高山流水韵依依

北京，八大胡同，狭窄的陕西巷，车水马龙，衣锦男女；飞檐翘角的云吉班，阔大的天井，一片软语娇香，令人目眩神迷，心旌摇摇。蔡锷来京时所住的棉花胡同，与小凤仙栖身的陕西巷本就相距不远。当这位礼帽长衫的客人伫足于小凤仙的古琴边，并诡称经商之时，小凤仙嫣然一笑：“我自坠风尘，阅人多矣，从来没有见到过风采似您这样令人钦仰的，休得相欺。”蔡锷讶然：“京城繁盛之地，游客众多：王公大臣，不知多少；公子王孙，不知多少；名士才子，不知多少。我贵不及人、美不及人、才不及人，你怎么就说我是独一无二的呢？”打扮成商人模样的蔡锷，就此在云吉班结识了娇小玲珑、蛾眉凤目、笑起来嘴角上翘的小凤仙。而在小凤仙的眼中，剑眉隆鼻的蔡锷，有着书生的儒雅，更有着军人的英姿，一种睥视天下的森然气度就隐藏在他温润的笑容中。在这次有历史意义的风云际会中，两人一见如故，相视而笑。恍惚间分明就有了“古路无行客、寒山独见君”的感觉。

▶ 蔡锷将军。

蔡锷并非毫无眼力，在交际场上见多了浓妆艳抹的千金粉黛，小凤仙虽然没有超凡脱俗的惊世之美，却是少有雕饰的清水芙蓉，且在阴柔中绽放着一种豪情的气质。当二人慢慢相熟之后，蔡锷不仅陶醉于她的浅笑微颦，玉容

花姿，更倾心于她的灵心慧质，色艺双绝，还有温言软语之间溢露出的铿锵之音、一种胆识与果敢。蔡锷兴之所至，曾书一副对联送给小凤仙："自古佳人多颖悟，从来侠女出风尘。"一个侠字，超尘拔俗，来自于对眼前人的深深了解，更有了一种沁人心神的隽永风华。凝视着这对联，小凤仙想：这个男人是懂我的。抬头与蔡锷凝神相视，笑而不语。

是前世有约？是今生相逢？正午时分温暖的阳光，为两人镀上满身的金黄；柔婉的风拂起紫红的窗幔，加深了他们之间那种似曾相识的感觉。小凤仙将自己依赖地靠在了将军的肩头，蔡锷将小凤仙的手放在自己的手中紧紧相握。笑意漫溢，眉目舒展，那些日子是她与他最开心甜蜜的时候。

· 我愿作长风绕战旗

小凤仙自然知道，面前这位似前世有约儒雅的蔡先生绝非流俗之辈，他不仅是一位正直严毅的君子，更肩担国家的兴亡之大事。虽是两人日日相视一片深情，却也夜夜惊醒记护国事。韬晦京师，涉足风月，原也仅是蔡锷的潜龙勿用之计。在纷繁的表面现象背后，他还有着十分深沉的考虑。他在向外释放信息——袁世凯从蔡锷一系列的表现中，揣摩出他的意思是：帝制是你的事，我不干预。我自有我的美人佳丽。他营造出了一种双方都心照不宣的气氛，袁世凯终于放心了。终于，蔡锷要在袁世凯鼻尖下玩金蝉脱壳之计了。

万籁俱寂，斜月银钩。云吉班四合院的天井里满是碎如残雪的月光。两人杯酒言欢，蔡锷将自己的计划和盘托出。小凤仙当即表示，愿生死相依，愿荣辱与共。蔡锷为眼前自己所倾心的女子毫不犹豫地以未来相托深深感动，也想着如何不负小凤仙的一片深情求两全齐美。沉吟好大会儿他才说："戎马关山，千难万险，我无暇顾及其他，你还是留在京城较为安稳。待到功成之日，我一定与你会合！"风云在悄悄地酝酿，各色人等来来去去，混杂不堪。面对莫测迷幻的纷乱时局，小凤仙产生出一种对自身命运把握不定的战栗，也使他们在非常时局生出非常之情。掩盖起钻心镂骨的离别之感，小凤仙盛装冶容：让我敬将军一杯酒吧！让我为将军唱一首歌吧！此时此刻，他将她紧紧地拥入怀中，在月色中听着彼此的心跳，久久、久久。他感到自己肩头的濡湿，是她的泪水，他再也忍不住的男儿泪潸然而下。她、他的内心也许都有预感，他这一去，便成生死永诀。那一夜微弱的烛光，从此长明在彼此的心头，成了生命中永不熄灭的辉煌。

第二日，云吉班依旧是宾客盈门，空气中飘散着一股令人头晕的脂粉香气。他与小凤仙成双作对依旧是情侣状，让袁世凯的侦缉队放松了警觉。这天恰好有云吉班的小姐妹过生日，就有一些人上门捧场，小凤仙故意把窗户打开，将蔡锷的大衣和帽子挂在衣架上，让人误以为蔡锷一直在艳窟香窝里沉湎。然后在一片乱哄哄的钗光鬓影中，蔡锷躲过暗探的眼睛，在小凤仙的帮助和掩护下，离开陕西巷，雇了辆马车，直奔前门火车站。天色灰暗，曙光未开，整个北京城依然在沉睡中，一切都影影绰绰的。大功告成，在这一段时间以来，终日难以排遣的思虑与忧心，忽然在一刹那间神秘地解开了，自动地消失了，虽然是繁华尽逝、绮梦无痕，小凤仙的内心却如莲花一般的宁静。两人挥泪而别，这一别何日再见？蔡锷化装上了一辆东行的列车，然后转道昆明。经历了一系列变故后，乱局中的蔡锷更加成熟老到。沧海横流之中，他竖起讨袁大旗，提数千孤旅，奋起护国。用几千子弟兵对抗十万袁军，显然是下了不顾性命拼死一战的决心。他要用自己的鲜血和生命，“为四万万同胞争人格”。

小凤仙与蔡锷经常相会的地方，有说在陕西巷，有说在百顺胡同，也有说在樱桃斜街，从陕西巷走到樱桃斜街，不过只有三五分钟的路。据说那附近的“文君阁”，就是两人最后见面并从那里出逃的地方。该楼是双层纯木结构的老建筑，红廊绿檐环绕，始建于乾隆年间，最早曾是贵州会馆。前两年的时候，曾有经营者在那里开过一个知音茶馆，袅袅茶香里，偶尔会有人回忆起那些前尘往事、陈年旧影。那个春日，特意坐着人力车去游八大胡同，经过陕西巷时，我走进云吉班，在那长长的天井里久久伫足，想着大半个世纪前的小凤仙与她的蔡将军是如何在这里相遇相知相爱，渺渺中，有琴声铮铮琮琮……

· 最后的爱与哀愁

失去了生命至爱的小凤仙自此一任身世浮沉，终致湮没无闻。在岑寂而静穆的眺望和无尽的回忆之中，小凤仙半生颠沛流离，最后下嫁给沈阳的一位厨子了度余生。说是有一次她听到收音机里播放“蔡锷与小凤仙”的故事，她的脸上充满回忆之光，泣涕涟涟，茫茫心事犹如檐下雨线点点滴落。当她梦醒，四周已是空寂无人——远远传来的可是云吉班的琴声？是那个他走上楼梯听她琴声的那个午后？是晨光中他送她对联的盈盈情意？是月色里，谈自第二日即将分别时彼此紧紧的拥抱，她的泪水湿了他的肩头……她独自在一个传奇而迷幻的城市里，周遭只剩下八大胡同里细碎的流光，巷子深处有槐花的香气在暗暗浮动，让她一度觉得自己置身于时光之外。

小凤仙的随身包袱里有一帧青年军官的照片，那军官很英武，肩上有着很大的章，衣服上还有很多金黄色的穗。每日里，都会拿出来看一看，用手轻抚着照片，一遍又一遍。有人曾问她是谁？她只是淡淡一笑：一个朋友。小凤仙每日里好饮两盅酒，一个人，默默地。那娶了她的厨子知她非平常女子，也自知走不进她的内心。每日里，在她饮酒之时总是炒上两个菜端将上来。想来凤仙每次端起酒杯，那杯中酒，在她泪水的盈盈荡荡中，映出的，该都是蔡锷将军的英武俊影吧！就这样一日日一月月。小凤仙告别这个人世时，厨子没忘了，将有那青年军官的照片，一同都随了小凤仙而去。那厨子到底还是有一点懂这个女人的了。

其实，从认识蔡锷后，她和她的蔡将军，心中一时一刻都没有分离过。现在，她和他永远地在一起了。

三

当33岁英气逼人的蔡锷将军，为迷惑袁世凯造成玩女人的假象走进八大胡同蛾眉颦笑、曼声清唱的云吉班时，他可能没想到这一下子会遇见他生命中的生死知音，遇见他生命中最重要的女人。英雄美人悱恻缠绵成了千古美谈，这样杰出的男人与青楼中罕见的优秀女子的走近，有偶然更有其必然。

这段相逢相遇之于蔡锷，是生命的重要组成。蔡锷，湖南邵阳人，字松坡。他是我国近代史上叱咤风云，功勋卓著的历史人物，是中国现代史上著名的民主革命家和杰出军事家。他一个人在20世纪初期干了两件了不起的大事，且是值得大书特书的事：一是1911年10月底组织领导了昆明“重九起义”；二是1915年12月底发动和领导了讨袁护国战争。其诗文为他赢得了一代儒将的声名；其旧闻轶事，广为民间流传，妇孺皆知。经历了一系列变故后，乱局中的蔡锷更加成熟老到。沧海横流之中，他竖起讨袁大旗，提数千孤旅，奋起护国。用几千子弟兵对抗十万袁军，显然是下了不顾性命拼死一战的决心。他要用自己的鲜血和生命，“为四万万同胞争人格”。但蔡锷终日“恶衣菲食以戕自身，早作夜息以伤其神”，已经是病体难支。1916年11月8日凌晨，戎马倥偬、尽瘁国事的蔡锷将军在日本福冈赍志而殁，年仅37岁。他为共和而生，亦为共和而死，遭天妒而短寿，虽然令人惋惜，然而他拯救新兴共和于危殆，终造伟业，史册长载，已是无憾了。他口授的遗嘱中有一条：“锷以短命，未能尽力民国，应为薄葬。”只是他没有实现倒袁成功后一定接小凤仙团聚的誓言，悔吗？在他弥留之际，想他眼前是否曾闪回小凤仙那悦人的笑靥？肯定。

这段情感之于小凤仙，则是全部的生命。《民初史略》一书里则有这样的描写：“小凤仙…… 相貌乏过中姿，性情甚是孤傲，所过人一筹的本领则粗通翰墨，喜缀歌词，俾生成一双慧眼，能辨别狎客才华。都中人士，或称她为侠妓。”因为性情孤傲冷峻，在遇到蔡锷之前，她已经因为对富贵巨贾不屑求媚取宠而小有名声了。小凤仙的孤傲、侠气，美丽与达理知情使她在云吉班中不为人喜欢，而却因这侠、这傲引起了蔡锷的青睐，猩猩相惜，引以为知已，自此上演了一出荡气回肠的高山流水之曲，侠义成全、至死不渝的爱情更成了千古美谈。

“万里南天鹏翼，直上扶摇，那堪忧患余生，萍水因缘成一梦；几年北地燕支，自悲沦落，赢得英雄知己，桃花颜色亦千秋。”当蔡锷因喉结核在日本不治而亡时，小凤仙悲痛万分。北京的中央公园为蔡锷公祭，一身素白的小凤仙送上了这副挽联，正文前的一行小字写着：“今世知音来生续缘松坡先生小别”，落款“凤云敬挽”。这两联工整贴切，有如恨海啼鹃望白云苍莽，爱厚悲深而又深自收敛，一时传遍京城，脍炙人口。

四

有人说小凤仙是不幸的，自幼被卖到青楼，受尽凌辱；结交蔡锷，维护共和，蔡锷又早早病亡，只留下她惨淡余生。我以为，小凤仙遇见蔡将军，是她一生中的大幸。人生难得一知己，一个女子，在其一生中，能遇上一个相知相惜，心灵融通，能以身相许也能够以命相托的人，是多么地珍贵罕见地难得。她和蔡锷之间的相知与爱，宛如一幅充满激情的油画，厚重而又热烈。于蔡锷，拥有小凤仙这样的红颜知己，是高山流水，是伯牙子期，小凤仙，该是蔡将军生命与伟业中的天使——在他为共和命运殚精竭虑之时，在他与袁世凯斗智斗勇之际，在他生命危在旦夕的关口，小凤仙给他理解为他助力，更以命相托掩护蔡将军化险为夷。可以说，她是他短暂一生的无价珍宝。蔡将军何其幸！天下君王将军无数，有几人拥有小凤仙这样的美女、侠女、才女！ 他们在国难民危的乱世中的相遇与爱情，风尘侠义、英雄美人，显得格外的深沉与悠远，以至于百年之后仍有不息的回声——

▶今日八大胡同。

山青青，水碧碧，
高山流水韵依依，
人生难得一知己，
千古知音最难觅，
将军拔剑南天起，
我愿做长风，绕战旗……

电影《知音》那高山流水的曲调，绕梁三日而不绝，将小凤仙与蔡锷将军的风尘情与烈士义的水乳交融，将这红尘难求知音知已深入骨髓的美好，婉约与铿锵，铁血与浪漫、侠义与旖旎，演绎得如泣如诉，凄美无比……

22 乔治·桑：温柔、寂寞的人间《小夜曲》

他永远像天使一样善良。没有他纯真亲密的友情，我就会失去勇气，他是有天才的人中，最和蔼、最隐秘、最谦逊的人……

——乔治·桑（1804—1876）

奥洛拉，我要把一切都献给你。你的抚慰，你的微笑，给我多大的安慰啊！我只是为了你才活着。

——肖邦（1810—1849）

一

▸乔治·桑画像。

晚风拂起巨大的金色窗幔，暮色中沁来阵阵玫瑰花浓浓的香氛。瘦削俊朗又文弱的肖邦在客厅钢琴边弹奏，他修长的细指轻灵地在黑白琴键跃动：披着一头栗色秀发的乔治·桑在写作，笔尖在书桌的纸页间上下飞舞。肖邦的手指在琴键间跳动流泻出一串串的音符，房间、花园、暮色里顿时溢满了甜蜜清亮的琴声，恰如温柔的绵绵情话，乔治桑则抬起若黑天鹅绒般美丽的双眼，温存一笑回报爱人深情委婉的弹奏，再低下头去伏案疾书……“奥洛拉、奥洛拉（肖邦对乔治·桑的称呼，她的本名）只有在我演奏时，你才显露出喜悦的光芒。世界是多么光明美好啊！我会为你弹奏出优美的旋律。亲爱的，你的目光别太折磨人了，好吗？”……

二

· 诺昂的星光与鲜花

抽着雪茄，穿着男人衣服或是在那个上流社会女士都穿着长裙她却着长裤，有时还戴鸭舌帽。不管是从史料的叙述中还是从文学作品的描写中，以 105 卷小说、戏剧、散文、回忆录蜚声世界文坛的天才作家乔治·桑的形象从外表上来看，都不是我欣赏的女性类型。况且从史料上来看，她性格上强烈的统治欲，也不是我喜欢的。她的目标是平等与改造这不公正的世界，民权主义者、女性主义者是较之她的作家身份更引起人注意的政治倾向。更有些评价说她是风流多情的荡妇。是这样吗？在春风沉醉的夜晚，在晨曦轻露的初晓，我一次又一次地穿越时光走近她，一次又一次地透里透彻地去研读她，一位优秀、多情又不乏美丽妩媚的，欲望、爱情与天才的小说家结合在一起的杰出女性呈现在我的眼前。

乡间的诺昂之于奥洛尔（乔治·桑是她的笔名），那盛放的鲜花，头顶神秘的星光、牲畜、木车、热闹的乡间聚会、农家隆重的婚礼……这一切都是她自由自在享受生命与成长欢乐的家园，是她爱情的栖息地，更是她疗伤的地方。出身于贵族家庭的奥洛尔，从小敏感而柔弱，在修道院完成了贵族少女必须的功课与修行后，出落得妩媚又漂亮：栗色的卷发散落至脖颈，黑色的大眼睛总是那样柔媚又深不可测地与你对视。遇人不淑，第一次婚姻就面临着解体且留下一个女儿，再因情事又多了一个私生的儿子……她的私生活是有些许混乱且无序，但不妨碍她一次又一次在诺昂的星光与鲜花间安静地疗伤，再一次又一次地到巴黎以写作度日。当她的小说直到《玫瑰红与雪白》受到巴黎文坛的批评与吹捧——这部现实主义小说畅销了，乔治·桑这个贵族的小妇人华丽才转身在文坛上精彩亮相。

·从冷漠到深陷爱河

金碧辉煌的大厅，巴黎的文人雅士云集。纤弱、文雅、言谈柔和，一副贵族仪表的波兰流亡者，欧洲浪漫主义音乐的代表人物，历史上最具影响力和最受欢迎的钢琴作曲家之一的肖邦，双手在黑白琴键上翻飞，他神情专注，他激情飞扬。在阵阵掌声与赞叹声中他始终感受到有一抹眼神奇怪又专心地落在他的身上，一曲一曲又一曲，变化了的曲目，不变的是那抹深情灼热甚至天真娇媚的眼神。是乔治·桑，那位蜚声文坛的女作家！这样的眼神，她究竟想说什么？四目相撞，钢琴家感到一股灼热将他淹没……有着浓郁贵族气质的波兰籍音乐家，才华横溢的钢琴王子，最初他心中的美女并不是若乔治·桑这样带有男性气质的女人，他需要的是温柔若水、纯洁娇小若天使般的姑娘，需要的是甚至能够照顾他侍候她的带有母亲气质的女子。可当他要娶的波兰姑娘因他的身体多病而疏远了他时，他的忧伤可想而知。此时，女作家表示爱慕之心的信向他示好时，他心甘情愿地投降了。诚如肖邦自己说：当我弹琴的时候，我看过她三回，她深深地将我看在眼里。这是一首关于多瑙河传奇的歌曲，有点忧郁。我的心跟她一起在这个国度里跳舞。她的眼进入到我的眼，忧郁的眼，奇特的眼，它们在说什么？灼热的目光淹没了我……他在孤寂中生活，又无法摆脱对爱情的渴望。忧郁的阴影罩着他。他感到自己创作力在衰退，思想变得懦弱，想象变得苍白，灵感渐渐枯竭。他需要一种强烈的有活力的爱情来换醒他心底的热情，在他无力的手指中重新注入艺术的生命力。对于命运的忧虑不安犹如双重的阴影和双重的枷锁，压抑在他的心头。他那干枯的心田期待着爱情雨露的滋润。

· 马略克小岛上的神仙眷侣

是高大的棕榈雪松，是蓬勃的芦荟、金灿灿的累累橙树，还有无花果树、石榴树。海水碧蓝群山苍翠。即使是住进破败的巴尔德摩萨隐修院修道院，是的，修道院还散发着修士生活气息，小教堂残留着香火气味，蜡烛只烧了一半，祭坛的花瓶插着枯萎了的花，教士祈祷席还在原位。劫掠中残留的画框、圣物、屏风碎片，散落一地。但对于心中燃烧着爱情之火的情侣来说，也还若是天堂所在。肖邦还没痊愈，但经过乔治·桑的照料，好多了。乔治·桑和他在一起的时候，随时准备放下一切去照料他。肖邦对她始终忠诚。因此，当她卧床不起时（她也常有病，她一生都说肝痛和肚子痛），肖邦热诚地履行丈夫兼护士的职责，忠心耿耿，动作机敏。170 年后的今天，肖邦和乔治·桑成了该岛古往今来最著名的人物，成了这个风情小岛的骄傲。

《英国百科全书》这样标榜马略克：波兰作曲家肖邦和法国作家乔治·桑曾在岛上居住。肖邦在那里写下其最优秀的马祖卡舞曲和序曲中的几首。

三

离婚带着两个孩子且有着许多过往情史的著名女作家，未结过婚的贵族青年音乐家，仅将这“著名女作家”与“天才音乐家”两个称谓放到一起，就是一篇奇上加奇、八卦渲染的抓人眼球的故事，还有两人宗教信仰的不同，政治思想和社会观念的不同，再何况，两人年龄还相差七八岁。史料上从来都是说乔治·桑诱惑或是征服了肖邦，其实，越是这样在大众眼中有差异的情侣，走近甚至走到生命中去，必有它的深层次的原因。从来都是这样，愈是不合常理的爱情愈有着它的必然与宿命。毋容置疑。

· 对艺术的狂热和气质上的敏感

▶ 肖邦画像。

艺术家们往往是忘我的。波兰作曲家肖邦进入他的旋律之中，无论是挥手起拍还是在琴键中神采飞扬，那时他的心中与眼底，都是他的缪斯女神，他的五线谱就是海浪就是白云就是流光溢彩的生命；而蜚声法国文坛，以《玫瑰红与雪白》蜚声文坛的女作家乔治·桑一进入她的文字世界，同样对任何事情充耳不闻视而不见，只在那纸页间聚集起栩栩如生的人物鲜活的各种事件。两人又都过度敏感，这似乎是搞文学艺术的人常有的性格特征。在作品的创作之中，需要敏感，对事件对人物对疼痛与幸福艺术家们的感受较之于普通人更敏锐更直接。乔治·桑与肖邦对艺术创造的痛苦和快乐有共同感受，在一支支乐曲的谱写中，在一页页文字的创作中，相知相慕，相仿的才华令对方深深地被吸引。但在生活尤其是在爱情中，过度的敏感却使两人时有缝隙、猜忌横生，最终，只能分手。而肖邦这份敏感的特质又过度地扩张，他过分挑剔又不能设身处地替别人着想，甚至也不能设身处地为乔治·桑着想，对乔治·桑的崇拜者包括其客人的衣着与举止，都会令他愤怒不已。而敏感的乔治·桑自然不能接受这样的指责，但是，女人的天性使她一如既往地关心着这个情人，容忍他的病态的偏好与厌恶。

· 对大自然与美不可抑制的喜爱

从小在诺昂自由生长的乔治·桑是多么喜欢诺昂美丽的自然风光与质朴的乡间风情啊。那里的草地鲜花河流还有星空月色，给了她创作汩汩的源泉。特别值得一提的是，在爱美爱大自然这一点上，他们继续保持一致。在他生病的日子，她将他带回了喜爱的家乡，采摘七彩鲜花、徜徉翠绿草原、感受星光夜色，流连灌木丛中，相爱的人就这么手牵手度过了一段好日子，致使两人都终身难忘。真正的朋友们都在为肖邦高兴，因为爱情不仅使他显得英俊健康，而且情绪活跃，感觉良好，充满自信。过去的神情恍惚、忧郁伤感竟然一扫而空，他的创作较之任何一个时期都活跃，才能在这个典型的法国乡村，在风景优美的草原，在这幢石头房子里在牧羊人粗犷、奇特的歌声肆意飞扬。肖邦在这儿享有最大的权利，他占有两件幽静的房子，一间摆着专门为他买来的钢琴、写字台和沙发；一间是恬静的卧室，在这里，他像在自己家里一样，作家、诗人、艺术家们也常到这儿来做客。因了这份爱情，肖邦多年来第一次得到无微不至的关怀，这也是他一生中最幸福安定的时期了。肖邦创作上成熟、智慧和力量的全盛时期也终于到来了。如果没有乔治·桑的爱情，没有受到乔治·桑周围那一群大作家朋友的影响，他卓越的才华可能也不容易开花结果，达到高度的艺术境界。在这个时期里，他写成了一生中最重要的一些作品，他意识到这是随桑夫人的爱而带来的平静的心境和诺昂平静的创作环境的结果。

▶ 电影《春光奏鸣曲》海报，该电影戏剧化地展现了肖邦与乔治·桑之间的艺术和爱的交融。

在诺昂，有一天晚上，女作家对钢琴家叙述了乡间大自然的宁静和美妙：野花、流水、松树，月色、星空……

肖邦说：您讲的这些多美啊！

乔治·桑回答：您感觉到了吗？那么，请把这些用音乐表达出来吧！

肖邦凝视着爱人那黑色的双眸，双手搭到了琴键上。叮叮咚咚的琴声中，是潺潺的流水，是牛羊的哞鸣，是牧歌的悠扬……一首真正的田园交响乐。

乔治·桑站在他旁边，一只手亲昵地放在他

的肩上，喃喃道：大胆些，柔软的手指！

如果没有乔治·桑这只手抚在他的肩上，没有诺昂美丽神奇的影响，肖邦在他短促的一生中，能否写出那么多杰作？甚至，谁知道，他是否还在人世？

同样的感受与同样的渴望。在一步步走近这对情侣，我对过去常见的那种带有偏见的，仅将乔治·桑作为征服者，而肖邦始终是被动地接受爱情的从属关系，心中有了不同的看法。这一对在文学与艺术的圣坛上分别作出了杰出的贡献，并有着很高声望的情侣，在他们九年的相爱与同居中，除了若干处相似、相同的特质外，更有着由彼此真正的欣赏而带来的深深吸引。还有给予，慷慨无私的给予。这方面，可以说，乔治·桑给予的更多。气质柔弱多病的肖邦需要的不仅仅是爱人，更需要的是能容纳并照顾他的姐姐甚至母亲。作家也好、平民也罢，法国文坛上的大师、中国田头中的农妇。只要她是女人，只要她是真心地爱上一个人，那么，为了这个人，为了这份情，她愿意，愿意为他做一切他所需要的。自古以来，这样的女子太多了。而在肖邦，更是深爱着乔治·桑又依赖着她，在乔治·桑需要的时候，同样尽可能地为病中的乔治·桑床前床后送水喂药，一如生活多年的柴米夫妻。

在俩人的创作过程中，那种智慧与才华的相互激发与启迪，那种对大自然对美的共识与发自内心深处的喜欢，更为彼此的创作增添着不可或缺的元素与活力。还有，一位具有男子气的女人，一位相对柔弱的男子，在他们的相爱中，我甚至相信了爱情的互补之道理。在乔治·桑和肖邦之间，从来没有什么不可逾越的障碍——真心相爱，是情侣们最为坚实的基础。

我觉得要为乔治·桑正名的是，很多方面指责乔治·桑过于热烈的情欲消耗了肖邦的元气，使肖邦的疾病更趋恶化。其实，并非如此。在这一方面，似情人更似母亲般去爱的乔治·桑因肖邦的体弱多病，常不顾肖邦的恳求与生气，不与其过性生活强迫他清心寡欲。正如她写信给女友的信中所述：与肖邦在一起犹如处女一样。肖邦由此也埋怨她“剥夺了他爱的权利、置他于死地”。

肖邦是真心地爱乔治·桑，以一个男子的爱；而乔治·桑以一个女人的全部：爱人、姐妹、母亲的所有之情来温柔、抚慰着肖邦。自然，与天下所有的情人一样，爱情的季节变化无常，他们也争吵也生气，早上是无法忍受，晚上又感到拥有彼此是生命中最大的幸福。作家与音乐家间，更多的是彼此的欣赏与尊重，我以为，这样的一对就该天长地久。可是，却如流行歌曲中所唱“爱到不能爱，聚到终需散”，这样的一对文坛璧人，文学与音乐的绝佳艺术联盟，因欣赏而亲近，因相爱而走进彼此生命八九年之后，乔治·桑与肖邦，因一些家庭小事和乱七八糟的传言竟然“不能爱”，居然“终需散”，痛苦而愚蠢地分手了，且各走各的路，谁也不愿回头！应了那句老话：爱越深，恨越深。

对于投入生命去爱的人，对于曾经希冀地久天长的情人来说，这样的时间，太短了。爱情这样的短，但是对乔治·桑与肖邦来说，也许不短，因为，在生命打下刻骨铭心印记的真爱，遗忘却是很长、很长。

1847 年，乔治桑和肖邦多年的相守就此终结，但九年的爱与情又岂会一笔勾销？ 1847 年 7 月 28 号，肖邦给乔治·桑写过一封信，结尾的一句话：时间将证明。我将等待，一如既往。你的忠诚的肖邦……在因病于 39 岁早逝之时，肖邦长长叹息无力而深沉：我真想再见她一面啊！

而乔治·桑呢？我相信她对肖邦绝不会再无爱恋，那些绵绵的爱意说不尽的情话呢？那几千个日日夜夜的亲密厮守呢？那音乐与文字间的彼此融合又各异的风采呢？那令人难以忘怀的深深一吻与鱼水之欢呢？这样一生中唯有一次全身心投入的爱，怎能轻易消逝？ 乔治·桑得知肖邦死讯时，把肖邦过去给她的一绺环状鬈发，精心放置保存在一个小纸袋里，在上面写道：可怜的肖邦！死于 1849 年 10 月 17 日。乔治·桑双手抱肘，黑色的大眼睛中氤氲四起：那个瘦削、文弱的天才走了。他说过：我唯愿在她的怀抱中死去……但是，谁也无法否认，他们共同生活的九年是肖邦一生中最重要的艺术创作阶段，是他最光辉的创作力高峰期。而肖邦与乔治·桑分手之后，他再也没有写出任何一部重要的作品。肖邦在他生命的最后时刻，对乔治·桑只有爱情："我真想见她一面啊……" 他永远不能忘记他的奥洛尔——乔治·桑。

乔治·桑在72岁上，在她无比热爱、肖邦也非常喜欢的家乡诺昂，在这块留下她、他无数情话和情意的乡间诺昂，与这个世界永别了。

四

一切都是浮云过眼。生死将一切都带走了。

一切都带走了吗？作为"一个伟大女性的去世，我们失去了她吗？不，她的崇高形象虽然隐去，却不会消失……"（雨果）；一如她的思想、她的作品至今仍在文坛上有着一席位置；一如世间"滚滚红尘里有隐约的耳语，跟随他俩的传说"，才女作家乔治·桑与才子音乐家肖邦的传说。

▶ 关于肖邦与乔治桑的电影《爱的渴望》。

我看见，在那座金碧辉煌的客厅里，苍白文弱的肖邦在弹琴激情四溢，栗色卷发黑色大眼的乔治·桑多情妩媚的眼神一直在深情地注视他；

我看见，在诺昂金色的菩提树下，乔治·桑与肖邦坐在乡间的草地上，晨风中晚霞里牧歌声中弥漫着他们永远说不完的情话；

我看见，西班牙马略卡的小岛上，

那破败的修道院，那棕榈树间，那无花果树丛旁，乔治·桑与肖邦相依相随携手而行的身影；

我更无比清晰地看见：晚风拂起巨大的金色窗幔，暮色中沁来阵阵玫瑰花浓浓的香氛。瘦削俊俏又文弱的肖邦在客厅钢琴的琴键上，修长的细指轻灵地跳动：披着一头栗色秀发的乔治·桑坐在书桌前，笔尖则在纸页间上下飞舞。肖邦的手指在琴键间跳动流泻出一串串的音符，房间、花园、暮色里顿时溢满了甜蜜清亮的琴声，恰如温柔的绵绵情话，乔治·桑则抬起若黑天鹅绒般地双眼，温存一笑回报爱人的深情委婉，再低下头去伏案疾书……

23 莎乐美：天才的征服者

我们是思想的挑战与应战的关系，理解与被理解的关系，思想的给予与思想的回应的关系。

——露・莎乐美（1861—1937）

一

饱满有力的额头，蓝色明亮的眼睛，饱满丰润的双唇，修长优雅的脖颈，慑人的魅力，脱俗的美丽，莎乐美！不知道这世界上还有没有如莎乐美这样的女子如此令人惊异与惊艳。

▶莎乐美。

“我们是从哪颗星球上一起掉到这里的？”著名哲学家尼采，第一次与莎乐美交谈就兴奋得不知所以。自此，杰出的哲学大师开始了对莎乐美一往情深的追求。

“弄瞎我的眼睛，我依然会看见你；塞住我的耳朵，我依然会听见你。”21岁的年轻诗人里尔克，

▶ 外表冰冷、内心疯狂的莎乐美。

意气风发又文弱自负，遭遇36岁的莎乐美，日日夜夜吟诗，为莎乐美，深情而炽热。

一枚刻有罗马花纹的戒指，沉甸甸的极其古典的，著名精神分析学家弗洛伊德将其捧在了莎乐美的面前，两人有着长达二十多年的具有极高的学术价值、凝聚着相知、相惜情愫的通信集，终未能将戒指戴在莎乐美的纤指上。

什么样的女人有如此的魅力？什么样的女子有这样巨大的吸引力？

二

“俄罗斯流亡贵族的掌上明珠、怀疑上帝的叛逆、才华横溢的作家、特立独行的女权主义者、不守妇道的出墙红杏、为尼采所深爱、受弗洛伊德赏识、与里尔克同居同游。”这是许多书籍对莎乐美的评价。是这样吗？

· “她是瞬间就能征服一个人灵魂的人。”

尼采，这位20世纪最伟大的，也是最有争议的，孤独、高傲、冷峻的哲学狂人和思想者，当见到莎乐美金黄色的卷发、优美绝伦的面部轮廓、丰满鲜艳的嘴唇、朗若晨星的眼睛和扑面而至的青春气息，还有那敏锐的谈吐、娴雅的举止，满心喜悦的尼采未及躲闪，便遭到了爱神的当胸一箭——他无可救药地爱上她了。尼采的评价只有短短的一句：“她是瞬间就能征服一个人灵魂的人！”尼采最心旷神怡的事是与莎乐美聊天："我在这个夏季所做的最有意义的事就是同莎乐美交谈，我们在智慧及趣味方面有最深层的沟通……使我们相互间成了相得益彰的观察和被观察的主客体。"那种一句话才说半句对方便能心领神会并说出下半句的默契，唯有透彻心腑、深入骨髓的知音与知已才会存在，是高山与流水，是伯牙与子期，是人世间是生命中的可遇不可求。"她了解我，为我指明方向迈向令人眩晕的高度"，这是尼采的真心话语。

▸尼采。

与莎乐美，是尼采的第一次恋爱也是最后一次恋爱，他希望娶莎乐美为妻，但莎乐美拒绝了他的求婚。这并不影响他们成为精神上的伴侣，他们在哲学、宗教等学术领域进行了深入的交流和探讨。尼采与莎乐美分手是痛苦的，但这种精神的痛苦化为酒药，使尼采酿出了最醇香的著作也是其惊世骇俗的巅峰之作——《查拉图斯特拉如是说》，其超人哲学得以功德圆满。对尼采来说，和莎乐美的相处是一段"痛并快乐着"的难忘历程：一方面，他们在思想和心灵上能抵达对方的灵魂深处；另一方面，在情爱上，莎乐美一直奉行"精神上的好感绝不能代替感官上的激情"，这让尼采深陷其中不能自拔、痛苦不堪。多少年过去了。1894 年，莎乐美的论著《弗里德里希·尼采及其著作》出版，这是对他们之间情谊的最好纪念。

·"你是我生命中第一个真正的男人"

1897 年，春天来到了慕尼黑，万物苏醒，生机勃勃，爱情的种子在莎乐美的心中不知不觉地萌发，一缕生命的阳光让莎乐美的生活再一次闪闪发光。

弄瞎我的眼睛，我依然会看见你。
塞住我的耳朵，我依然会听见你。
即使没有脚，我也能找到路走向你。
即使没有嘴，我也能苦苦地哀求你。
卸下我的手臂，我也会抓住你……

读着里尔克这首滚烫的情诗，1897 年的莎乐美已经 36 岁了，19 岁的少年诗人里尔克的激情则像孩子般毫无遮拦地喷涌出来，他用诗人的语言向莎乐美发起了炽热的情感攻势，像孩子一样向莎乐美苦苦哀求："我不要鲜花，不要天空，也不要太阳，我要的唯有你……"他们是在一个文化沙龙中相见的。如果说在没见到莎乐美以前，里尔克是因为莎乐美的作品和名气而崇拜她，那么在见到莎乐美的一刹那，他更多的是为这位女性超凡脱俗的美貌和与众不同的高贵气质所倾倒。这位面色苍白的年轻人再也抑制不住心中的情感，第二天，当莎乐美没有如约来到剧院时，里尔克竟失魂落魄，捧着玫瑰花在慕尼黑城的街道上漫无目的地游走。当再次见到里尔克时，莎乐美伸出柔软的手臂，"以一种伟大的平静和这就是天意的心态"，紧紧地握住了少年里尔克的手，拥抱了这一段即将传为佳话的爱情。

▶ 莎乐美与里尔克等人在一起。

繁花盛开，空气中溢满玫瑰的芬芳。这一

年的夏天，莎乐美与里尔克在慕尼黑附近的一个小镇里度过了他们爱情中最美好的一段时光。真心相爱的他们将最好的感情都给了对方，莎乐美乐观、自信、充满活力的性格和她广博的学识带来的智慧之美，更感染了生性忧郁、伤感，还有点自负的里尔克。除了精神上、心灵上的相通外，这时的他们是身体和人已经不可分了。他们的灵与肉如此和谐地融为一体，两个人都仿佛经过了一次神奇的沐浴而变得容光焕发。在这次挚爱的历程中，莎乐美体验到了作为女人的全部内容。而对于里尔克，从一个迷茫、激情的少年诗人到享誉诗坛的著名大诗人，成熟的莎乐美更是起到了引导和扶持的作用。莎乐美在她唯一的“灵魂、思想、身体相结合”的爱情中，将其非凡的智慧与才华毫无保留地向着里尔克倾泻，对他个性的发展和诗歌的创作给予了巨大的影响。

▶ 最富神秘气息的诗人里尔克。

“如果说我是你多年的女人，那是因为，是你首先向我展现了真实：肉体和人性那不可分割的一体，生活本身那不可怀疑的真实状况……”这是多年后莎乐美在文字中对这段美好情感的坦城。经过几年的相处，莎乐美的心理有了微妙的变化，她开始对她和里尔克的关系进行理智的思考。几年来，她更多地是像导师和姐姐一样呵护着里尔克，里尔克在无意中却养成了过分的依赖性，这无疑对天才的他是一种障碍，限制了他个性与诗歌创作的发展，同时这种依赖性也束缚了莎乐美，限制了她的自由，她不愿意背上这个沉重的包袱。1901年，莎乐美 40 岁整，她要在新的一年里安排新生活，于是，决绝地向里尔克提出分手。这种快刀斩乱麻的绝交方式大大地刺伤了里尔克的心。在他们最后一次见面，即将彻底分手的时候，莎乐美把一张牛奶瓶子的包装纸塞在里尔克的手中，背面是几行潦草的字："在很久以后，如果你的情况不好，那么在万不得已的情况下，我这儿就是你的家。"尽管他们炽热的爱情仅仅浓缩在短短三年多的时间里，但他们的灵魂再也没有分开过。

1975 年，他们长达三十多年的通信在德国公开发表，这是一段刻骨铭心的爱的真实记录。这种精神上的相互依赖和支撑，就是到里尔克魂归九泉也没有结束。里尔克病逝后，忍着锥心疼痛的莎乐美出版了《莱纳·马利亚·里尔克》一书，成为后人研究里尔克最详实的资料。

· 联手精神分析学的地久天长

1911 年，莎乐美年满 50 岁，她把这一年作为人生的一个新的起点。她和年轻时一样，充满了无限的活力，岁月的年轮没有给她打上任何印记，生命从 50 岁开始。命运女神似也对她格外关注，这一年，她认识了精神分析学大师弗洛伊德，并拜他为师，开始了长达 25 年的精神分析研究工作，直到告别人世。弗洛伊德，一位著名的精神分析学家，为莎乐美的才华和智慧所吸引，与她保持了终身的友谊。莎乐美曾从师于他，50 岁开始的真挚交往，师生之情，男女之爱，弗的书架上一直放着莎的照片。20 年的书信来往，为弗洛伊德精神分析学的研究和著述打下了极为深厚的基础，也可曰之为弗洛伊德找到了打开精神分析研究大锁的钥匙。莎乐美之所以对精神分析学感兴趣，是因为无论在她的文学创作中，还是在与人的交往中，许多困惑不解的问题她认为只能到精神分析学中去寻找答案。后来证明，这门新学说开阔了她的视野，使她对人、对人的内心世界有了更深的理性认识。莎乐美以她过人的才智、渊博的知识、坦率善良的性格、乐观向上的气质和妙趣横生的幽默感，以及著名女作家的身份，很快赢得了弗洛伊德及精神分析学界学者们的称赞。弗洛伊德说，他还从来没有遇见过一个人对这门学说有如此深刻的理解。后来莎乐美不仅发表了一些精神分析方面的论文，还在弗洛伊德的鼓励下开了一家心理医疗诊所，一边从事心理治疗，一边进行学术研究。长达20多年的通信，那一时期正好是精神分析学会发生大论战、大分裂的时候，所以莎乐美和弗洛伊德的通信集具有极高的学术价值。此外，莎乐美在《从师弗洛伊德》一书中，用日记的形式记录了大师的工作情况，是一部少有的关于精神分析学历史的文献。

▸ 与莎乐美亦师亦友的弗洛伊德。

和弗洛伊德的关系，有说莎乐美是大师的学生和助手，仅此而已。这在莎乐美和男人的交往中也是不多见的。我不以为。她对弗洛伊德有着一种特殊的爱，她视弗洛伊德为导师，同时又是一位兄长，一位值得信赖的朋友，两人从50岁开始的真挚交往，是有师生之情，也有男女之恋的。弗洛伊德的书架上不是一直放着莎乐美的照片？弗洛伊德当然钟情莎乐美，弗洛伊德曾将一枚沉甸甸的古典的刻有罗马花纹的戒指，认真地捧在了莎乐美的面前，虽然莎乐美未曾将戒指戴上，但这份情谊她铭记在心。弗洛伊德75岁生日时，莎乐美发表了一封公开信《感谢您，弗洛伊德》，以表示自己对大师的感激和仰慕之情。

三

“我既不追随典范去生活，也不奢求自己成为谁的典范，我只为我自己而生活。因此我的生活中没有不可逾越的规则，而是有太多不可言传的美妙的感受——它们蕴含于我自身，在喧闹的生活中越受压抑越要呼喊出来。”莎乐美如是说。

· 独立的人格自由的灵魂

俄罗斯流亡贵族的掌上明珠——露·安德烈亚斯·莎乐美，生命是从圣彼得堡开始的。他的父亲封·莎乐美是沙皇手下非常显赫的将军，曾任俄罗斯军队总监。1861 年 2 月 13 日，露·封·莎乐美就出生在冬宫对面的参谋部大楼。沙皇为她的出生给大将军写了贺信，新闻界用俄文和德文报道这一喜讯之时，肯定没有想到这个金发女婴日后会成为哲学界、文坛上乃至精神分析学领域的名人，并为莎乐美家族在历史上留下浓墨重彩的一笔。显赫的贵族出身，良好的教育与教养，使容貌出众、天资聪颖、性格叛逆的小莎乐美拥有自由生长的权利；她从小就对事物有着独特的思考和判断能力，自我、独立、强烈的反叛心理，精神上的不断进取，使她的生命闪烁着耀眼的光芒。莎乐美的童年和少年时代过得并不轻松，喜欢独自沉思的她，总和周围的人保持着一定的距离。她的思想常常在一个非现实的世界里驰骋，内心深处涌动着一种难以克制的、对未知世界探求的欲望。莎乐美从小就有很强的反叛心理，包括对自己的性别。父亲和三位哥哥给莎乐美以很大的影响，男性的世界观和价值观在她的头脑中打下了深深的烙印。她的性格中有着诸多的男性独立思考的特征，也有着男人般深邃的思维能力，这也是她能够和一些杰出的男性进行思想交流的原因之一。

· 广博的学识傲人的才华

1880 年秋天，19 岁的莎乐美告别俄罗斯，到瑞士苏黎士大学求学，主要选修宗教、哲学、语言学及艺术史等。1885 年，年仅 24 岁的莎乐美就发表了小说处女作《为上帝而战》，小说刚一问世就引起了文学界的极大关注。这样有着广博知识架构的莎乐美，与大师们的交往并非是单向的辅佐与成全的关系，是灵魂的互动与气质的吸引，是相互给予和汲取的关系。这样优秀的女子与智慧的男子相遇，更是双方星空的繁茂绽放。你看，莎乐美在与尼采分手后，即写下了《弗里德里希·尼采及其著作》；在与里尔克情丝斩断后，则向文坛奉献出《莱纳·玛丽亚·里尔克》；在与弗洛伊德的长期交往中，莎乐美进行了长达25年的精神分析学研究，攀上了生命的顶峰。莎乐美在与大师级名人的交往和爱恋中，从未终止过精神上的进取和自我实现，作为高产作家，她写下了许多有关妇女解放的小说和大量的文学哲学评论：《为上帝而战》《易卜生的女性形象》《露忒》《来自陌生的灵魂》《越轨》等等。在作品里，莎乐美通过自身的体验和对社会现象的思考，借助笔下的女性形象，将人们的目光引向了妇女灵魂对自己内在束缚的解放。

▶ 莎乐美具有吸引天才的独特魅力。

· 丰富的思维、精神的力量

莎乐美那敏锐的思辨和特有的悟性，以及思维中反传统的勇气和果敢的想象力，赋予她的个性以独特的魅力，先后使得几位优秀男性同时钟情于她。而她该拒绝时拒绝，该拥有的拥有，该保持距离的就恰到好处地保持距离。莎乐美的生命是值得我们回顾的。她的生命历程、她的行为规范、她的思维方式构成了她非凡的一生。她独立的人格、自由的灵魂和强大而有尊严的个性，激励着我们去认识生命，去思考人生。常常，与名人密切交往的女人容易被人称之为：某某身边的女人。流年经月，当岁月涤荡去尘埃与迷雾，就莎乐美而言，我以为，这样的评价是太不公允。是否可以倒置一下，将尼采、弗洛伊德等称之为：莎乐美身边的名人？或称莎东美为：名人心目中的女神?！难道不是吗？有着法、德、丹麦、俄国四种血统，美丽、理智、大胆反叛又满溢哲学思维的莎乐美，其精神向度和智慧才华直抵尼采、弗洛伊德这些大师，未曾齐名却早已比肩。毫不夸张地说，这几位世界级的大师，在与莎乐美的交往与爱恋中，无一例外地从她的身上汲取着大量的智慧和精华，从而攀登上学术与思想的高峰。

四

东方也罢西方也好，从来是英雄惜美女，红袖当添香。对莎乐美这样的女子，世人往往有意无意地忽略她思维和精神的力量、广博的学识和傲人的才华，想当然地将其掩盖在大师的熠熠光芒之下。固然，名人与大师身边往往美女如云若彩，但，莎乐美绝对不是!

莎乐美与尼采、弗洛伊德、里尔克等大师的交往——

是璀璨星光的相互辉映，激发碰撞出思想的灿烂光华；

是大海与礁石的相守撞击，孕育出哲学、精神分析学的地久天长；

是具有卓越思想与横溢才华男人与女子的相互欣赏更是彼此较量……

优秀男人心目中的女神啊，露·安德烈亚斯·莎乐美，这样的女子，空前绝后，举世无双。

24 波伏娃：忠于灵魂还是忠于肉体

我们当中的一个说了前半句话，另一个人就能说出后半句；如果有人问我俩同一个问题，他会得到相同的回答。

——西蒙娜·德·波伏娃（1908—1986）

我非常爱你，我亲爱的海狸。你是我的好妻子。

——让·保罗·萨特（1905—1980）

一

▶ 波伏娃。

1986年4月19日，钟声在巴黎蒙巴拉斯公墓回响，在法国思想、文化界许多著名人士和五千多巴黎市民的见证下，享有世界盛名的最权威的女权主义理论家、才华横溢的哲学家、作家，当代法国最有影响的女性之一，西蒙娜·德·波伏瓦与她的终身爱人，享誉世界的哲学家、思想家和文学家，诺贝尔文学奖的获得者——让·保罗·萨特合葬在那白色的大理石墓中。《葬礼进行曲》缓缓响起，他俩又在一起了，他俩终在一起了。其实，50多年来，作为彼此生命与思想中的唯一，从思想到情感上他们又何尝分离过？——他俩终身相爱却没有结婚，他们同居近50年却各有各的寓所，他们在亲密的状态下彼此容许有性伴侣，他们追求卓越的自由心灵更尊重对方的高度自由与独立。他们以各自的才华为世界哲学史、文学史上留下了无比灿烂的瑰宝，他们又以其特立独行的生存方式，尤其是男女关系方面的我行我素，于社会习俗所不容，而成为人们津津乐道甚至批评指责的话题……

二

萨特与波伏娃相识于1929年，当时他们都是法国索邦神学院（巴黎大学前身）的学生。良好的文学修养、很深的艺术造诣令萨特在一次期末考试中，得了第一名，而美丽的黑发姑娘波伏娃考取了第二名。萨特被波伏瓦的美丽与聪颖深深吸引，而波伏娃也被萨特满溢的哲思与才华所折服，两个在外表上不相称却在思想、理念与才学上的旗鼓相当、日益走近，他们终于找到了自己的另一半。

▶ 惊世骇俗的波伏娃在传统人士的眼中，是天使与魔鬼的结合体。

· 惊世骇俗的“透明”条约

一个新的人生开始了。两人交往不久，博览群书又自负狂傲的萨特直言不讳地向美丽的黑发姑娘阐明自己的态度：不赞成一夫一妻制，并提出了和波伏娃的爱情条约：保持亲近的、永不结婚的爱情关系，同时相互给予对方完全的性自由，不吃醋，不争吵、不结婚、不隐瞒的所谓“透明条约”。萨特坦言自己与许多女人睡觉的渴望，他说自己的信条是“旅行、多配偶和透明化”。萨特对波伏娃这样坦诚表述他的性爱哲学，他告诉波伏娃有两种性关系，一种是“必然的性爱”，另一种是“偶然的性爱”，“偶然”的无足轻重，被爱的对象不过处于“边缘”，受到他的关怀不会超过“两年的租期”。但他对波伏瓦的爱是“必然”的是永久的，她永远处于“中心”而非“边缘”。波伏娃当然也完全可以自由地贯彻同一原则，她可以有自己的“边缘性”伴侣，只要萨特永远能在她心中的中心地段、真正的爱。波伏娃答应了。

· 奇异的三重奏、四角恋

萨特的身边不缺少女人，从青年到老年。一个单纯、快乐、柔媚的女人，大抵上是所有男人的喜欢与需要。从天真无邪的奥洛加到女学生比安卡再到“女人味”十足的多洛丽丝……萨特一一照单全收，且将自己的艳遇一一向波伏娃汇报：她是绝对迷人的。她是一个楚楚可人的尤物。她的激情实在是惊吓了我。她象一个快乐的小孩天真无邪……

而波伏娃同样也不寂寞，在美国讲学之时作家阿格林出现了，略小于波伏娃的纳尔逊·阿格林戴着付眼镜且风度翩翩，在经过了半个月的相依相伴，近似蜜月般缠绵的相守后波伏娃心旌摇荡。在波伏娃44岁的时候，同样研究哲学的年轻人，25岁的克洛德·郎兹曼向波伏娃发出了爱的邀请，波伏娃放下电话竟然发现自己泪流满面。就此两人缠绵很久，帅气的青年朗兹曼给波伏娃带来了勃勃的生机与崭新的激情。许多年，彼此一有新的情人，萨特与波伏娃从不相互隐瞒，总是坦诚相告，甚至，几人双双一起出游，被友人们称为：情爱三重奏或是爱情四角恋。

· 不可理喻的怪异情侣

夜色中的卢浮宫，灯火璀璨。相识近十年即将服兵役的萨特与波伏娃即将分开之时，达成了又一个协议：不干涉，不欺骗，不隐瞒。彼此的“偶然”的爱情都应该让对方知道，应该将自己的一切者毫无保留地袒露给对方（要及时与对方分享自己与情人在一起的详细情节）。萨特果然完全按协议办事。当他在柏林进修时喜欢上同学的妻子时。立刻写信告诉波伏娃，波伏娃甚至还专门去考察了一番这个女子是否对萨特适合；而当他与一些风流女子接触和嬉戏后，又遵循“做爱透明化”的协定将一切过程写信告诉波伏娃甚至包括与女方性接触的过程和细节：“这是我第一次与一个肤色浅黑的女人睡觉……她体味很大，汗毛挺重，腰背部长着黑毛，衬着白皙的躯体……她的舌头就像支小笛，总是伸直了去够我的扁桃体”……而波伏娃则同样将与其他男友相处的细节告诉萨特，比如让她“经历了生命第一次完美的性高潮”的美国作家阿格林。她告诉萨特，与阿格林在一起才知道，男女之间的爱情竟会有这样地炽热。还有克洛德·郎兹曼，年轻于波伏娃近20岁的年轻人对她说“你对我非常、非常重要”，而波伏娃在与其的缠绵中感到自己又恢复了青春和活力。只不过，在赤裸裸的细节上较之于萨特有所保留罢了。她毕竟是女人。

▶ 萨特与波伏娃的合影。

三

“唯一”是什么？一直以为是相爱者的地老天荒，是日日夜夜的长相守，更是你高兴时想与他分享、疲惫痛苦时那个能让你靠一靠的坚实肩膀和温暖怀抱。波伏娃与萨特这对情侣的“唯一”显然已超越了凡尘男女心中的界定，对于这两颗追求独立与自由的心灵来说，“唯一”既是深入骨髓的相互理解，也是胸怀的天高地阔，更是生命中的至高无上，可遇而不可求。

这样的爱，有多深有多真？波伏娃的确美丽，我翻阅过她不同年龄阶段的照片，从少女时的娇媚可人到中年时的绚丽绽放再到老年时的从容丰硕。修长美丽的波伏娃，佩戴着大大的耳环，梳着精致的发髻风情万种向我微笑。尤其是20世纪50年代他们应中外友好协会的邀请，来中国访问的照片，高出萨特半个头的波伏娃穿着束腰大摆连衣裙，飘逸大气若手捧的那束鲜花一样绚丽漂亮。这样的波伏娃真的铭心该骨地爱这身高不到一米六、面相丑陋的萨特吗？尽管萨特才华横溢、卓尔不群。我不止一次向着这对情侣发问，不止一次地在史料中寻觅。

· 我看到布鲁马斯的二十四小时

二战期间萨特应征入伍，波伏娃心中空落落的，相识10年来第一次要分开且这么长的时间。当得知萨特被派到布鲁马斯时，她立刻想方设法去布鲁马斯，可战时的特殊规定，她只被批准在此停留24小时！在寒冷中她匆匆赶去了火车站冒险来到萨特所在的城市，并想尽一切办法传纸条终于等来了萨特。在战火纷飞中波伏娃的到来给了萨特的巨大惊喜，说不完的知心话叙不完的相思情。短暂的相逢令两人难舍难分，布鲁马斯的火车站上与繁密的星空佐证着两人的依依惜别。我也看到炮火中的牵挂与担忧。1940年巴黎遭沦陷，在高射炮的轰炸声中，波伏娃听说在军中服役的萨特被俘关在了集中营，她异常痛苦：我为什么还活着！当与萨特终于联系上，知道他还活着，波伏娃感到自己一下子又恢复了过来……这些难道不是一对深爱的人所情所景吗？没有真爱哪会有这样的追寻与切肤之痛？他爱她吗？这更是我一直在思索的问题。萨特一生有过许多女人，有一夜情也有相处两年之久的情人。但一旦情人逼他在波伏娃之间作出非此即彼的决定，他立即舍情人而去，比如多洛丽斯，作为法国的一位女演员，战后在美国情报处工作。在四个月两人的热恋中，萨特放不下这个漂亮迷人的女子。回法国后又去了美国四个月，一切都为了这个女子。他毫无保留地写信告诉波伏娃是怎样的楚楚可人，具有激情与谨慎、羞怯与毅力同在的特殊气质，更如孩子一样的快乐无邪。他甚至将自己与多洛丽斯交往的日程表都列下来寄给波伏娃，“她太有女人味了！”我不知道波伏娃收到这样的坦白作何想？但当多洛丽斯在一年多的恋情之后，强烈要求来巴黎定居，萨特还是否决了。对于任何女人，如果让他在波伏娃与情人中作出非此即彼的选择，无疑，他总是舍弃第三者而选择波伏娃。“她是无可替代的”，“我要和她终生相伴。”这算是一种爱，还是一种固守“协议”的无可奈何呢？说是遵守协议吧，可萨特在 70 岁时又对波伏娃说：“我非常爱你，我亲爱的海狸（海狸，是在读大学时萨特对波伏娃的爱称）。你是我的好妻子。”

· 深入骨髓的相知与理解

思想上的共振，感觉上的共鸣，波伏娃与萨特真的是那种深入骨髓的相知与理解。我们来看，波伏娃的回忆录有段话说明了这一点：“人们总是说，我们的思想几乎完全一致，然而我们却始终一丝不苟地对对方的观点进行批评、修正或肯定。在通常情况下，我们当中的一个说了前半句话，另一个人就能说出后半句；如果有人问我俩同一个问题，他会得到相同的回答。在某个字眼、某种感觉、某片阴影的刺激下，我俩会走上相同的思路，并在同一时刻产生相同的感触——相同的记忆、相同的联想，而这些，第三者是绝对不可能产生的。”心有灵犀，息息相通，这就是这一对伴侣在没有婚姻约束的情况下能够保持长达50年情人关系的根本原因。而萨特在70岁时回忆道：在他的一生中只遇到过一个人可以在与之交谈中发现和形成自己的思想，这人就是波伏娃。这不仅是因为她的哲学知识达到与他同样的水平，还因为她对他以及他想做的事收据达到与他同样的认识水平，因此，她是最理想的对话者，是人们从未有过的对话者。他能够向她谈论和诉说一切，而她什么都能够理解。不是每一个男人都这样幸运的。

· 你就是我的另一半

从小在安祥宽容的家庭中若一株小草自由生长的小西蒙娜，自幼就表现出反叛的性格，当跟随父母上街可是客人来说，大哭大闹或是满地打滚常令父母难堪万分。19岁时，她就发表了一项个人“独立宣言”，宣称“我绝不让我的生命屈从于他人的意志”。而萨特，这位有着过于特立独行的自由特质，在校园中常戴着一顶大帽子四处向女大学生献殷勤的不修边幅的矮个子男生，他对波伏娃最早的注视由于她的漂亮，而当两人在复习与考试中相互切磋交流，接触越多，发现彼此的相同点越多。是前世相识？是今世相知？和大部分女人一样，波伏娃一直期盼能有个比她强的伴侣，在她需要时能够伸出手来帮她一把。而萨特则是第一次遇到一个人生态度完全相同的人，专注于精神世界的翱翔，忽略尘世间物质的琐屑。她就是我的另一半！有争执有指责，但那都是精神层面与形而上的东西……这样的世间稀有的同类终走到了一起。

这样的同类，究竟是爱人，还是知已？还是既是爱人又是知已？

有人说：什么是爱情？两个灵魂一个身体；什么是知已？两个身体一个灵魂。这话表述得不完全。这世界上，也是有着爱人加知已的。爱人加知已，是真心相爱的男人与女人之间的最好境界。波伏娃

在当时，波伏娃因其先锋的思想而有着大量年轻的拥趸。

与萨特达到这样的理想境界吗？

一直认为，男女间的爱情也好情爱也罢，真正的爱情是排它的。爱情的排它性是人类永恒的局限，也许有人希望突破这种局限，萨特和波伏瓦的爱情似乎突破了这一局限。但排他性既是爱情的局限，更是爱情的本质啊，爱情就是在局限中确定自己“唯一”的本质的。我不能相信一对深爱的情侣，在对方与其他的男人或是女子有着暧昧关系甚至上床会无动于衷。就像雄孔雀受到挑逗或者见到雌孔雀就会自然地开屏一样，女性天生比男性更容易吃醋，在对待爱情的态度上——我是指真正的爱情，而不是复杂的男女关系——女性的排它性要比男性强烈得多，因为她们投入的比男性多。所以，遵循所谓平等的爱情条款，意味着波伏瓦比萨特要付出更多的努力。但这两人真是匪夷所思啊，尤其是还相互坦诚性爱的细节，实在是不可理喻，就算你们两个杰出而又怪异之人互不介意甚至真的接受，但，你让那与你曾经缠绵悱恻的他或是她情何以堪！

“存在就是合理的。”萨特的这一理论奠定了他存在主义哲学有基础。只是，似波伏娃与萨特对于爱情如此怪诞的处理的方式的存在，算是合理吗？绝非合理。不合情理，不合伦理，不合做人的道理。当然，吾一平凡女子，信奉的是理想又也许是传统的爱情观。这两位自由情侣的情爱传奇不是一般人所能够接受与理解的。也许，只有他们自己相互真正的理解。萨特与波伏瓦的关系是前无古人的，独创的，完全不受世俗和传统观念束缚，亲密生活了半个多世纪，一直没有结婚，相伴一生，却又各自享有自己身体和灵魂的自由。如此说来，我以为，能令波伏娃与萨特在男女情爱之关系如此超脱，她与他最深切的关系，那么只能是，知己。或者是知己的成份多，爱人的成份少。当然这半个多世纪的超脱情爱的和谐相处，更多的还是来自于两人是“同类”，更由于他们不同常人，在学问与才情上他们是杰出的大师，友谊与感情的取舍又是不可理喻的怪物。

对世界、法国哲学界与文学界的卓越贡献，两人相伴终身的奇异友谊与爱情，令世界为波伏娃与萨特永久瞩目。法国前总统密特朗称波伏娃为“法国和全世界的最杰出作家”。波伏娃在文学和哲学上都有着同样令人仰慕的成就，她是存在主义哲学先驱之一，她划时代的作品《第二性》，这部阐述女性何以成为第二性趋从属性的作品让她成为了女权主义的领军人物，应该说，波伏娃无论对文学界，还是思想界，都有着巨大的贡献。而作为女权主义理论家的波伏娃，她的学术资源，特别是女性运动的理论资源，学术界还没有真正挖掘。但那是另外一个话题了，她的思想内涵与学术成就，还是交给学术界吧。

四

鲜花盛开，无数鸽子扑楞着翅翼从墓园上空飞过。

很多名人就安息在这儿——蒙帕纳斯墓园，除了波伏娃、萨特，还有圣伯夫、莫泊桑、波德莱尔、达达主义诗人查拉、荒诞派戏剧代表人物贝克特、尤内斯库，还有写下一部《情人》轰动世界的女作家杜拉斯等等。想着有机会去巴黎，一定要去这鲜花盛开、静寂安宁的蒙帕纳斯墓园。在蓝天白云下，在万籁俱寂时，静静地坐在她和他的墓碑前，有风拂过，和熙的暖暖的风。听一听波伏娃与萨特是如何在这儿说他俩永远说不完的话，是否在讨论来生的“透明协议”，还是在讨论“存在就是合理”，更是如何与莫泊桑、杜拉斯们倾心交谈的……这一颗颗辉映世界的璀璨巨星啊。

25 秋瑾：莽红尘何处觅知音

莽红尘何处觅知音，青衫湿！

——秋瑾（1875—1907）

一

▶秋瑾像。

绍兴。大通学堂。围兵重重，人声喧哗。"且慢！"白衫黑裤的美女子秋瑾一声断喝，只见她掠一掠齐耳短发，纤纤玉手伸向那案前的青瓷笔筒，泼墨，挥毫："秋风秋雨愁煞人！"掷笔，昂首。明眸灿若烈火，飘袂而出，头也不回。从大通学堂到绍兴轩亭口。这路啊，这路有多长？不长，几分钟的路程。这路好长啊，鉴湖女侠目不斜视孤身只影，走完了若夏花般绚烂又若秋山般沉重的33年的人生。围观的人多啊，绍兴的街坊乡邻：这不是玉姑吗？这不是大通学堂的督办吗？秋瑾！有人低低地唤出了女子的名字。

二

· 夜深风雨也寒凄

“我不要！我不要嘛！”七岁的小玉姑哭着喊着，将母亲紧紧缠在她幼嫩的脚上的长长的布，一圈圈缠上去，使脚疼得锥心的布，哭着闹着又一圈圈解了下来。母亲无奈：“女孩子，脚太大了，长大嫁不到人的。”“嫁不到我也不要裹脚，他们都没有裹嘛！”出生于书香之家的小名为玉姑的秋瑾，七岁被迫缠足，就以父、兄均不缠足为理由，哭着拒缠。生活在这样一个典型的传统家庭氛围中，在视女子为玩物的旧时代，她的叛逆性格使她有如困兽犹斗。大户人家的小姐，秋瑾也被迫拿起了绣花针与竹绷，“习女红，尤擅刺绣”。但秋瑾不喜欢，“旋即弃去”。她爱好读书吟诗，羡慕西汉朱家、郭解任侠。16岁就学拳棒、剑术和骑马。有着敢于抗争勇气的秋瑾，一直在走一条与传统社会相背离的路。

不幸婚姻对秋瑾的人生抉择是很好的催化剂。“知己不逢归俗子，终生长恨咽深闺”，和那个年代所有人的婚姻抉择一样，秋瑾的婚姻是“父母之命，媒约之言”的旧式婚姻，公公的势利、婆婆的专横以及丈夫和自己的琴瑟异趣，秋瑾在王家痛苦不堪，就这么一日日一年年地消磨青春。她写信给哥哥秋宗章：“妹如得佳偶，互相切磋，此七八年岂不能精进学业？名誉当不致如今日，必当出人头地，以为我宗父母兄弟光；奈何遇此比匪无受益，而反以终日之气恼伤此脑筋”。也许到这时，家庭就会有战争了。1903年的中秋节，丈夫说好在家宴客，结果被人拉去吃花酒，秋瑾收拾酒菜后，第一次身着男装，带仆人去看戏，不料被知道后，丈夫竟然回家打了秋瑾。秋瑾盛怒之下，“出居泰顺栈”。那一个中秋，月圆人不圆。秋瑾，在冷凛的无边月色中抱紧了双肘流泪，真正体味到“夜深风雨也寒凄”。也许就在此时，她下定决心冲破封建牢笼。

“身不得，男儿列，心却比，男儿烈”，驶往日本的信雄丸轮船

▶ 留学期间的秋瑾。

船头上，衣袂飘逸迎风而立的秋瑾，胸中再一次回荡起自己 16 岁时写就的这首《满江红》。是的，女人就该是“一世的囚徒，半生的牛马”？中华就该是遭受列强欺凌永远挨打？早在五岁时，秋瑾就曾见华人被英、法、葡等国传教士欺凌；稍稍成人，目睹变法失败，义和团运动风起云涌，列强瓜分祖国，鸦片战争中紫禁城遭劫被毁，千年古都到处都留下侵略者的兽行，《辛丑条约》使中国完全陷入半殖民地半封建社会的深渊。童年的创伤体验，再加上家国之恨，潜藏在内心深处的那一份侠烈性情喷涌而出，促使她“始信英雄亦有雌”，立誓成为奋起直击的女中豪杰，她决心献身革命，以挽救国家民族的危亡。今日，为救国救民，为山河疆土，终于，摆脱家庭的纠缠，在友人吴芝英（户部侍郎夫人）资助下，1904 年离开北京乘船独自踏上了东渡日本的航船，漫漫航程，秋瑾豪情满怀：“漫云女子不英雄，万里乘风独向东。”

东京是中国革命海外策源地，中国留学生经常在“学生会馆”集会、结社。面对祖国被列强欺凌，这些热血青年的救国民主活动如火如荼。聪颖的秋瑾有着演讲的才能，常在集会中发表学说，语言生动，词锋犀利；自号“鉴湖女侠”的她还备置了一柄锋利的短剑，常在清晨时舞出自家的一番豪情。学习时，她更是积极参加孙中山、章太炎、黄兴、陶成章组织的革命活动，她过人的才华与蓬勃的激情令大家瞩目，也深得大家的信任，1905 年 8 月，“同盟会”成立，秋瑾被推选为“同盟会”浙江主盟人。

· 秋风秋雨愁煞人

在日本留学这一年的时间，是秋瑾在追求自由与民主的一生中不可多得的历练，她成熟了。1905 年 12 月秋瑾回到上海，开始联络各地会、党准备发动武装斗争；1907 年 1 月在上海创办《中国女报》，点亮了妇女解放斗争的火炬；1907 年 2 月，她选择了祖籍绍兴。

街坊们都知道，那每天踏着百年青石板的匆匆身影，声声木屐，就是秋瑾往返于绍兴石板街家与大通学堂之间。秋瑾回到绍兴主持陶成章和徐锡麟创办的“绍兴大通学堂”校务，实质是革命党军校的大通学堂，从中联络革命力量，光复军武装起义就在这里孕育。后来起义未遂，事败，追捕的兵丁到了，同志们要求她尽快逃走，在有可能脱身的情况之下，她毅然拒绝，有序地安排好其他同志脱险后，大义凛然地束手待擒。

于是，她喝退冲进来的清兵，掠一掠齐耳短发，纤纤玉手伸向那案前的青瓷笔筒，她泼墨，她挥毫：“秋风秋雨愁煞人！”掷笔，昂首，走进了古轩亭口。应该说是女性革命的第一滴血就是从秋瑾流起。

三

阴云四合，日月无光。被唤作秋瑾的女子，凛凛然向着黎明中的古轩亭口，孤独地走去，昂首向苍天。此时的秋瑾，在想什么？是壮志未酬？是亲人朋友？一生的爱与情？一生的仇与恨？曾经查阅过资料。有说是秋瑾视死如归，有说是秋瑾平静如许。我却分明看到，临刑前的鉴湖女侠，她在环顾四周，她在寻觅亲朋好友，可是，没有，没有！没有一眸相通的眼神，没有一泓深情的泪水……

不止一次端详过秋瑾的照片，典型的中国美女，鹅蛋脸，悬胆鼻，秀美又端庄。常常是一眺望，就见到她。你看，她就站在江南绍兴城石板街的淅冽细雨中，秋雨缠缠绵绵扯着长丝，凝在她黑发上是晶莹的水珠，她用那黑白分明的大眼睛深邃又冷凝地注视着这个人间这个世界，静若处子，她的身后，中粉墙是黛瓦是色色青翠的树木，为她缀饰着烟雨江南的秀雅背景。这是一幅画，一幅淡淡的泼墨中国画，娴静的秋瑾与这般婉约的景致是如此的和谐。这样的女子，抛下一切，决绝地从相对富裕的家庭中出走，走进了一个为自身更为民族与国家争取自由的境界，是何等的不易。而她的感情世界，就没有一个能掏心掏肺真心相爱的人吗？

曾经有人说，秋瑾无情，抛夫别子就是一个很好的例证。其实，这样一个丰富、美丽有才情的年轻女子，在追求自由解放、民族进步的同时，怎会没有情感？

比如当年，因与只知道数铜钱丈夫的志不同道不合，而抛子别雏只身东渡日本求学的隐痛，在东渡日本的船头上，想起孩子，她泪水不止一次地流下；与好友吴芝瑛、陶荻子在北京城南陶然亭的相别，三人相拥，抱在一起的依依不舍；在争取自由与解放的历程中，战友陈天华的蹈海、徐锡麟等人的英勇就义，秋瑾不也面向长空泪水肆流？她和普通人一样对生充满留念。在清军包围大通学堂的时候，秋瑾完全有逃脱的机会，但她依然选择留下来和学生并肩作战，有人最后一次劝秋瑾逃离，“瑾不应，仅令学生及办事人先走。于是有出前门冲敌而去者，有自后门渡河而逸者”，最后只有大通教员程毅等几人，和秋瑾一道留在学堂内。“我是秋瑾，与其他人无干！”直至被俘，直到昂然走向轩亭口。如此地视死如归，这样的大境界一般人是不易做到的。

▶ 秋瑾的棺椁从山阴运往杭州经过苏堤第六桥。

徐自华、吴芝瑛，是她的结拜姐妹，闺中挚友。1907 年秋瑾和徐自华来杭州，她们瞻仰了民族英雄岳飞的墓。在西泠桥畔，她曾对徐自华无限感慨地说：“如果我死后真能埋骨于此，那可是福份太大了”。秋瑾英勇就义后，1908 年，徐自华等人不负所托，根据秋瑾生前的愿望，将秋瑾的遗骨移葬在西子湖畔的西泠桥西侧。当年她们同秋瑾结拜时曾盟誓："贵贱不渝，始终如一。"现在她们一起挺身担当，仗义葬秋，足以证明她们确与取号"鉴湖女侠"的秋瑾同调同风，也有侠义之气。但说到底，是姐妹好友不是生死知音。

徐锡麟，这位清矍儒雅、秀气的鼻梁上架着一副近视眼镜的留日归国青年，在赴安徽省会安庆上任前，对着秋瑾等人说过这样一番话："法国革命八十年战成，其间不知流过多少热血，我国在初创的革命阶段，亦当不惜流血以灌溉革命的花实。我这次到安徽去，就是预备流血的，诸位切不可引以为惨而存退缩的念头才好。"徐锡麟无疑是那个新旧交替的时代里无数叛逆中最突出的一个。在安徽的徐锡麟和在浙江的秋瑾商议，于 1907 年 7 月浙、皖两省同时起义。清明节那天，光复会召集负责浙、皖两省起义的会党首领，在绍兴大禹陵秘密开会，会上决定建立光复军，大家推举徐锡麟为首领，秋瑾为协领。起义计划方案："浙江起义军由秋瑾统一指挥，如果失败，北上安徽与徐锡麟会师。"不料内部出了奸细，起义消息很快被安徽巡抚得悉，行动步骤被打乱，促使徐锡麟在 7 月 6 日提前起义，结果给有备的清政府俘获，徐锡麟在受尽酷刑后当天就被处决。徐锡麟也只是秋瑾的同志，也还算不上知音，更谈不到生死爱人。

秋瑾一生还留下许多著作，包括 120 多首诗，38 首词。她以天下为己任，大义凛然，气势豪迈，文词朗丽高亢，音节嘹亮。为了普及革命，她还写过白话文，谱歌曲，甚至编弹词，来向广大群众传播革命的道理。这些皆收于《秋瑾集》中。这样一位有才有貌有血性的女子！

一声叹息，声声叹息！在无数个走近秋瑾、研读秋瑾的日子里，在秋瑾留下的诗词绝句中，我一次又一次地感受到、感受着秋瑾那铭心刻骨，难以言说的孤独。你看，在东渡扶桑时，她独吟：万里乘风独向东；在舞剑弄枪之余，她自叹：知音落落世难逢；在杜鹃花绽放时，她感言：夜深风露也寒凄；在去常德途中她自语：论交谁可并汪伦？更在《满江红》中发出"莽红尘何处觅知音，青衫湿"的深深叹息！是的，秋瑾孤独。抛弃锦衣玉食，家人对其志向不理解；投身反清革命，遭尽远亲近朋白眼；陈天华跳海自杀，徐锡麟慷慨就义；竟连曾经视为师长的贵福，也变成了刽子手在衙门上拍起了惊堂木，对秋瑾怒斥：交出同党！在中国，先行者常常就是这么孤独。

自古以来，得一知己为人生之大幸。伯牙、钟子期一曲高山流水吟唱至今，十二月党人的妻子追随爱人至西伯利亚留在冰天雪地中的足迹清晰如昨，蔡锷、小凤仙乱世中的相知相扶为世人所欣羡慨叹，陈铁军与周文雍刑场上的婚礼荡气回肠，石评梅与高君宇生不同床死同穴的深深遗憾……上下五千年，从战争年代到和平时期，幸运时痛苦中，温暖时挫折里，有一份衷肠有人能倾吐，有一份理想可与人共诉。寒风中，共围一炉炭火的那份温暖，炎热时，共饮那杯甘蔗茶的沁凉，即使风霜刀剑，即使众叛亲离，只要有一份相知相惜，只须有一份声气相求。断头何足惜！

难怪秋瑾，难怪面对铮狞、锃亮刑具面不改色的鉴湖女侠，在夜深人静时，热泪滚滚，湿青衫！那满腹的才思无人共赏，那一腔热血

▸ 秋瑾纪念碑。

的抛洒无人认同，那救国救民的理想有几人共求，那儿女情长、夫妻恩爱，只成了夜深露重时一份渺茫，无以追寻的奢望！33岁蓬勃绽放的年华啊，秋瑾该是含恨、含憾而去！秋风秋雨愁煞人的秋瑾，宁为玉碎不为瓦全的秋瑾，在轩亭口引颈赴死之际，如若，有那么一群人，有那么一家人，哪怕是只有一个人，相知相惜、志同道合的一个人，能与她并肩或是默默、远远地注视着她，就一个眼神也好啊！

四

秋瑾离我们百年了，百年多少兴亡事？美女秋瑾，烈女秋瑾，鉴湖女侠秋瑾，早已化作苍茫夜空中那颗耀眼的星辰，璀璨永远。风景若画的西泠桥边，矗立着秋瑾汉白玉的雕像，秀丽、飘逸又凝重。

想起诗人白桦的诗句：

"你与百年前的红花绿叶一起落入拌着血泪的古越泥土，

在孤独的梦中静候着春暖花开的黎明"。

伫立在秋瑾的墓前，已是七彩缤纷，繁花盛开。但分明地，我听见绍兴古城轩亭口一声长长的叹息：

莽红尘何处觅知音，青衫湿！

▸秋瑾雕像。

第六章　信仰：寒梅怒放

信仰的光辉，璀璨着女性的天空，再黑暗的旅途也走出生命的永恒，并照亮人类漫漫前行的脚步。

▶圣女贞德。

26 特蕾莎：在爱中行走

我愿意代替世界上所有的穷人、病人和孤独的人，来接受这个奖。

——特蕾莎修女（1910—1997）

一

1979 年，挪威，首都奥斯陆。

豪华气派的礼堂，气度非凡的王族，盛装的外交使节和各界名流。

她走了过来。瘦小、苍老，满面纵横交错的皱纹，一身粗糙简朴的白色印度纱丽，还有赤脚，穿着凉鞋。就这样，质朴若大地上一株小草的她，走上了这个令世界瞩目的诺贝尔和平奖的领奖台。

▸特蕾莎修女。

“事实上，这项荣誉，我个人不配领受。但我愿意代替世界上所有的穷人、病人和孤独的人，来接受这个奖。因为我相信，你们是愿意借着颁奖给我，而承认穷人也有尊严，也有在这个世界上生存的权利。”特蕾莎修女质朴、庄重的声音在大厅里久久地回荡，掌声四起经久不息。

二

深邃明亮的大眼睛，清脆明丽的女高音，娇小苗条的身姿。我不知道 18 岁的美少女龚莎高中毕业后加入劳莱德修女会，选择到印度去做修女，将一生献给上帝是经过了怎样认真、慎重的考虑。

· 回应上帝的召唤

“我们家来客人啦！”特雷莎姐妹仨都跑到了门口。却原来母亲庄达从街上领回来一个重病人，患了肿瘤无人收留，甚至连家人都不给进家门的女人。“到我的家中去吧，让我来照顾你。”在三个孩子的帮助下，母亲安慰这个女人留她在家吃住，花钱为她治疗，直到她基本康复。这件事情给予小特蕾莎巨大的影响，尤其是母亲对这位女人的尊重的态度，她从母亲的身上发现了一种人间珍宝：同情心与对人的尊重。小特雷莎出生于一个温柔、安祥的天主教徒家庭，母亲虔诚的宗教信仰与乐善好施对幼时的小龚莎影响是巨大的。父亲尼古拉的过早去世，家中的状况困窘而艰辛的，可母亲却如从街上收留女病人这样为需要帮助的人做了很多的事。

12 岁时，复活节之际，母亲郑重送给小特蕾莎一本《圣方济各·亚西西传》，书中方济各修士以一生来追求耶稣基督，为穷人和病人服务的德行与神性使小特蕾莎为之折服。夜风里，月色中，对着天上明媚的月亮就许下了自己的心愿。我们知道，每个人孩提时受到的教育与影响，对其日后价值观的走向是绝对发生影响的，我以为，当这种影响与这个人与生俱来的天性与本质相融并契合时，这发出的能量更是不可估量的。当龚莎经过半年后的学习与修行，走出劳莱德修道院改名为特蕾莎时，她已认定：我的天职就是爱。

主啊，求你使我成为你和平的工具，
在有仇恨的地方，让我播种仁爱，

在有伤害的地方，让我播种宽恕，

在有猜疑的地方，让我播种信任，

在有绝望的地方，让我播种希望，

在有悲伤的地方，让我播种喜乐……

我不知道有着上述祈祷词的，这本《圣方济各·亚西西传》对12岁的小龚莎带来多大的影响。但从史料中得知，对她行事做人影响很大的母亲于复活节送给她的这本书，使她内心升腾起这样的愿望：我也要像方济各修士那样去爱人，去生活。我不能只为自己而活，我要似这位方济各修士一样，为这个世界贡献一点什么。

· 从一个开始，从最微小的帮起

战争刚结束的印度，疾病、贫困，城市遍地污浊，社会秩序混乱。走出修道院的特蕾莎被遍街四野的穷人、病人感到心痛与震撼，这么多需要帮助的人啊！穿越大街小巷，处处可见饥饿干渴的人、衣不蔽体的人、无家可归的人、麻风病人、酗酒的人还有，那些没有人要的人。特蕾莎觉得他们就是基督，基督是化身为这些人向凡间发出呼救。从一无所有，仅拿着一卷纱布走进这些需要帮助的人群为他们疗伤，到呼吁政府、教皇为他们争取权利，再到奔走于社会各界为他们寻找食品乃至一切可能的帮助……几十年，特蕾莎就生活在这样的人群之中，尽心尽力地为这样的人服务。

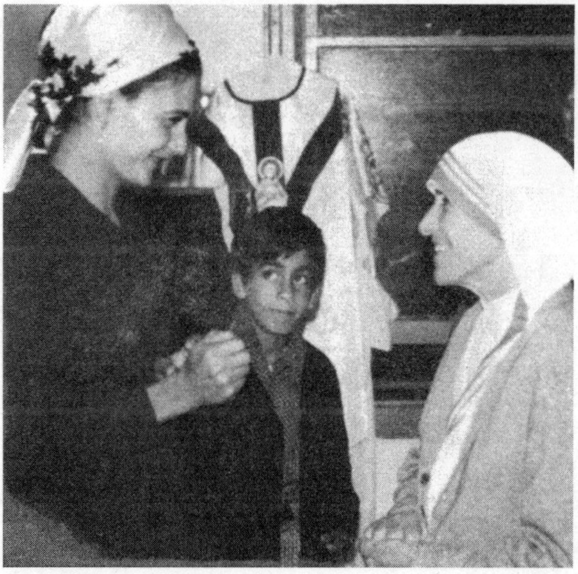

▶ 人们对特蕾莎修女充满敬意。

这样的一个故事令人为之心

折心叹。有一次，特蕾莎从伦敦乘飞机回加尔各答。在飞机上，空姐照例送来了飞行午餐，而邻座的女孩子却表示不想吃让服务员将盒饭收走。特蕾莎忍不住问空姐：你从头平常是怎样处理这些不吃的午餐呢？空姐微笑着说：等飞机一着陆，就将它全部丢掉。必须丢掉。特蕾莎心中难过：这个世界上还有很多人没有饭吃，不仅没有午餐，连晚餐也没有。有的人一辈子，也没吃过这么好吃的饭吧？她直率地说：那么，你们能不能，我是说，将这些东西给我吗？反正你们是要丢掉的。在周围乘客的惊讶中，空姐友好地笑了：可以呀，没有人吃过的多余的盒饭都给你带走吧。特蕾莎欢天喜地拎回了一大包盒饭，她将这些盒饭分给孩子们吃，而她的这人要求得到了许多机场的响应，为她的穷人与孩子们开辟了一条新的食品供应通道。

许多人问她：世界上数以万计的穷人，你帮得过来吗？想起那个在沙滩上捡鱼的孩子。海浪将许多的鱼儿打到了海滩上。小男孩一条鱼一条鱼地捡了往海里扔。经过的人说：孩子，这么多的鱼，你能救起几条？孩子认真地说：我救一条是一条。

而特蕾莎这样说：只要是为主而做，哪怕是拾起地上一根针，也是有价值的。这就是特蕾莎的想法。

· 点亮生命的灯

一个穿着印度女子通常穿的白色莎丽的修女穿行在贫民窟；一队穿着白色莎丽的修女穿行在贫民窟。

穿着白色粗布莎丽的特蕾莎嬷嬷，以自己的行动与广袤的爱，影响与带动着很多人一起来为“爱”来尽善行爱，为许多贫病交加甚至濒临死亡的被人抛弃被人遗忘的人，点燃了心灯。

一个老妇人，贫病潦倒，裹在一块破布间，满身蛆虫，恶臭熏人。特蕾莎将她抱起——将这样一个濒临死亡的人抱在怀中，需要的不仅是爱，更需要勇气和力量。医院拒收这样的病人，而特蕾莎不依不饶，就这样将污秽的老人抱在怀中，伫立在医院的门口，不停地拍着老人的面颊：没事的没事的。

加尔各答的街头。一个乞丐在热辣辣的太阳下，整整坐了一天，讨到了29分钱。他捧着这钱来到特蕾莎的面前：修女，我想将这钱奉献给你。特蕾莎想着这钱，这乞丐即将挨饿，但面对乞丐渴盼的眼神，她伸出双手恭敬、欢喜地收下了这29分钱。她看到乞丐挺直腰杆灿烂地笑了。穷人也希望得到尊严啊。

▸ 从平民到神职人员，都以特蕾莎嬷嬷为榜样。

一个老人孤寂地坐在黑屋里。特蕾莎惊异于小屋的狼籍与凌乱。她动手收拾。老人却说：不必了，就这样很好，反正没人来。这是一个被人遗忘了的老人。特蕾莎说；为什么不点亮灯啊？老人说：为谁点呢？！特蕾莎说：我来看你，修女们来看你。为什么不点燃灯呢？老人感动：听到人声，我会点亮灯的。后来这个老人托人带来一句话：谢谢她特蕾莎嬷嬷，她让我看到希望。这个世界没有抛弃我。

三

这是一个一生以爱的姿态，在爱中行走的女人。

每位伟人都有其伟大之处，细览特蕾莎的一生，深感她的伟大又是一些伟人所难以做到的，难怪她是接受历届诺贝尔和平奖中最没有争议、最令人欣慰的一位获得者。

个人物质上的贫乏甚至一无所有，与精神上的巨大财富是特蕾莎完美人格的最大魅力。出身于马其顿一个中产家庭聪慧秀美“有着华丽女高音”的女高中生，离开富有的物质生活条件，终其一生投入到印度肮脏的贫民窟中去，去吃苦，去受罪，去经历磨难——而德兰修女认为自己是在给予，给予就是收获，是在爱，爱是德兰终身拥有的最大的财富。德兰从 18 岁离开家庭去修道院，后来做修道院所办的圣玛丽中学的校长，再到多次申请，走出修道院的高墙，直接走向加尔各答的街头去救助穷人，最终领导着一个在全世界享有盛名的慈善机构仁爱传教修女会，有 4 亿多美金的资产，7000 多名正式成员，还有许多数不清的追随者。世界上最有钱的机构都愿意捐钱给她。而当她去世时，人们发现她所有的个人财产只是三件镶着蓝边的白色粗布沙丽，一件穿在身上，一件待洗，一件破了，需要缝补。她只穿凉鞋，没有袜子。而特蕾莎一直认为自己非常富有：爱和忠诚，是无论多少金钱所买不到的。

救活一个人与许多人等待拯救与帮助，是困扰许多有爱心的善良人为难之处。这阳光与苦难并存的世界与人生，需要帮助的人太多了，当我们为一件事情所打动、所揪心之时，往往觉得个人的力量太微小了，个人的钱财也太少了。可是我们来看看特蕾莎，最早走上加尔各答街头那叫着摩提吉的贫民窟之时，身上也只有一些纱布和药水。特蕾莎说：我不同意好高骛远的行事态度——爱，得从一个具体的人开始。是的，这是一个真理：这个人类是由一个个具体的人组成的。这世间任何事，无不是从一个或一件具体的人和事开始。没有开始的一个，也就不可能有后来的许多个乃至无限。

做一件好事的是一件值得赞许的行为，用全部的生命去爱和奉献，这是伟大与平凡的区别。特蕾莎从富有的家庭走向肮脏的贫民窟，几十年来一直亲力而为，去为相遇的一个个穷人洗刷、治伤、教穷孩子读书，与疾病、传染病为伍，为孤苦贫民送终，那双不穿袜子的赤脚走遍了加尔各答的每一个贫民窟，人称其为“贫民窟的天使”。没有家庭没有亲人，无所不在的大爱令特蕾莎一生为穷人中的穷人奔走、努力，即便她去挪威奥斯陆领取诺贝尔和平奖，她也只是朴实地说：“我个人不配得这个奖，但我是替世界上所有的穷人来领奖！这朴素又宏大的特蕾莎，她的爱使她将一生全部捧给需要帮助的穷人。

特蕾莎对自己献身的事业有着很清醒的认识，“为穷人中的穷人服务，是一项艰辛而没有止境的工作”，“长久地努力去做这项工作，需要一股强大的力量”。你有吗，我有吗？！我们也会有一时的善举，以自己的一粟去解决贫困群体的一时之需，但有的慈善是施舍，而施舍不是爱。更多的时候，我们的心灵筑着一面高墙，我们假装看不见这个世界的悲惨，粗糙浅薄、冷漠成冰。

四

“真正的爱，是能忍受别人的一切缺点，对别人的软弱毫不见怪，对别人的小德小行都要感奋取法。尤其我明白，爱不应埋藏在心底，因为，没有人将灯点在斗里，都把它放在灯台上，使进来的人看得见光亮。这灯光便代表着爱，爱不能它必须光照满堂，使人人感到愉快。”特蕾莎如是说。真心欣赏，但如此地“将爱不仅仅施与我们所爱的人，必须光照满堂”，这样的境界，一般人难以企及。

在即将进入天堂之际，特蕾莎在她的笔记本上留下了最后四个字：信赖与爱。

好多次，我甚至想，这么一个有爱、满心是爱的女子，难道，她就没有人间与尘世的七情六欲？当然，我说的是男女之情爱。曾在哪一本书中，见到过小特里莎也有过，做一个美丽新娘之梦幻的，何况，她本天生丽质。但是，就这样，将一生都奉献给基督了。于是，心中生出些许凡人的遗憾。在这么多年后，再

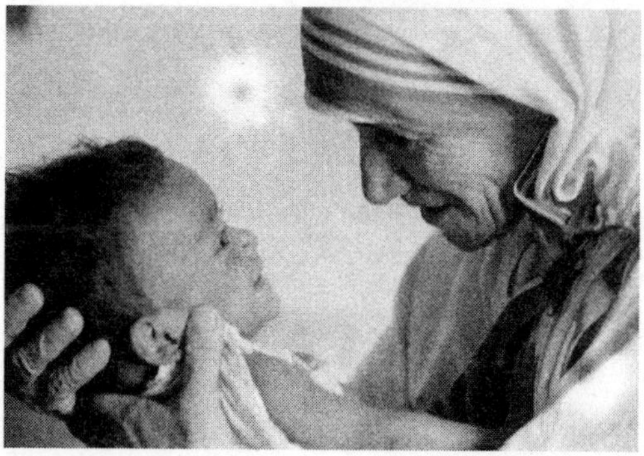

▶ 特蕾莎修女的博爱令人动容。

感受特蕾莎，知道也相信这世上是有神的。不免嘲笑自己：到底是凡夫俗子。遍溢着神性之光的特蕾莎，她的全部之爱，都奉献给基督了。

我曾在书中在网上搜索寻找，这样有才学富有爱心的女子年轻之时是怎么样的如花似玉、光彩照人？所寻到的图片，没有一张是特里莎年轻时的照片，只看到她光脚穿凉鞋的照片，只看到特里莎在贫民窟的照片，只看到特里莎在儿童之家抱着孩子的照片，只看到特里莎满面皱纹洋溢着爱意的照片……

月光下，我笑自己俗，人间的天使，世间的圣母，这样有神性的人，哪里需要凡俗的美丽？特蕾莎修女的本名为“龚莎”，在阿尔巴尼亚语中，也就是特蕾莎的母语中是花朵的意思。

一生在爱中行走，用爱去看待世界，有谁的生命若特蕾莎这样永恒地如花绽放呢？！

苍穹上，那颗最为明亮灿烂的星子，带着微笑，将四野辉映得温温烁烁——

是您吗？天使特蕾莎！

27 贞德：塞纳河中那朵冤屈的浪花

为了我的祖国法兰西，我无所畏惧！

——圣女贞德（1412—1430）

一

▶ 贞德画像。

1430 年 5 月 30 日的法国里昂，卢贝松的火刑柱下早已备就了大堆木柴，荷枪佩剑的士兵虎视耽耽森严壁垒。四面漏风的小四轮车咣啷咣啷拖拽着少女贞德在石子路上滚动着、前进着。5 月的里昂，阳光明媚，鲜花盛开。大地复生，而 19 岁的贞德正迎着死亡走去。人群一阵骚动，被剪了一头短发穿着长袍的贞德下得车来，踩踏着木柴平静地走到了火刑柱下。兵丁将她捆缚起来，在缚着她的柴堆上面，高高地悬着一块木牌，

▶ 火刑柱上的贞德。

硕大的字体写着控告她的罪名。看着周围的世界，贞德捧着十字架喊着说："啊，里昂，我担心你要为我的死付出高昂的代价啊！耶稣呀！"火是猛烈的，大火迅猛地烧到了她的脚下，围观者的泪水瞬间淹没在浓烟之间。衣袍燃焦了，炙热与窒息之间，少女贞德高喊："为了我的祖国法兰西，我无所畏惧！"

二

· 从牧羊女到战士

贞德1412年出生在法国偏僻的杜鲁弥村庄，当时正逢英法百年战争期间，法国大片领土已被英国占领，法国国内还爆发了内战。小贞德在父母的认真教养下，善良、正直，信仰虔诚。除了放羊，把大部分的时间都用来祈祷。父母虽然务农．但并不贫困。贞德在农庄中生活，常常到田里干活，看放羊群，编织羊毛袜子。晚上从父母那里听到的事情，白天时时刻刻萦绕在她心中。她是在战争的大风暴中长大的，到处是恐怖，每时每刻都有盗匪来犯的危险。她为这一切不幸而悲伤。

作为一个虔诚的天主教徒，她开始求天主拯救她的祖国，赶走英国侵略者。她不会念书，不会写字，她只有哭泣，只有盼望，只有把心转向天主。她经常听到空中传来奇怪的声音，并看到奇怪的幻象。这个神秘的声音告诉她，她的使命就是重振法国，帮助王太子查理成为法国国王。为此，她必须着男装，执利刃，统率军队，冲锋陷阵。一天，贞德外出归来，发现她的村庄已被英军蹂躏。她躲在柜中，目睹了英军强奸并杀害了她 18 岁的姐姐。这场悲剧后，她被送到邻村的叔叔家生活。谁也想不到这个纯真的小姑娘会作出什么惊天动地的事情来。可是这个不满 17 岁的少女，却宣布她将击败世界上最强大的军队并解放她的国家。历经周折，她终得以面见王太子查理，贞德宣称她带来了上帝的意旨，要求查理给她一支军队去抵抗英军。查理最终答应了她的要求。

· 奥尔良的英雄女儿

身佩锃亮亮的利剑，挥舞象征着法国王室的百合花旗帜，率领着 6000 法军，浩浩荡荡地向被英军所围困的奥尔良城大举进发：爱

▶ 贞德面见王太子查理。

我的人，请跟我来！——600多年前的一场侵略与反侵略的战争，少女贞德她将一场原本枯燥乏味、普通人民深受其害但却不感兴趣的王朝间的冲突，变为一场热情激昂的保家卫国的圣战。从而就此将法国杜鲁弥村17岁的少女琼安推上了百年战争的风口浪尖。她女扮男装，骁勇善战，无所畏惧，英勇杀敌，奥尔良位于卢瓦尔河右岸，它是卢瓦尔省北方仍然掌握在查理七世手中唯一的城市。四周高大的城墙防御着来犯之敌，城市伸出一道桥梁直达河中的小岛，桥的尽头是索洛涅大道，由此可到达法国南方。英军驻扎在奥尔良的北面及西面。他们于1428年10月12日就开始围困了这座城市，敌人的企图是夺取这座城市，然后挥兵直下法国南方，占据整个法国。为了攻下这座城市，必须切断城里的一切供应，英军力图阻止奥尔良获得援军和辎重，却并不十分成功；直到最后，奥尔良人都能多少得到一些支援。城中有近千名法军，还有一批市民拿起了武器和英国人作战，杜诺瓦指挥着这一支小小军队，他是奥尔良查理的同父异母兄弟，也是路易的儿子，他要使法兰西重获自由。他对贞德来说，也是一位可靠的朋友，患难与共之交。奥尔良人试图全力以赴赶走敌人，但因感到力量单薄，所以一直等待着太子查理许诺的援军。但是他却始终未派出一兵一卒。

1430年春天，对于贞德来说，已不是阳光明媚，而是雾霭重重。她继续作战，却已不再是统帅，国王不再让她统帅军队。贞德现在急于接应在贡柏臬附近跟英军及勃昆弟作战的法军。她想夺回这个城市。 贞德和他的人马夜里行军，穿过了瓦兹河右岸的树林，于1430年5月23日清晨到了战地。贞德是否知道这是她作战的最后一个早上了呢？也许她的心情是沉重的吧！她天上的主并没有告诉她这是她军人生涯的最后一次战斗。然而当她看见手下的人充满勇气，看见他们心中怀着对祖国的热爱，她感到这就是她最满意的收获；当她看到法兰西的土地上已经确立了查理七世国王，她感到这就是为了取悦天主所付出的一切辛劳的代价。虽然在战斗中不能发号施令，然而她身先士卒，高举战旗，为战上们大声助威，鼓动他们冲向敌人。士兵们都听从她，跟随她，先是进攻北面的勃艮弟人，接着转向西南，迎击英军。对于这些顽固的敌人，是要奋力拼搏的。当法军越过河流，冲向城头时，不料英军早有提防，立即增援大量人马，切断了道路，法军只得撤退。就在此刻，一个勃艮弟人击中贞德，她跌下马来，失去了她的武器。这一天，是 1430 年 5 月 23 日。

· 主教，我是死于你的手里！

鲁昂古堡教堂。对 19 岁的抗英勇士、奥尔良女儿贞德的审讯就要开庭了，42 名法官如临大敌。他们都是巴黎的博士，就是这一帮人存心处治这位少女、这个“危险人物”，他们完全受英人左右。只要是法官提出问题要求贞德回答的时候，所有这些大人物又都听命于柏德福。必须这样判决贞德，使她在教友和法国人民眼中，直至将来在历史上，都彻底完蛋。人人都想抓住她什么把柄。主教皮埃尔·科雄，在这些谈判和稍后的审判中担任关键的角色，他是英国的强硬支持者，并认为自己有责任确保贞德会遭受惩罚。可悲的是，英国政府资助整场审判的花费。法官问道：“你是否生活在天主的爱情之中？”她微笑着答道：“如果我没有，天主会赏赐我；如果我生活在其中，天主还要助我保持下去。”贞德在宗教的陶冶下长大，习以为然地服从教会，把自己看作教会的儿女。她怎么能相信这些穿着神圣的主教礼服道貌岸然的主教们会欺骗她呢？她自始至终相信教会人士都有一颗善良正直的心。所以她总不理解为什么审判她的法官是这样残酷无情。当法庭明确告知贞德，她被处以火刑时，她终于说出：主教，我是死于你的手里！

5 月 30 日，清晨 9 时，兵丁把贞德押上了一辆四面通风的凄冷小车上，她站立着，身上捆着绳子。人民不理解，老百姓惶恐不安：莫非这就是这位为法兰西出了大力的英勇少女的结局了吗？小车的四轮拖拽着贞德在石子路上滚动着、前进着。少女的眼睛此时注视着的是什么？她看到了周围一张张泪眼汪汪的面孔了没有？她听见了兵丁的呐喊和敌人们的冷言冷语了没有？

火刑架下，贞德神情一片宁静。她，怀着对祖国法兰西深深的爱，以无比英勇的献身精神，将全部心思高举向天，向着她永恒的天主。大火无情地燃烧，贞德看着周围的世界，喊着说："啊，里昂，我担心你要为我的死付出高昂的代价啊！"她向人们要十字架，一个英兵用两根木条做了一个十字递给她，她接过去，吻着。火已经烧到了脚下，十字架上的鸽子不再飞翔，她与十字架一起燃烧在6月里昂春天明媚的阳光里……刽子手们甚至将贞德烧焦了的碎骸都投入了塞纳河中。这样，贞德在这个世界上再也没有留下什么了。唯有卢贝松的火刑柱，记载着少女贞德受火刑的惨烈与悲壮，记载着法兰西败类与英吉利凶手的卑鄙无耻。也许，她终于明白：她只是天主的工具，已完成了使命，没有必要再留在世上了。

一粒麦子死了，便生出许多籽粒。目睹少女惨烈被焚的法国人在其爱国精神的鼓舞下，上下团结奋战，终于在1453年将英军逼退之海峡的那一端，取得抗英战争的胜利。作为勇敢、坚贞、信仰的化身，少女被法兰西人称为"奥尔良女儿"，被教会封为圣女贞德；作为爱国主义与英雄主义的典范，圣女贞德为几百年来全世界爱好和平的人所热爱。

· 当权者摆弄的一只棋子

起初的感动与泪水只是为了贞德的果敢、坚贞以及为信仰所献身的英勇与壮烈。跟随并寻觅着贞德的身影与踪迹这么多年，常常思索的却是：什么力量使一名不识字的农家少女有如此坚定的信念？唯有宗教。一个教会国家，一个尽管不识字，却在其母亲的教导下自幼受着《圣经》的濡染与熏陶，对于一个有着悟性与灵性，且性格倔强的女孩，虔诚的基督教徒，有着如此坚定与坚贞的信念，自有其可以追溯的源由。毫无疑问，力量来自天主。她声称是天主派遣了她，她的信仰告诉她爱祖国是信徒应尽的本分。由于她信赖天主，顺从天主的旨意，天主就给她勇气和力量。

又是什么原因使因贞德而坐稳王位的查理七世，无视贞德在火刑柱上的呼喊，不伸出援手派出大军拯救英雄将领奥尔良女儿贞德的生命？当时有关俘虏的惯例是，只要俘虏的家人能付出赎金便能将他赎回。查理是因贞德率军队之大胜在战火硝烟中，鼓瑟齐鸣登基就位的，他坐视贞德从被捕到被焚的全过程，却没有任何意愿要营救圣女贞德。他手中有英国的贵族，还有很多金钱，无论交换俘虏还是用金钱赎买，都是容易的。那么他为什么不去援救贞德呢？是不愿背着个女巫同谋者的恶名，还是怕贞德在民众间的威望太高，不好控制，容易生变？这不能不想到历代统治者的“利用”，古往今来，多少生死壮烈，以命相拼的偌大功勋只为野心家作了嫁衣，史册中历历可数。贞德最大的悲剧也许还不在于此。最大的悲剧是在她率军取胜之后在自己的国土上被法国人出卖给英国人，最后却又被全是由亲英的巴黎大学教授、主教们所组成的宗教法庭，在卢昂宣判为“女巫”，以火刑处死，甚至在如此的极刑之中，还将燃烧的木块拨开，让衣服已被烧焦的少女裸露身体，让人观看，直至贞德没烧完的内脏被从卢昂的桥上抛入塞纳河……作为当权者摆弄的一只棋子，火刑柱上的少女琼安、圣女贞德此时是作何想？上帝看着她殉亡，查理看着她焚烧，还有那些她曾仰视的教授与清教徒！“主教，是你杀死了我！”这是贞德最后的醒悟与呼喊。

▶电影《圣女贞德》剧照。

贞德死了，她年轻的躯体毁了，不留痕迹。然而她的形象在法国人民心中却高大起来。是她唤醒了他们的自由意识，是她带领他们走抗战之路，是她的勇气激励他们驱逐敌人。她把真纯、勇敢的形象留给了法国，而法国也极其珍爱地保存下来。贞德把法国归还了法国人民。若干年又过去了，昔日的痛苦淡忘了。教会重新研究了贞德的案件。

1456年7月，教会作出了裁决：“贞德错判了，烧死她是不对的，她没有一点过失。”这个决定虽然失之太晚，不过贞德的名义总算得到了昭雪。法国的民族英雄，奥尔良女儿、圣女贞德的铜像依然高高地矗立在汉斯的广场上，跃马扬刀，受着后人的瞻仰与膜拜。而在法兰西的很多教堂，都有着圣女贞德的祭台。她的塑像前鲜花不绝——人人都知道是她拯救了法国。

四

愚昧的年代离我们久远了，战火硝烟更为我们这一代人所不熟悉。几百年前的英法百年战争留下的只有圣女贞德的丰碑，贞德的悲剧无人去探究与追寻，统治者的过失与宗教法庭的荒谬、罪过也被历史的尘埃所掩映。

高大华美的凯旋门下，是美丽的法兰西女郎或优雅或妩媚地笑着。塞纳河水晶莹透彻，我看见白色的百合花与铿亮的利剑随波飘浮，滚滚的浪花中，那硕大洁白的一朵，应是圣女贞德冤屈的泪水，几百年来无止无尽地流淌绽放，直至永远。

28 海伦·凯勒：于黑暗中寻找光明

有时我想，要是人们把活着的每一天都看成生命中的最后一天，该有多好啊！这就能体现出生命的价值。如果认为岁月还相当漫长，我们的每一天就不会过得那样有意义、有朝气，我们对生活就不会总是充满激情。

——海伦·凯勒（1880—1968）

一

知更鸟、百灵鸟啁啾鸣叫，百合花、蔷薇花竞相绽放。青翠的树木欢喜着往上疯窜，碧蓝若洗的天空是这样的高远。可对于亚拉巴马州北部一个叫塔斯喀姆比亚的城镇，18个月的美国小女孩海伦凯勒来说，这个有着花香鸟鸣的春天已经永远离她而去，这以后所有的声响色彩也离她而去——因为急性胃充血、脑充血与持续的高烧，小女孩从此失去了听力和视力，什么都听不见，什么都看不见了，更由此也丧失了语言表达能力。世界一片黑暗和冷寂。那庭院里的黄杨木树篱呢？那散发着清香的紫罗兰与低垂的茉莉呢？爸爸、妈妈你们在哪里啊？惊恐不已的海伦放声大哭，两只小小的手臂在空中无助地挥舞。父亲、母亲热泪横流：小宝贝，亲亲的女儿，这一生该怎样度过啊？！而就是这样的一个盲

▶海伦·凯勒。

聋哑小女孩，却创造了人类生命史上的一个奇迹，正如美国著名作家马克·吐温所说：19 世纪有两个奇人，一个是拿破仑，一个是海伦·凯勒。

二

·“爸爸妈妈，我能说话了！”

当在多处寻医问药均告知无果时，海伦的父母绝望了。看着渴望与别人交流又好动的孩子，只能用手势来表达自己的意愿，摇摇头表示“不”，点点头表示“是”；只能磕磕碰碰摸索着行走，不是这儿碰伤了就是那儿撞破了。做父母的心都碎了，可是，无能为力。而渐渐长大，意识到自己与他人不一样的海伦，是伤心欲绝又大发脾气，常常是又踢又叫直至嗓子都哭哑了闹得筋疲力尽。在那个又盲又聋双重孤独黑暗的童年时代，变得暴躁又乖戾的小海伦只有两个朝夕相处的伙伴：一个是厨师的女儿玛莎，一个是一只名叫贝利的大猎狗。

阳光无比灿烂地穿透阳台上茂密的金银花叶子，小海伦感觉到阳光的温暖，然而她却只能是仰起小小的脸来感受这漾漾暖意。这是 1887 年 3 月 3 日的下午，是 6 岁多的海伦生命中最为重要的一天。当一阵轻缓的脚步愈来愈近，她凭感觉以为是妈妈来了，她本能地伸开了双臂，刚张开双臂，就觉得自己被人紧紧地拥住，拥进一个无比温暖的怀抱。海伦生命中最为重要的人，安妮·莎莉文来到她的身旁。那一刻，海伦和她的老师安妮可能都没料到这人类生命史上的一份奇迹将在她俩之间创造与诞生。

安妮的到来令小海伦孤寂的生命舒展开了勃勃的绿叶。跟着老师，她在手上靠触感学习拼音与写字；抚摸实物感受物与物之间的不同并将其融会到学习中去；走进大自然感受粗壮的树木与细嫩的草叶，感受风、感受雨、感受花朵的绽放、感受将小虫握在手中因震动而发出的鸣叫……学习拼音写字后再学习用手指来阅读，走进大自然感受万物，长途旅行认识世界，去海滨度假感受海风的清新与海浪的汹涌澎湃。安妮·莎莉文不因循守旧甚至独特的教学方法，令眼睛看不见、耳朵听不见的小海伦心中开满了红花绿草，生机盎然。安妮悉心地教授海伦，特别是她感兴趣的东西。这样海伦变得温和了，而且很快学会了用布莱叶盲文朗读和写作。靠用手指接触说话人的嘴唇去感受运动和震动，她又学会了触唇意识。这种方法被称作"泰德马"，是一种很少有人掌握的技能。她也学会了讲话，这对失聪的人来说是个巨大的成就。直到在安妮老师不倦的指导下，用触觉来领会喉咙的颤动、嘴的运动和面部表情，感受发音时面部肌肉的变化，练习、练习、再练习，海伦终于学会了发音和说话！

▶ 海伦用自己独特的方式感受着大自然的美好。

当夏天来临时，海伦在盲哑学校的课程正好告一段落，她说话的能力也和一般人没什么两样了。海伦回到家时，大声喊道："爸爸，妈妈，我回来了！"她呱叽呱叽地说个不停，爸爸和妈妈紧紧地抱住了海伦，流下了欣喜万分的泪水。

· 我要上哈佛大学！

从柏金斯盲人学校学习了盲文，并与盲人小伙伴相互用手指在手上讲话，绝顶聪明又相当敏感的海伦，意识到这个世界上有着许多和她一样的同类，她忘却了自身的痛苦；在莱特·赫马森聋人学校，小海伦又毫不气馁地学习发音和说话。在一连串枯燥甚至痛苦的训练中，海伦体会到学习与说话的快乐与喜悦，她与玩具、树木、鸟儿、小狗说话，当那些小狗也能听懂她的叫喊并服从她的命令时，海伦的信念已经很明确了：我要上哈佛大学！

为了实现这一梦想，海伦选择了剑桥女子中学读书。而她的老师安妮则与她一起同堂听课，课后以无限的耐心，将课堂上讲授的知识用手语翻译给她听。在剑桥中学，海伦学习了数学、拉丁语语法、德语，更接触了大量的文学作品。席勒的《钟之歌》、海涅的《哈尔茨山游记》、歌德的《我的一生》等大量的经典文学作品，这些文学作口将小海伦带向一个更为广阔美丽的世界，思想的火花、智慧的种子在小女孩的心头燃烧与萌芽。海伦已不满足于能够说话和别人交流了，那个自刚认盲文就萌发的信念，现在愈来愈坚定：我要上哈佛大学！

哈佛大学招生与考试的严苛在世界闻名，日益增长的信心与不折不挠的努力，使海伦·凯勒终于来到了报考哈佛大学的考场上。1897年6月底，233号考生，17岁的海伦·凯勒参加了德语、法语、拉丁语、英语、希腊文以及罗马史等九门课程的考试，又盲又聋的女孩不但每科都及格了，而且德语和英语都得了“优”！当站在哈佛大学德克利夫女子学院的门内，阳光下异常美丽的金发姑娘海伦，脑海中始终萦绕着古罗马的座右铭：被驱逐出罗马，只不过是生活于罗马之外而已。康庄大道也罢，崎岖小路也罢，都是人走出来的！

· 该做的事情太多了

当海伦的《少女日记》在《淑女书报》上发表连载，并得到了3000美元的稿费，这给了海伦极大的鼓舞。“文学是我理想的乐园，在这个乐园里，我享有一切权利。没有任何感觉上的障碍能够阻止我和作者以及作品中人物交流。”最喜欢乘船远行的海伦，在与文学、文字的亲密接触中，她深切地感受到，文学更似一首丰富无比的大船，载着人们驶向更为辽阔的远方。从《少女日记》之后，海伦的文学创作一发而不可收，从《我的生活》到《走出黑暗》，从《老师》到《假如给我三天光明》……她一生写了 14 部著作，她的特殊经历与文学才华引起了全美国的注意，轰动了美国也震动了全世界。

是的，一如海伦所说：我要做的事太多了。她要做的又岂是仅仅在文学的殿堂中徜徉？

20 世纪初期，第一次世界大战爆发了。海伦和她的老师都是坚定的反战者，每每想到正在进行中的战争浩劫，想到那么多的无家可归那么凄惨的骨肉分离，海伦的心就颤栗不已，她与安妮·莎莉文老师立刻全身心地投入到了反战运动中。从 1916 年开始，海伦在安妮的陪同下，到许多城市进行反战演讲，作为一个盲聋人，作为一个“时代的奇迹”，海伦每到之处，她激情的演讲总是受到欢迎。有时在豪华的礼堂，有时在临时搭建的帐篷里。然而，终究是扭转不了对于整个愈演愈烈的战争态势。这一点，让海伦很痛苦。

“人类应该有自助、助人的信仰”，海伦对这一点深信不疑并终生为之实践。海伦一生投入并付出很大的精力是为盲聋哑残疾人服务。当美国第一个盲人事业家协会成立时，热情善良的海伦立刻投入到为盲人机构募捐的活动中去。海伦用顽强的毅力克服生理缺陷所造成的不便，她跑遍了美国的每个角落，访问过大小 123 个城市，参加过 249 场集会，对 20 多万听众发表过演讲，为残疾人尤其是盲人得到社会的关爱与帮助立下了汗马功劳，使若干与她一样的残疾人看到了希望带来了光明。海伦因此而受到了柯立芝总统的热情接见，总统在白宫里如等待贵宾似的专门等候海伦，称赞海伦所做的工作非常了不起。并表示一定关心全力协助。海伦·凯勒被评为 20 世纪美国的 10 大偶像之一。

1968 年海伦去世后，一个以她的名字命名的组织建立起来，该组织旨在与发展中国家存在的失明缺陷做斗争。如今这所机构，“国际海伦·凯勒”，是海外向盲人提供帮助的最大组织之一。

三

其实，是在很小的时候就知道了海伦·凯勒，知道了她坎坷又坚强直至取得巨大成就的一生。也不止一次地在心中追问：海伦、海伦，海伦·凯勒你到底是怎样的一个女孩？是天庭降落人间的精灵吗？是断了臂依然向世界绽放美丽的维纳斯女神吗？

一个聋盲哑人要脱离黑暗走向光明，最重要的是要学会认字读书。而从学会认字到学会阅读，更要付出超乎常人的毅力。海伦是靠手指来观察老师莎莉文小姐的嘴唇，用触觉来领会她喉咙的颤动、嘴的运动和面部表情，而这往往是不准确的。她为了使自己能够发好一个词或句子，要反复的练习，海伦从不在失败面前屈服。在安妮老师的精心指导下，海伦学会了拼写自己的名字，学会了拼写“泥土”、“种子”等许多单词。她不分昼夜，像一块干燥的海绵吮吸着知识的甘霖。她拼命摸读盲文，不停地书写单词和句子，她是这样地如饥似渴，以至小小的手指头都摸出了血。安妮老师心疼地用布把她的手指一一包扎起来。就这样，海伦以血迹斑斑的手指学会了阅读，书写和算术，学会了用手指“说话”。

▶ 顽强的生命力让海伦拥有了女神一般的魅力。

从海伦七岁受教育，到考入哈佛大学德克利夫学院的14年间，她给亲人、朋友和同学写了大量的信，这些书信，或者描绘旅途所见所闻，或者倾诉自己的情怀，有的则是复述刚刚听说的一个故事，内容十分丰富。在大学学习时，许多教材都没有盲文本，要靠别人把书的内容拼写在她手上，因此她在预习功课的时间上要比别的同学多得多。当别的同学在外面嬉戏、唱歌的时候，她却在花费很多时间努力备课。“信心是命运的主宰。面对光明，阴影就在我们身后。”海伦就是这样不屈不挠地以信心主宰着自己的命运。

“神待我不薄，为眼不能见、耳不能听、因而也不能说话的我送来了安妮老师，带领我离开黑暗而沉寂的世界。”海伦能够走出黑暗，达到那么高的学术成就，除了靠她自己的顽强毅力之外，同安妮老师的循循教导是分不开的。她说“我的老师安妮来到我家的这一天，是我一生中最重要的一天，她使我的精神获得了解放。”是她的老师教她认字，使她知道每一事物都有个名字，也是老师教她知道什么是“爱”这样抽象的名词。海伦幼年得病致残后，愚昧而乖戾，几乎成了无可救药的废物，但后来她却成为一个有文化底蕴有文学修养并懂得德、法、拉丁文等几国语言的优秀大学生，这确实是个奇迹。可以说这个奇迹有一半是海伦的老师安妮创造出来的，是她崇高的献身精神和科学的教育方法结出的硕果。她不管教海伦什么，总是用一个很好听的故事，或是一首诗来讲清楚，她的教育经验十分丰富，教育方法也与众不同，她从不把海伦关在房间里进行死板的、注入式的课堂教育，而是通过形象、感性化的教育，带到大自然中去感受的教育，令小海伦从孤独和愚昧中走了出来。还有在她成长途中，那一双双托满阳光的手将她温暖和照耀——海伦对每一位在她生命的过程中给予帮助与扶持的人充满感激。

▶ 笑对人生，直面艰难的海伦。

海伦的著名散文《假如给我三天光明》令许多人唏嘘不已也感悟良久。一个一生都看不见的女孩，她奢望能有三天的光明。第一天海伦希望用眼睛来看人，看她亲爱的老师，看她所有亲爱的朋友看她心爱小狗忠实信赖的眼睛。她还想看美丽的大自然，看土地上耕作的一匹马，看朝霞升起望落日奇景。第二天，海伦想去看博物馆，是用眼睛去看而不是如以前那样凭手指触摸着去“看”，历史博物馆、艺术博物馆，这世界上过去现在历史文化的结晶，晚上，用眼睛去看一场戏！第三天，海伦说：我将在当前的日常世界中度过，到为生活奔忙的人们经常去的地方去，去人最多的城市中去，去感知缤纷多彩的生活，注意阳光与黑暗，幸福与悲惨，这都是人们的生活呀……

我们这些耳聪眼明的人，过了一日又一日却无视这一切的人啊！

四

花开花落风霜雨雪，人生怎能没有缺憾？但又有谁的人生若海伦。凯勒那样在一岁多时就被撕毁得如此残缺不全？看不见红花绿草的人生，听不见任何声音的人生，不能张口说话的人生！还能有这比这更困难的人生？还能有比这更不堪的境地？而海伦·凯勒却凭着顽

▶ 海伦的一生比大多数健全的人过得更加完美。

强的意志和毅力，令人难以置信地攀上了人生的峰巅！

“带笑背负起自己的十字架。这并不是对命运投降，而是面对命运，进而设法克服它。”百年前海伦的这句话，总令我想到风靡当今的智慧大师，台湾的圣严法师的智慧名言：“面对它，接受它，处理它，放下它。”但海伦却又超越了法师的境地。海伦没有放下客观的不足的存在，只是以顽强的毅力和无比坚定的信念，处理与完成得更加理想与圆满。

“人生这个故事永远也不会完结。因为人类的精神的美一旦被人认识，我们就永远不会忘记。凯勒小姐给我们这些没有那么多困难需要克服的人们，上了永不能遗忘的一课。”罗斯福总统夫人埃利诺如是说。海伦·凯勒是一个让芸芸众生自豪又羞愧的名字，她应该得到永世流传，以对我们的生命给予最必要的提醒。

春风暖了，知更鸟、百灵鸟啁啾鸣叫，百合花、蔷薇花竞相绽放。青翠的树木欢喜着往上疯窜，碧蓝若洗的天空是这样的高远。让我们再次倾听海伦·凯勒的名言：

有时我想，要是人们把活着的每一天都看成生命的最后一天，该有多好啊！这就能体现出生命的价值。如果认为岁月还相当漫长，我们的每一天就不会过的那样有意义、有朝气，我们对生活就不会总是充满激情。

1968年6月1日下午，海伦·凯勒在睡梦中去世了，享年87岁。她一生在黑暗之中，却执著地寻找光明；

她的眼睛看不见一丝光亮，却以无比的灿烂为千千万万人点燃了心灯；

她伟大的光芒照耀着这个不甚完美的尘世，也光照着许许多多有缺陷和无缺陷人们的人生。

29 爱娃·贝隆：阿根廷玫瑰的神话

我准备为穷苦人燃烧我的生命。

——爱娃·贝隆（1919—1952）

一

▶爱娃·贝隆。

1952年，7月26日。阿根廷哀乐低回，举国同悲。布宜诺斯艾利斯的大街小巷挤满了从各地赶来的人群。33岁的第一夫人爱娃·贝隆病逝的消息发布，阿根廷所有的生活停止了。走了数百公里的路，挤了很长路程的火车，70万眼含泪水的男人和女人，只是为了在被誉为阿根廷玫瑰的第一夫人爱娃·贝隆那经过香料处理的遗体前，深深地鞠上一躬，再献上一朵玫瑰花……

二

· 我要当阿根廷的大人物

小爱娃出身卑微，做裁缝的母亲默默地爱着一个农场主，还为他生了五个孩子，但始终没有名份。当爱娃还在襁褓中时，父亲抛弃了这个家。在爱娃的童年记忆中，家中的缝纫机声似乎从未间断过，为了养活几个孩子，母亲日夜不停地干活；兄弟姐妹们经常遭人欺负，被称作“野种”的小爱娃受了委屈，泪流满面回到家时，母亲就会挺直胸膛正言告诫：人穷志不穷，面对侮辱和敌视时，尤其要自尊自立！在母亲的影响下，逐渐长大的爱娃具有铁一般坚强的意志。父亲去世时，母亲带着几个孩子去吊唁，却被赶了出来，连灵堂都不能进去。当时她就立下誓言：中产阶级算什么？我要当阿根廷的大人物！

身于阿根廷山区家庭的私生女；在卖包饭的饭店中帮忙的打工妹；怀揣100比索只身跳上开往布宜诺斯艾利斯的火车，除了演员梦之外什么都没有的流浪女，只能看名演员和制片人脸色的群众演员……一路走来，女孩爱娃吃尽了千辛万苦，受过屈辱与欺负，更尝遍了世态炎凉，但立志当大人物、名演员的志向却从未改变，为了这个梦，爱娃从不放弃。这种景况一直到1937年才有改观。那年，一位著名的女喜剧演员——皮琳娜·德阿雷西，聘请从小立志当演员的爱娃演出皮兰德娄的《新殖民地》。在两人成为好朋友之后，皮琳娜为她联系了一些机构，于是，爱娃先后在电影里演了一些小角色，接着又在电台获得了职位。她端丽妩媚的面庞和清晰甜亮的嗓子得到了很多人的喜欢，她成了一个受欢迎且有一定知名度的演员。

· 谢谢您的存在

其实，当这位出身贫寒、有一点小名气的群众演员，在她的姓氏前冠上贝隆两个字，本身就充满了传奇色彩。在1943年的一次聚

▶ 爱娃永远是各种公众场合下众人目光的焦点。

会上，军人贝隆上校发表了打动爱娃心弦的演讲，演讲中他将老百姓的不幸与富人的奢侈生活作了强烈的对比，他激情的表述令经历过黑色贫寒岁月的爱娃感同身受。他那气宇轩昂的仪表、他那磁性的音色令爱娃怦然心动。当有人把他介绍给她的时候，美丽的女演员爱娃走上前，轻轻的一句“谢谢您的存在！”，令军人贝隆也对爱娃留下深刻的印象。聚会上，他的目光始终追随着她——苗条挺拔的身姿，优雅得体的举止，还有笑靥如花中偶尔向贝隆投过来一脉似询问又羞怯的眼神。

一见钟情是相互的。他当时49岁，丧偶；而她是29岁，两个人都是自由的。爱娃与贝隆相恋的消息传出后，引起了阿根廷上流社会的一番震荡。对这样一个“出身贫贱、不择手段”的放荡女人，上流社会无论如何是不能接受的。可是爱娃丝毫不在乎别人的眼光，她热心陪伴贝隆出席各种场合，与穷人握手交谈，用娴雅的举止和温婉的笑容征服了百姓的心。令人不能忘怀也是贝隆心心念念的是，爱娃认真地对他说的两句话：相信我，我是最适合你的女人，我的好会令你吃惊。

好事多磨。在和爱娃结婚去往教堂的路上，贝隆的汽车遭到被大地主收买的杀手袭击，贝隆幸免于难。婚礼被推迟了两个星期。从此之后，爱娃说服贝隆开展更大规模的运动，为穷苦大众、失业者、单亲家庭、未婚母亲、无家可归者、无所依靠的老人谋福利。她自己则为女人的选举权斗争。贝隆主义运动蔓延到了整个国家。贝隆和爱娃坐专列或者乘船到全国各地去旅行，无论到哪里，他们都受到狂热人群的欢迎，尤其是底层劳苦大众的欢迎。

走上政坛的爱娃，马不停蹄。在1943年，她创立了“电台协会”，目的是为了保障该行业的工会权利。在秋天的时候，她签订了一份金额为五万比索的合同，合同要求她出演一部关于著名女人们的广播剧：英国女王伊丽莎白、法国皇后约瑟芬·德·博阿尔内、茜茜公主、洛拉·蒙特斯、俄国女沙皇叶卡捷琳娜、法国女演员萨拉·伯恩哈特。女性听众们十分喜欢这位扮演女王、皇后、女演员的爱娃，喜欢她甜润的嗓音，并愿意把她和她演的女性英雄混为一谈。在她为不幸者斗争的时候，她自己也成了一位女英雄。当胡安·贝隆上校号召电影界、戏剧界和电台界的艺术家们为1944年1月15日在圣胡安的大地震而赈灾义演的时候，她欣然应允，立即在布宜诺斯艾利斯的“月亮公园”里组织了一次大型的慈善宴会。她催产了“贝隆主义”。

她很忙，是自创、策划了“电台协会”的女主播；是为穷苦人、失业者、无家可归者推动颁布“社会住房法案”四处奔走的呼喊者；是为女性选举权作斗争并成功地为女性争取到“投票权法令”的总统夫人；是成立“穷人救助金”，在国家银行上设立为救济穷人的特别帐号的慈善天使……爱娃赢得了这个国家劳苦大众的爱戴。所以当她去世时，举国同悲，近70万人坐着火车排着长队若干时日，只是为了向鲜花丛中的她鞠上一躬作一个最后的告别！这就是一个女子的神话，被誉为阿根廷玫瑰的爱娃·贝隆的神话。

三

美女与政治人物缔结婚姻关系历史上比比皆是，但谁又有几人若爱娃这样得到人民的爱戴且为世界政要所瞩目与赞叹呢？法国总统不无钦佩地说：“我遇到了一位伟大的夫人。从一个穷人家出身的私生女，到贵为总统夫人，再到光华四射的政治明星，且受到阿根廷人民的热烈拥戴与深爱，不能不说是爱娃的神话，这神话又是有凭有据的。”

· 爱娃是智慧的

且不说她与贝隆维护穷人利益等方面的理念与信仰何其相似，关键在于爱娃用她的感性与热情将枯燥的贝隆信条变成了阿根廷人看得见摸得着的政绩：为穷苦大众、失业者、单亲家庭、未婚母亲、无家可归者、无所依靠的老人谋福利。她自己则为女人的选举权斗争。使200万工人享受退休制度，让工会合法化，出台集体协议和使法庭保障工人的利益，制定带薪休假的法律——这一切都是工会一直苦苦争取而不可得的。在贝隆遇到爱娃后，他成为共和国的副总统，同时兼任战争部部长和劳动国务秘书。爱娃的到来很及时。她帮助贝隆把他的思想变成信条，这才产生了贝隆主义。他们一起创办了一个电台节目：《走向更美好的未来》。每天早晨，在一个小时的黄金收听时间，电波都会传送出在一位工人和一个妇女之间的15分钟的心理剧。两个人的对话当中穿插军乐和贝隆上校讲话的片段。依靠这个节目，他们又朝政权迈进了一步。

▸ 才华与美貌，在爱娃身上得到了最完美的统一。

爱娃有着卓绝的才华。做过播音员、演员的爱娃表现力很强，她又擅长将自己在演讲方面的才华，面带微笑恰到好处地传递给普罗大众，她的亲和、细腻均为贝隆政权的稳定与贝隆主义的实施发挥到最大的极限。1946年4月8日，贝隆当选为总统。成为总统夫人的爱娃表现出了杰出的才华，担当了超越历届总统夫人所担负的职责。她既是贝隆主义的创始人又是实践者，思维敏捷又十分感性的她，能机敏地找到简短的话语来回答来自各方十分复杂的问题，这种才能使她周围的人都感到吃惊和钦羡。她更常常到工厂、医院和孤儿院去参观，她在油污的车间里与工人亲切交谈，她在医院中为穷苦病人送上鲜花与食品，她怀抱孤儿慈爱的笑靥若天使般温柔……她无所不在，镁光灯总是前后跟着她，拍摄她身着各种各样的服装却浓装素裹总相宜的美好形象。她的善行义举也带动着政界、商界的许多人投入到为穷人服务的行列之中。

她有着蓬勃的生命热情和极为旺盛的精力。和多数出身贫寒又杰出的公众人物相似，爱娃有着坚韧不拔的意志与超人的毅力，更有着勃发的激情。这种特质不仅令她在青少年时代按照自己要“成为一个大人物”的目标一步步向前攀登，更当她在政坛上闪闪发光之际，蓬勃出高昂的热情和极为旺盛的精力。在病房中，她通过电话发号施令指挥若定，每天还接待十余人次的来访。这样的总统夫人！如此的美丽钢强的女子！对她过人的精力人们感到吃惊又尊重。当爱娃患子宫癌后，她加倍工作以补回因为动手术所失去的时间。刚刚能下床，她就开始了一次到欧洲去宣传贝隆主义的旅行，爱娃希望能依靠自己在国际舞台上高雅而又优美的形象，对贝隆的阿根廷政府有所帮助。她首先去的是西班牙，然后是罗马和法国。在法国她受到了总统奥里奥尔与孟戴斯·法朗士的接见。后者在她离开的时候惊叹：“我遇到了一位伟大的夫人。”她已经筋疲力尽了，累得不能坐飞机，于是她改乘轮船返回了布宜诺斯艾利斯。当疾病袭来她已知道去日甚短时，她还在阿根廷的各大城市里进行了巡回演讲。在里萨里奥，却在不到48个小时内发表了七场演说。她的医生，劝她要有所节制，她则骄傲地回答道：“我准备为阿根廷的穷苦人燃烧我的生命。”

1951年1月，她又一次进了医院。病情又有所加重。“您还有一年的时间。”医生只得告诉她实情。贝隆的支持者们还让爱娃竞选副总统，让其站在她丈夫的身旁。但是遭到军人们拒绝。他们不想看到万一在总统死亡的情况下，一位女人成为军队的最高统帅。11月11日，尽管躺在医院里，爱娃进行了一生中第一次投票。这是全阿根廷

▶ 爱娃，阿根廷人民的守护天使。

的妇女都和她一起分享的胜利。贝隆当选了。6月4日，她想出席丈夫的第二任期的就职典礼。为了能站直身体，她让人为自己制造了一个金属网构成的盔甲，藏在连衣裙的下面。站在这金属架子撑起来的裙衫中，还有一个月生命的她优雅从容笑容可掬。典礼结束，走入室内她随即倒地，她已经到了疲惫的顶点了。

为穷人燃烧的生命是有价值的。当总统府在布宜诺斯艾利斯正式宣布说她需要切除阑尾时（实是子宫癌的手术），这个消息在民众中引起了一阵异常不安的潮流。教堂里挤满了女人们，她们哭着请求圣母显灵。“请眷顾爱娃吧，她是您送给我们的慈善天使啊。”在1952年，在拉美世界一直保持着很大影响的33岁爱娃走到了生命的尽头，她留给人们最后的一句话是：你们的“小瘦子”（她幼时母亲因她瘦弱给她的昵称）走了！

她没有孩子，但成千上万个出生于这个时代的阿根廷女孩子取了她的名字。爱娃成为了阿根廷女人的象征，她成就了一个为穷苦百姓普降甘霖的现实神话。

政坛为之惋惜：这样一个绝顶政治才华的女子去世，是阿根廷的损失和悲哀。事实上，失去爱娃的贝隆就不再是贝隆了。在爱娃去世不到三年，贝隆政权就被推翻，贝隆则被流放，百姓为之流泪，这样的天使离开人间，全体人民都失去了保护神。贝隆主义也成了过眼云烟，唯有一簇火苗仍在历史的隧道里熠熠闪烁，那就是爱娃的神话。话也说回来，贝隆式民粹主义对社会政治生活的影响是显而易见的，大众民主意识淡薄，爱娃神话的造就，与阿根廷民众普遍迷恋有超凡魅力的政治领袖是分不开的。

四

如果爱娃·贝隆有幸或是不幸再活一些岁月，世界与阿根廷政局的变化，权力的旁落或是权力的持久掌握，会不会导致爱娃神话的破灭？也许。人世上的变数太多，何况风云诡诘的政坛。从一度受百姓爱戴到终为历史所不耻，这样的人物历史上并不少见。

其实，对于爱娃这样一名杰出女子来说，在璀璨明丽时的离去是绝对的好；对于一政坛明星或是统治者，在爱戴和众人瞩目中撒手更是

▶ 爱娃的墓碑。

一件圆满的好事。至今流传的诗歌“阿根廷，别为我哭泣”和爱娃墓地几十年永不间断的鲜花，成就了爱娃神话的最后也是最完美的谢幕。

阿根廷别为我哭泣，
事实上我从未离开你，
我依然信守诺言，
我爱你，也期望你爱我……

这首歌是献给阿根廷的玫瑰爱娃·贝隆的，

她是阿根廷的国母，她是拉美国家最光彩夺目的女人，

她是穷人的圣母，她是富豪的克星，她的一生是个美丽的传奇，她的一生开创了一个新时代。

她是阿根廷永不凋谢的玫瑰。

30 江竹筠：千里冰霜中的傲雪红梅

如果需要为共产主义的理想而献身，我们每一个人，都应该、也可以做到，脸不变色、心不跳。

——江竹筠（1920—1949）

一

▶ 江竹筠。

不止一次，我凝视着江竹筠烈士生命中送出的最后一封信，这张约12厘米左右，纸面粗糙且因年代久远，泛了黄的纸上涂涂改改的遗书："假若不幸的话，云儿就送给你了。盼教以踏着父母之足迹，以建设新中国为志，为共产主义革命事业奋斗到底。孩子决不要骄养，粗服淡饭足矣……"这封难得的遗书是在监狱中，江姐将竹筷子削尖了，将棉被中的棉花烧成灰，调些清水，就成了墨水，这样用自制的笔墨写就的遗书。同为女人，同为母亲，想着江姐写下这血泪凝就的字字句句，该是怎样的心痛怎样的不能自已，但遗书中偏还是激情飞扬信念不移："盼教以踏着父母之足迹，以建设新中国为志，为共产主义革命事业奋斗到底”，这是怎样的信念，何等的坚强……

二

· 从小童工到共产党人

“我宣誓，我志愿加入中国共产党……服从党的纪律，听从党的召唤，永不叛党！”

1939 年，19 岁的江竹筠在鲜红的党旗下举起右手，发出了坚定的誓言。1920 年 8 月 20 日，江竹筠出生于四川省自贡市大安区大山铺镇江家湾的一个农民家庭，从 10 岁时小竹筠就随母亲到重庆的织袜厂当了童工，站在老板特制的高脚凳上才能在机器边做工；11 岁时，又进了重庆的一所教会办的孤儿院，边做工边读书。苦难的生活经历中，磨炼了小竹筠顽强的意志也养成了她刻苦学习的精神。在四川大学期间，江竹筠学会了俄语，并阅读来自苏联的书籍和报刊。1944 年夏天回到重庆时，她参加了中苏友协招待会，会上放映了苏联故事影片《丹娘》——英勇不屈的卓娅成了江竹筠心目中的楷模。1944 年夏，江竹筠经组织安排入四川大学农学院学习，从事党的秘密工作。她在上学时非常用功，记忆力超群。即使在狱中，她都背诵并默写下毛泽东《新民主主义论》和刘少奇《论共产党员的修养》，供难友们学习。1945 年与彭咏梧结婚，婚后担任中共重庆新市区区委委员，负责中共重庆市委地下刊物《挺进报》的组织发行工作。1948 年，彭咏梧在中共川东临时委员会委员兼下川东地委副书记任上战死，江竹筠接任其工作。

· 信仰令红梅灼灼绽放

深深的黑夜，萧瑟的寒风。歌乐山树啸阵阵，渣滓洞刑讯室中吆喝不绝。1948 年 6 月 14 日，由于叛徒的出卖，江竹筠被捕并被关押于重庆军统渣滓洞监狱。抓住了重庆地下党与下川东地区的联络员，江竹筠掌握着许多地下党的线索，军统特务们欣喜若狂。天刚黑，特务就从号子里将江竹筠提到阴森的刑讯室里，靠墙的木架上挂着一溜大大小小的铁镣，一张木桌上摆着鞭子、狼牙棒、钢刺鞭、竹筷子……在威逼恫吓、灌辣椒水、打钢刺鞭均无效后，特务用编成一排的竹筷子夹她的手指，将竹签子钉进她每根指尖，十指连心啊！寂静的渣滓洞的夜空中回荡的还是她沉静安宁的声音：上级的姓名、住址我知道，下级的姓名、住址我也知道。但这都是我们党的秘密，你们休想从我口里得到任何材料！江竹筠疼得晕死过去三次，又三次被凉水泼醒。

直到凌晨时分，特务才把昏迷了的江竹筠拖回牢房。难友们纷纷隔着签子门向外张望。经受一天酷刑的江竹筠黑发披散在脸上，嘴角鲜血流淌，十指血肉模糊。难友们流着泪将她手指上的竹刺一根根挑出，再用布条扎起。当时，也不知道是谁，情不自禁地喊出一声："江姐！"从那以后，难友们充满敬意的改口喊"江姐"。"你们可以打断我的手，杀我的头，要组织是没有的。""毒刑拷打，那是太小的考验。竹签子是竹子做的，共产党员的意志是钢铁铸成的！"坚贞不屈的江姐，还领导狱中的难友同敌人展开坚决的斗争。江姐就是以钢铁般的意志实践着自己 10 年前在党旗下"永不叛党"的誓言。

1949 年 11 月 14 日，在重庆即将解放的前夕，江姐被国民党军统特务杀害，为共产主义理想献出了年仅 29 岁的生命。

· 最是温柔女儿心

我凝视这张照片，这张江姐唯一的一张全家福：她的革命伴侣、亲爱的丈夫彭咏梧，清癯的面庞上是浓浓的黑眉，高挺的鼻梁；江姐则是典型川妹子的圆圆脸，清秀的眉眼，很温婉；中间是他、她爱情的结晶，才一岁多的小彭云，一顶软檐帽斜扣在头上。多么温润的幸福、多么甜蜜的安宁，看着这张照片，我真是无法也不忍心将城墙上的头颅、渣滓洞粗重的铁镣，黑森的刑具与这其乐融融的一家人联系起来。又怎知道在拍摄这张照片之后，这父与母就化作歌乐山峰那一抹长虹，化作红岩上那一朵最美丽的梅花，只留下小儿郎孤身漂泊在人世间呢？！

江姐与彭咏梧是一对地道的革命伴侣。1943 年 5 月，当时彭咏梧的公开身份是中央信托局的中级职员，但因没有家眷，只能住在十几个人的单身集体宿舍，这对开展地下活动非常不利。彭咏梧写信同家乡的发妻幺姐联络，但是幺姐却因故没法前来。当时的形势，老彭急需家庭作掩护，于是上级领导决定，让老彭切断同家里的一切联系，派江竹筠去扮演假妻子，他们的家作为重庆市委的秘密机关和地下党员学习的辅导中心。暗夜如磐，相互的掩护与共同的志向令俩人在几年的工作和生活中情愫暗生。1945 党组织批准他俩结婚，1946 年春天，儿子彭云出生，江姐在做剖腹产的同时也作出了大胆的决

▸ 江姐唯一的全家福。

定：为了革命任务，做了绝育手术。

在这里不能不提到一个女子，一个宽厚甚至算得上伟大的女子。1946 年底，彭咏梧偶遇前妻弟谭竹安，讲述了自己近年感情生活上的变化。谭竹安给其姐写了一封长信，讲述了老彭和江姐几年来的经历。幺姐理智地思索着情感的变故，表现出了一般人少有的豁达胸怀。江姐幺姐从未谋面，一直靠通信联络，但是她们却互相关注着。1947 年 11 月底，彭咏梧牺牲，江姐决定回到丈夫战斗过的地方。她考虑到万一遇到不测，儿子托付给谁，思来想去，她最终决定托幺姐来抚养彭云。在写给谭竹安的信里，她说："我知道她会像亲生的孩子一样地爱云儿，就像我对炳忠（彭松梧与前妻生的一子）一样，基于人类的真诚的爱是不能否认的，我尤其相信……"江姐的儿子彭云后来回忆说，大妈（他对幺姐的称呼）说，当地下党组织请她抚养彭云时，她的心情是很矛盾的，既感到委屈但又心疼孩子。1948 年 2 月，幺姐冒着白色恐怖的威胁来到了重庆，从江姐的战友手中接过一岁零十个月的彭云。幺姐深知保护好彭云的重要，毅然将自己的名字改为谭正伦，带着两个孩子开始了四处躲避特务搜捕的动荡生活。为了能天天把小彭云带在身边，一度时期，幺姐甚至把亲生儿子彭炳忠送进了孤儿院。江姐托孤没有托错人。在幺姐的精心培育和哥哥炳忠的影响下，1965 年，彭云作为四川高考理科状元，选报了当时大名鼎鼎的哈尔滨军事工程学院。恢复高考和研究生考试以后，彭云又以优异的成绩考取了中国科学院计算所的研究生。随后，他又考取了第一批公派留学生，赴美国，先后在密歇根韦恩州立大学和马里兰大学学习，取得硕士和博士学位。现定居美国，任马里兰大学计算机系终身教授。而彭云的儿子也即是江姐的孙子彭壮壮，现任微软中国战略政策首席的职位，主要负责微软美国总部和中国地区的沟通和建立微软中国业务战略的重任。想起江姐遗书中的祈愿："假若不幸的话，云儿就送给你了。盼教以踏着父母之足迹，以建设新中国为志，为共产主义革命事业奋斗到底。孩子决不要骄养，粗服淡饭足矣。"知儿孙若此，江姐当含笑九泉。

作为一个妻子，她深情地爱着丈夫，作为一个母亲，她至死都牵挂着儿子。而作为一个女子，正当年华的女子，江姐同样爱美。据说她如果出差忘了带面霜，常常用手搓搓脸，笑说擦点“自来粉”。阴士丹蓝布长旗袍，大红色的毛衣，洁白的围巾是江姐最喜爱的一套服装，也是人们心中江姐的经典形象。任何时候，她都将自己打扮得清清丽丽，即使在临上刑场之际，她还对着监狱墙壁上那面破损的镜子，最后一次拢顺头发，再抚平旗袍上的每一道褶痕，平静而出。

三

你是丹娘的化身，

你是苏菲亚的精灵。

不，你就是你，

你是中华女儿革命的典型！

岁月飞逝，我不知道，在过了这么多年，再次捧读《红岩》，回望那段壮烈又惨痛的历史，读着难友们写给重刑后江姐崇敬的诗句，还是若小学、中学读时那样的感动与激情满怀。春花秋月早已将许多许多的忆念斑驳与淡忘，在这个春寒料峭的早春，我还是一次又一次泪湿眶帘。

于江姐，信仰何其重要！

1947 年，彭咏梧任中共川东临时委员会委员兼下川东地委副书记，领导武装斗争。江姐以川东临委及下川东地委联络员的身份和丈夫一起奔赴斗争最前线。1948 年，彭咏梧在组织武装暴动时不幸牺牲。江竹筠路过城门时突然看到丈夫头颅，心如刀绞。坚强若江姐强忍悲痛，毅然接替丈夫的工作。丈夫彭咏梧的牺牲，江姐的情感与身体上遭到了重创。党组织关心她、留她在重庆工作，也好照顾孩子，她说：“这条线的关系只有我熟悉，我应该在老彭倒下的地方继续战斗。”她决然将孩子托人送往乡下寄养，要求去下川东，继承丈夫未竟的革命事业；当时，重庆党组织遭到极大的破坏。据统计，因敌人围剿《挺进报》而被捕的共133人，其中县级以上干部40人。除上海、南京8人外，被杀害的53人，下落不明（大半牺牲）35人，营救和突围脱险25人，自首变节后仍被敌人枪杀的4人，叛变投敌当了特务的8人。从重庆市委主要负责人的叛变，带起一串人叛变，敌人又将获取重庆地下党、川东游击队更多秘密寄托在刑讯室的江姐身上。那一个深夜，江姐咬破了舌头，忍住了连男人不能忍受的酷刑：从老虎凳到辣椒水再到竹签子钉进每根指尖，始终不能改变她的信仰。后来，罗广斌在给党组织的报告中写道：“江竹筠受刑晕死三次，杨虞裳失明月余，李青林腿折残废，是每个被捕的同志所共同景仰的。江竹筠说‘毒刑、拷打，是太小的考验！’在被捕同志们当中起了很大的教育作用。”渣滓洞里的斗争士气也陡然一振。

“针儿长，线儿密，含着热泪绣红旗……”绣红旗是所有读过《红岩》、知晓江姐事迹的人不能忘怀的经典场面。当知道五星红旗已

▸ 歌剧《江姐》剧照。

在天安门升起，当解放军的炮声在远处隆隆作响，监狱里的难友们激动、兴奋之情难于言表，我们绣红旗！阴暗潮湿的渣滓洞女牢二号，江姐与难友们把自己无尽的向往托付给这幅红色的被面。“泪水伴着针线走，与其说是悲来不如说是喜”……灵巧的手一起飞快地绣起来。就这样将坚贞的爱将欢乐的激情，全寄托在针线上，你一针，我一线，针针线线织绣出五颗闪亮的金星。江姐激动而又冷静，她看到了胜利也看到了集中营的最后斗争。她知道，在越狱和屠杀的斗争中，必须付出多少生命的代价。这代价也许首先是自己，但她宁愿是自己而留下战友，为党保存更多的力量。当姐妹们请江姐说几句时，她高高地展开红旗：“让五星红旗插遍祖国每一寸土地，也插进我们这坐牢房。”她无比坚信革命的胜利；直至走上刑场前的那一刻，她还对战友们说：“胜利属于我们，属于我们伟大的党！”

那年深秋，在山城重庆，我特意去了歌乐山下的渣滓洞。我从一间间阴暗的牢房走过，我从布满了刑具的刑室走过，我在一幅陈旧泛黄的照片下久久伫立：江竹筠（1920—1949），共产党员！……江姐年轻的笑脸在阴暗潮湿的墙壁上，在狰狞恐怖的刑室中向我们坚毅又娴静地微笑！当时真是不能自己，听任泪水大滴大滴洒在这浸透鲜血的土地上。走出原是座废弃煤窑的渣滓洞，蓝天一碧如洗，朵朵白云在翠绿的山峰上悠悠翩迁。

那一刻，再次想到这两个字：信仰。那个当下人不去想、不愿想的两个字。在这个无所谓信仰与信念，甚至提到信仰之类的名词，有人不屑、嗤笑的物质社会，我的泪水可能又要被人轻薄了。其实，将笔触凝聚到江姐，这个在世间只活了29年的女子身上，心中几番犹豫和纠结——但她的女儿心、她的夫妻情、她无比坚定的信念、她钢铁般的意志，她十指的殷殷鲜血绽放的艳艳梅花，是如此地盘桓在心中，华彩灼灼挥之不去。但，美丽得令人心碎，带血的指尖怒放的红梅花儿，还能打动今天的人们吗？与同年龄人说起，他们一笑：你很怀旧呀。与90后的孩子交流，她问：“江姐是谁？住在哪个小区里？”无语。

是否，我们，该有些许的羞愧：我们也许还没有足够的资格谈论主义？又怎能过于轻佻地说起牺牲与理想、信仰甚至爱情？！面对今日这多元社会，那些奉上头颅慷慨大爱的人，那些歌唱着将自己的生命作着最后一掷，将热血化作黎明中晨星的人们，于一曲或深情或轻飘的《红梅赞》中，是欣然回眸还是不堪回首？如若他、她们重新选择，是不是还是选择这永不凋谢的艳艳红梅？在这个早春，再次回眸、捧读江姐，江姐还是那样沉静，答案是肯定的，仍然愿意，将自己的殷殷鲜血绽放成装点河山的艳艳红梅。

四

群峰凝立，微风轻拂，鸟鸣山幽，浓荫匝地。碧绿的翠叶缝隙间满筛下来的阳光，幅幅匹匹，丝丝缕缕，明艳如幼滑缤纷的锦缎，“红岩上红梅开，千里冰霜脚下踩。三九严寒何所惧，一片丹心向阳开”歌声四起……漫山的红梅，花艳灼灼，芳香万里。青春飞扬的江姐在梅花丛中，微笑着向人们走来：比蓝天蓝的旗袍，比梅花红的毛衣，比白云白的围巾，就这么在脖子上轻盈随意地前后一搭，万花千树失色，永远 29 岁的江姐美丽依旧。

“江姐——江姐！”是孩子们的呼唤，是人们的呼唤，是神州大地的呼唤，江姐笑了，站在那块高大的岩石上。瞬时，漫山遍野歌声如潮啊——“红梅花儿开，朵朵放光彩。昂首怒放花万朵，香飘云天外……”